广东商学院学术文库

企业智力资本开发与管理

万　希　著

中国社会科学出版社

图书在版编目（CIP）数据

企业智力资本开发与管理/万希著 . —北京：中国社
会科学出版社，2009.1

ISBN 978 - 7 - 5004 - 7007 - 6

I. 企…　II. 万…　III. 企业管理—智力资源—资源
管理　IV. F272.92

中国版本图书馆 CIP 数据核字（2008）第 171614 号

策划编辑　卢小生（E - mail：georgelu@ vip. sina. com）
责任编辑　卢小生
责任校对　王雪梅
封面设计　高丽琴
技术编辑　李　建

出版发行　中国社会科学出版社
社　　址　北京鼓楼西大街甲 158 号　　　邮　编　100720
电　　话　010 - 84029450（邮购）
网　　址　http：//www. csspw. cn
经　　销　新华书店
印　　刷　北京新魏印刷厂　　　　　　　装　订　丰华装订厂
版　　次　2009 年 1 月第 1 版　　　　　印　次　2009 年 1 月第 1 次印刷
开　　本　710×980　1/16　　　　　　插　页　2
印　　张　16.5　　　　　　　　　　　　印　数　1—6000 册
字　　数　302 千字
定　　价　35.00 元

目　录

第一章　绪论

智力资本随着知识经济的不断发展而日益显示其重要性，经济时代的变迁从狩猎及采集经济、农业经济、工业经济、信息经济和知识经济的发展历程看，其重要性更为显著，也显示着从对人的体力的关注到对物的关注又回归到对人自身的关注，即对人的智力（或脑力）的关注，而反观中国经济的发展从粗放型经济转向集约型经济或创新型经济的发展方向看，智力资本无疑将是我国经济增长不竭的动力源，而且人力资源管理的发展特别是战略人力资源管理的研究也日益强调智力资本的重要性，因此，研究宏观经济与微观经济之间的结合点就为企业智力资本管理的理论与实践所关注。

第一节　研究背景与研究目的

智力资本研究为什么在近年来成为理论与实践关注的热点？本节从宏观经济到微观企业主体、从国外的研究到国内的经济现状分析其产生的背景，并从人力资源管理的视角审视智力资本管理研究的目的。

一、研究背景

（一）经济时代的变迁是智力资本得到重视的时代必然

经济时代实际上是一段历史时期，是指在这段时期内的商业以某种特定活动为主导，但并不仅仅局限于此。这种活动可以是狩猎及采集、农业耕作、工业制造，也可以是信息处理。如在农业时代，狩猎及采集活动仍然存在，而从事农业劳作必须制造工具，也要有关植物、动物和季节等方面的信息和知识，但农业时代活动主要是集中在生产粮食上。

到了工业时代，农业继续存在，但已不在产业中占主导地位，农业生产的机械化导致直接从事农业的实际人数大幅度减少。

农业在工业时代实现了机械化，制造业在信息时代以同样的方式实现了自动化，并在制造部门引起了一次类似的工人数量的剧减，自动化影响了制造业的各个方面，包括商品销售和商品服务支持。

随着知识经济时代的到来，知识的创造和知识管理将会对商业活动的运作方式产生越来越大的影响，并且在不断地改造传统的产业。达文波特（T. H. Davenport）在《知识管理的若干原则》一文认为，随着免费自然资源和廉价劳动力的接近枯竭，产业优势的未被使用的最后资源是组织中人们的知识。

通过商业历史的研究，我们发现经历狩猎及采集社会、农业社会、工业社会、信息社会，现在已经进入知识社会。在企业界，大型公司在不同经济时代所具有的特征也许能反映产业和经济演化的速度。

随着商业社会的发展，价值创造的关键步骤是智力开发的不断加速。经济时代的发展经历了物质资本主导时代、组织资本主导时代，现在进入了人力资本主导的时代。当然，在农业社会和工业社会也需要人力资本，但是，在这些社会人的使用是作为机械的延伸，而不是把人作为资产，作为具有弹性和创造力的智力资本。

表 1 - 1 　　　　　　　　　　　　五大经济时代

经济时代名称	大约起始年份	主要特征	特征描述
狩猎及采集经济	太古时期（人类历史的开端）	具有进攻性、言传身教、满足本地需求、没有储备（物）、流动性、人是可牺牲的	我们是一家成功而又获利的公司，我们依靠第一流的销售力量来维持，但并没有很广的生产基础，有稳定的核心人员指导公司的发展
农业经济	大约于公元前 8000 年	易控制、稳定性、有储备（物），满足本地和一些远处的需要，人是工具	我们为熟客和本地客户服务，我们的员工很多，但没有高技术的、很好的计划工作程序，坚持质量是我们的服务宗旨
工业经济	1776 年，瓦特发明蒸汽机，亚当·斯密首次公开他的论点	成本意识，具有效率，满足区域的需要，许多供应商拥有自己的销售网点，人是成本	公司通过成本控制、流程再造以及注重满足顾客满意的手段来节省开支和在经济萧条时期生存。大生产厂家生产大量的产品，有与分销商相连的网络，品牌是众所周知的
信息经济	1946 年，第一台电子计算机 ENIAC 问世	增强数据管理，进一步提高了工作效率，扩大了服务客户的区域，人仍然是成本	信息流通的增长和加速，我们通过管理信息系统来不断提高数据处理的能力，增强了企业的生产效率
知识经济	1994 年，网景浏览器发布	创造性、灵活性、知道应知道的，明白顾客与价值，涉及供应商和销售人员、电子商务，人是资产	我们通过满足顾客需求和设计产品的能力来建立领先优势，为达到此目的，我们尽可能地挖掘员工的智力潜能并建立良好的网络伙伴关系。市场营销和电子商务确保了全球定位

资料来源：根据 Steve Pike, Anna Rylander, Goran Roos. Intellectuan Capital Management and Disclosure 整理。

从工业经济时代向信息、知识经济时代的转变已经不再是对劳动工具的改进，更多的是对劳动对象的变革，越来越多的人所从事的活动是对人工物（如数据、信息、知识）的加工和处理。伴随知识的一系列的无形资产是知识经济研究的范畴。与贸易伙伴、消费者、供应商的关系，分销网络，知识产权，专利，形象以及做事的特有方式等，都是知识经济的内容，所有这些无形资产都代表了智力资本。知识经济是依靠智力资源的投入创造社会财富，依赖知识的积累推动经济的持续增长，也意味着我们必须融合所有的智力资本并使之发挥杠杆作用①。

从世界上整个资源的构成来看，智力资本也显示出重要性。据 1996 年联合国人力资源开发报告，对 100 多个国家的调查表明，财富资源（指资金、矿山、水资源等）占 24%，人力资源与社会资源占 64%。可见，占多数的是人才、技术、管理、无形资产与各种软件组成的智力资本。

杰弗里·普费弗（Jeffrey Pfeffer，1994）认为，传统的竞争之源——产品和流程技术、受保护或被管制的市场、融资渠道和规模经济，虽然还在市场竞争中发挥作用，但已经退居次要地位。相比之下，只剩下来自于如何管理人的组织文化和能力正变得日益重要②。这些文化和能力很大一部分就是我们所讲的智力资本的内容。

（二）知识经济的特征凸显智力资本的重要性

彼得·德鲁克（Peter Drucker）认为，在知识经济时代真正的控制性资源和生产决定因素既不是资本，也不是劳动力和土地，财富的唯一（至少是主要的）创造者是信息和知识③。知识经济的特征可以概括为以下几个方面：

（1）信息通信技术（ICT）、网络在经济中起重要作用，高科技产业（如生物科技、计算机、电子和航空）的产出和就业迅速膨胀。产品生产和分配等经济活动很大程度上依赖网络和其他数字通信系统，比如，局域网、企业外部网络等，而不是依靠传统的公路、铁路和邮政服务。在过去的十年中，经济合作与发展组织（OECD），国家制造业产品的高科技份额增加了两倍多，达到 20%—25%，教育、信息通信等知识密集型服务部门增长得更快。

（2）强大的科技能力、商标名称、专利和软件越来越重要，构成了知识经济的特征。

---

① Mike Coeey. Knowledge Economy Fact or Fad？[J]. *New Zealand Management*，2000，47，(4)：54.

② Jeffrey Pfeffer Competitive Advantage Through People[J]. *California Management Review*，1994，36，2:11.

③ 彼得·德鲁克：《后资本主义社会》，上海译文出版社 1998 年版，第 183 页。

（3）知识经济还伴有企业文化的变化，以催生创造力、灵敏性和好的商业感觉，人们在其中具有变化、偏好冒险和能够忍受失败的热情。

（4）知识经济是无重量经济，信息交易和服务提供成为占主导地位的经济活动。格林斯潘认为，新经济已经生产出越来越知识密集型的产品和服务，工业经济的特征可能是过去的钢铁厂、化工厂、汽车组装厂以及摩天大楼的街区，现在被以利用软件的高度复杂、小型化的集成线路为特征的经济价值所代替。我们现在所认为的大多数价值和财富都是知识的和无形的①。

随着知识成为主要的资源，经济学家将资源分为土地、劳动和资本的传统分类方法已经被超越，从而引起了人们对人力资源管理、人力资本以及吸引和留住知识工人问题的关注。据估计，在主要的 OECD 国家中，超过 50% 以上的 GDP 建立在知识经济的基础之上。由于知识成为经济增长的核心资源，因此围绕知识的内涵进行了很多讨论。

人们注意到，从近年来美国和欧洲知识工人的增长趋势来看，知识工人在企业员工中所占比重不断增大就可见一斑（见图 1 – 1）。

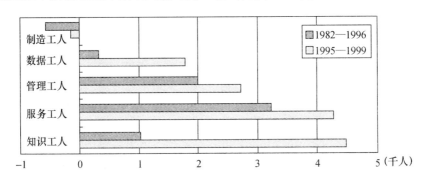

图 1 – 1　美国和欧洲雇员增加趋势

资料来源：欧洲劳工秘书处、欧洲国家调查、美国人口调查转引巴鲁·列弗（2001）。

1993 年诺贝尔经济学奖获得者罗伯特·福格尔（Robert William Fogel）教授在《经济增长性质的变革》一文中指出，在 20 世纪最后六十年左右的时间里，产出中实物产品占主导的现象以一个越来越快的速度消失了。随着医生、数学家、自然科学家、律师、教师、工程师等专业性从业人员的增长，非实物产品逐渐占据的主导，而这些专业人员从在 1900 年仅占全体劳动力的 4% 到今天的超过 30%。与此相类似，现在资产的主要形式已经不再是房屋、机械

①　邹明红、张培丽：《知识经济问题讨论的新进展》，《经济理论与经济管理》2005 年第 3 期。

或者输电网络，而是经济学家称为"人力资本"或者"知识资本"的劳动技能。正是这些非实物资产的规模和质量，决定了个人和商业实体在竞争市场中以及普通人在生活中的成功与否①。经济顾问查尔斯·格德芬格在《世界经济调查》(1996) 中声称：从物质材料到无形资产的转变是判定新经济的依据。不仅财务、通信和多媒体服务，甚至有形的物品也包含了越来越多的知识，如在压力太低时能自动提醒的智能轮胎。现在，无形资本投入约占一辆小轿车价值的70%。根据估计，20 世纪 80 年代美国证券的无形资产价值（如研发、教育和培训）超过物质资产股票的价值。

过去，在工业社会的经济体制下，企业主要通过将原材料转换为成品的方式，也就是利用它的有形资产（tangible assets）来创造价值。1982 年布鲁金斯（Brookings）机构的研究显示，当时有形资产的账面价值约占工业组织市场价值的 62%。但是，十年后这个比率已降为 38%。而更近的研究则指出，20 世纪末随着信息时代的到来，有形资产仅占企业市场价值的 15%（见图 1-2）。

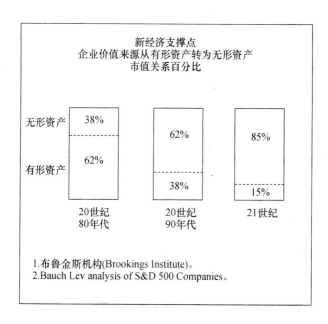

图 1-2 企业未来价值的来源

资料来源：根据巴鲁·列弗《无形资产——管理、计量和呈报》，中国劳动社会保障出版社 2003 年版，第 10—11 页整理。

---

① 罗伯特·福格尔：《经济增长性质的变革》，《21 世纪经济报道》2004 年 8 月 26 日。

很显然，现代企业创造价值的方式已经由过去的"管理有形资产"转变为"管理无形资产"（intangible assets）。换言之，客户关系管理、创新的产品和服务、高效率高品质作业流程、前瞻的信息技术，以及高素质员工，等等，这些所谓的"无形资产"，已经取代了以往的"有形资产"，而成为现今企业创造价值的原动力①。

企业界和学术界对智力资本是企业价值增长和竞争优势源泉的认识已经形成共识，这可在近年来发生在全球范围内的智力资本贡献于企业价值创造的生动故事中得到证实。如 BP、丰田、微软、IBM、惠普等国际知名企业，在充分认识到智力资本价值性的同时，通过战略性投资来构建企业特定的智力资本，并按组织目标对其加以整合配置和协调控制，从而为企业创造了巨大财富。有资料显示，目前《财富》世界 500 强企业中，有 42% 以上的企业已建立了智力资本管理平台，设置了诸如"首席知识主管"（CKO）、"全球知识经理"等职位，设立了"智力投资部"、"知识管理发展部"等部门。如日本丰田汽车公司早先成立的知识产权部，经过多年发展，其所拥有的专有技术、知识产权等智力资本现已成了公司树立声誉、获取市场份额的可持续竞争利器。

（三）我国经济增长方式的转变需要我们认真研究智力资本理论

多年来，我国经济增长主要是由物质资本驱动的，转变经济增长方式的任务十分迫切。2005 年上半年，上海、浙江、江苏的生产总值、规模以上工业增加值、固定资产投资、外商直接投资、信贷五大核心经济指标增长速度，上半年都纷纷回落，有的甚至低于全国平均水平②。"长三角制造"效益下降，库存上升，亏损扩大。表面上看，经济增幅回落是宏观调控的必然反应和产业结构调整的代价。实质上，这表明：拼土地、拼劳力、靠投资拉动的外延式增长方式已难以支撑经济持续高速前行。这种"粗放经济增长方式"，一是产业结构总体层次不够高。城市之间制造业结构接近，主导产业雷同，造成部分行业重复投资、过度竞争；现代服务业增加值比重和水平普遍很低。二是技术创新能力不强。科技成果转化和技术创新不充分，缺乏核心技术及其应用能力；国际性制造业基地建设还处在组装、装配阶段，尚未成为以研究开发为支撑的制造基地；高新技术引进多而消化创新少，拥有自主知识产权的强势产业和企

---

① 宝利嘉顾问：《战略执行：平衡计分卡的设计和实践》，中国社会科学出版社 2003 年版。
② 徐寿松、姜帆、姚玉洁：《长三角五大经济指标增长速度回落》，《新华每日电讯》2005 年 8 月 3 日。

业很少，高新技术产品多处于"三来一补"型的低级阶段，附加值较低，出口效益不高。三是经济发展与资源、环境不够协调。高能耗、高污染的第二产业占国民经济的比重偏高，造成资源供给紧张，环境污染加重，直接影响到投资环境和可持续发展。这些很大部分可以归结为企业的智力资本的存量和流量的不足。

尽管我国智力资本出现大幅度增长，1990 年智力资本相当于 GDP 的8.8%，2003 年提高到 26%，虽然我国的智力资本的存量较小，但是由于智力资本的储蓄水平提高较快，知识技术的弱势地位也趋向不断完善[①]。我国目前的主要知识来源是从外部吸收和引进技术，而不是本国的技术创新。如我国科技经费支出 2003 年仅占 GDP 的 2.95%，占研究开发支出的 1.31%。但物质资本的年平均增长率为 10.4%，相对于智力资本的 30.7% 就较小，主要是因为其增长空间相对有限。智力资本不仅已经成为企业创造价值和获取持续竞争优势的重要源泉，而且也是企业未来创新和利润增长的关键所在。

表 1 - 2　　　　　我国资本指数及增长率（1980 年 GDP = 100）

年份	GDP	物质资本	国际资本	自然资本	智力资本	总资本
1980	100.0	34.9	6.6	-26.3	8.8	23.3
2003	809.0	342.2	267.0	-27.7	210.3	651.2
年平均增长率（%）	9.5	10.4	17.4	-0.2	30.7	15.6

资料来源：本表按可比价格计算，GDP 指数来源为国家统计局《中国统计摘要》，第 21 页。

（四）智力资本将是未来人力资源管理研究新兴的方向

我们常常在思考如何把人们聚集在一起发挥他们的专长，我们拥有许多人才，有很多知识，只是这些知识如何才能被共同分享，如何产生合力并形成强有力的资源，这些都是组织特别是人力资源部门所要面对的挑战。大卫·约里克认为："未来的人力资源在智力资本的开发、培养和投资方面应该扮演一个中心的角色。"智力资本代表一个企业的集体智慧、知识和员工的辛勤工作。

---

① 胡鞍纲等（2005）把资本分为物质资本、国际资本、自然资本、人力资本和知识资本，本书引用的是指知识资本，为研究的方便，我把其人力资本和知识资本合并为智力资本。

裁员和全球化竞争使得员工感到自己在贬值，员工也变得缺少忠诚和奉献精神；如果加强对企业智力资本的投资，使员工变得勤奋好学，富有变革精神、挑战精神，就可能会出现升值，使智力资本成为投资的资本[①]。

智力资本（Intellectual Capital，简称 IC）是组织知识在组织中的人力、组织和关系的多层面反映。管理以知识为基础的智能（智力资本）的能力成为在这个时代企业生存的关键技能［奎恩（Quinn，1992）］。奎恩（1992）指出，具有有效公司战略的企业组织越来越依靠智力资源的开发和部署，而不依靠物质资产管理，"当一个公司越来越关心它自身以及供应商的内部知识和服务技能时，它会发现其管理重心在偏离对财务和物质资产的监督和部署，而倾向于对人的技能和知识基础的管理，倾向于对公司内和供应商的智力的管理"。在知识经济环境下奋斗的公司需视自身为学习型组织，追求知识资产（智力资本）的持续提高［圣吉（Senge），1990］。不能增强智力资本的组织将无法生存（Antal et al.，1994）。

智力资本理论研究侧重于如员工招聘、发展及奖励，测评人的价值，评估人力资源过程、组织学习及知识管理，并被认为修改了较乏味的人力资源管理理论[②]。

二、研究的目的

智力资本的研究起于笔者长期对知识管理研究的兴趣，但考虑到知识管理研究的范围很大，很难找到理论的切入点，而智力资本的研究自 20 世纪 90 年代以来在欧美国家呈现不断发展的研究趋势，国内的研究才刚刚起步，不仅具有理论研究的深度，而且其本身就是前沿的人力资源管理理论，特别是在战略人力资源管理的研究文献中经常能看到智力资本的字眼，因此就选择智力资本管理的研究作为我的博士论文选题方向。它是企业人力资本理论研究的延伸和发展，我们在研究人力资本的时候有可能只看到人，而没有看到在人之外的无形的东西如顾客资本和组织的结构资本。智力资本研究既具有多学科交叉研究的复杂性，又具有实践的可操作性。本书特别注重智力资本中的人的因素，即人在智力资本开发和管理中所扮演的角色。为了适应知识经济发展的要求，我们应该不仅关注人的因素，而且在研究企业的价值创造时，注重于构建智力资本三要素之间的相互作用及相互影响共同创造企业的价值。

---

① 大卫·约里克（D. Ulrich）：《用我的未来而不是我的过去评价我》，载大卫·约里克等《未来人力资源管理：48 位世界思想领袖谈人力资源管理变革》，机械工业出版社 2003 年版，第 176 页。

② 迈克尔·阿姆斯特朗：《战略人力资源基础》，华夏出版社 2004 年版，第 55 页。

第二节 研究思路与结构安排

　　本书的研究思路是：在研究人力资源与组织绩效或者与经济增长方式关系的过程中，我们常常会只认为人力资源是最重要的因素，但对于人力资源如何产生企业的竞争力、如何对组织的绩效产生影响往往没有深入的理解，通过分析企业的智力资本的概念、构成，人力资本在其中的核心作用，智力资本的构成三因素之间的相互作用，智力资本的开发和转移，智力资本的测量研究，微软公司的智力资本管理实践及我国的一些上市公司智力资本对企业绩效的影响做了实证研究。按照上述思路，本书结构框架（见图1-3）及其安排如下：

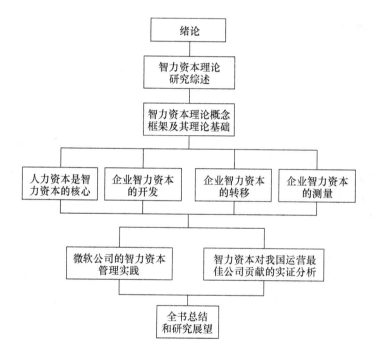

图1-3　本书研究框架

　　第一章绪论。本章主要介绍研究的背景，指出随着经济时代的变迁，知识经济的发展日益突出智力资本的重要性，我国经济增长方式将发生很大的变化，智力资本对我国经济发展起到重要的作用。企业人力资源管理的发展核心将是对智力资本的管理。在此基础上，本书提出研究的目的、思路和结构、方法和研究创新。

第二章智力资本理论研究述评。对智力资本的理论来源、概念、分类和特征进行阐述，认为智力资本理论研究的两个主要方向即价值创造和价值提取，强调智力资本的测量和报告对相关的理论和实践贡献的重要性。其次，指出智力资本的测量和管理的本质、影响和价值。

第三章智力资本相关概念框架及其理论基础。首先对企业的数据、信息、知识和智力进行区分并分析了这四者之间的相互关系。其次，在对马克思古典资本理论和舒尔茨的现代人力资本理论的分析基础上，认为当代的智力资本理论研究将对经济的发展起决定性作用，并区分了人力资源、人力资本、智力资产、智力资本等几个容易混淆的概念，并提出智力资本开发的意义及形成条件。最后，从组织的内部、资源、演化、能力、知识等方面分析了智力资本管理的六大理论基础，为深入研究提供了理论依据。

第四章人力资本理论是智力资本的核心。在人力资本理论与实践取得的成果基础上，我们需要拓展到对智力资本管理的研究，并认为人力资本在智力资本构成中处于核心地位，并提出三者之间相互作用的机制。

第五章企业智力资本的开发。首先，智力资本开发就是组织通过开发所必要的环境和条件（如信息技术、培训和教育等）来推动智力资本流在组织中知识的创造和传播过程，使组织知识螺旋式地不断地向前延伸，主要包括知识积累、知识共享和知识创造三个方面。其次，创造性地从自组织理论的视角来探讨智力资本的开发，认为企业外在环境的变化要求企业采取自组织的形式来管理智力资本，并提出通过自组织理论来指导智力资本的开发。最后，认为在线学习是IT技术运用到智力资本开发的一种新举措。

第六章企业智力资本的转移。首先，提出智力资本转移的模式。其次，从社会资本理论的视角研究企业如何通过社会资本来促使智力资本的结合和交换以实现知识的社会化运动，并提出了企业实现这种提升的原则与途径；实践社区将是企业智力资本转移的一种重要形式，实践社区是非正式团体，参加者有共同的兴趣、主题或者联系，在分析实践社团的概念、功能和构成三要素的基础上，提出了在发展和培育实践社团时应注意的问题。最后，论述智力资本的最为成熟的领域——知识产权的转移。

第七章企业智力资本的测量。在知识经济条件下，智力资本已成为企业价值的重要组成部分，其测量也变得越来越重要。先从内部和外部两方面来评述智力资本的测量，内部测量是用来管理、指导和增加公司的智力资本以为公司产生更大的价值提供杠杆作用；外部测量注重提升公司的价值，包括市场价值与账面价值比率法、托宾 Q 法和基于实物期权等方法，并提出智力资本当前的发展和未来的方向。最后从业务管理方面提出智力资本测量的指标。

第八章微软公司的智力资本管理的实践。通过案例研究的方式对微软公司如何赢得竞争优势进行深入分析，主要从该公司的人力资本管理、组织资本管理和关系资本管理三个方面阐述微软的智力资本管理实践。

第九章智力资本对我国运营最佳公司贡献的实证分析。通过采用 VAIC 法和相关性分析及多元回归分析法对我国 2003 年度运营最佳公司进行实证分析，结果显示：物质资本与企业绩效之间存在显著的正相关关系，结构资本和人力资本对企业绩效也有正向贡献，但统计上不显著，并进行了相应的分析。

第十章全书总结和展望。这部分归纳了本书的研究成果和未来该领域值得研究的相关问题。

第三节 研究方法和研究创新

智力资本的研究刚刚兴起，不同研究背景的研究者从不同的研究视角看问题。巴鲁·列弗（Baruch Lev）认为，无形资产、知识资产和智力资产这几个词是可以相互替换。会计学的文献中一般使用无形资产的概念，经济学家一般使用知识资产的概念，管理学和法律文书中一般使用智力资本的概念①。本书综合了各家研究所长，采取规范与实证相结合的常规研究范式，多视角地对智力资本的开发与管理进行分析。

一、研究方法

在研究方法上，主要有以下几个特点：

1. 规范研究与实证研究相结合。在对智力资本理论的规范分析的基础上，对微软公司的智力资本进行案例分析，以我国企业为样本，实证分析和检验智力资本是否对企业绩效的提高具有显著的影响，希望通过该研究帮助我们进一步阐明企业智力资本对企业获取和保持市场竞争优势的重要作用，以支持定性理论分析的结论。

2. 运用经济学、社会经济学、管理学、法学、系统论、心理学的基本分析方法，对智力资本进行了跨学科的综合研究。本书第五章运用自组织理论对智力资本的开发进行理论分析，第六章运用了社会经济学的社会资本理论，对

---

① 巴鲁·列弗著，王志台、唐春霞、杨明译：《无形资产——管理、计量和呈报》，中国劳动社会保障出版社 2003 年版。

企业通过社会资本促进智力资本来增强企业的核心竞争力进行了综合分析。

3. 注重理论与实践相结合的研究方法。在理论分析的基础上注重其对实践的指导作用，尤其是本书提出的智力资本开发的三种方法（知识共享、知识积累和知识创造）结合使用的理论框架是较好的尝试，提出智力资本的三个构成部分相互作用、相互影响，都对企业具有理论和实践意义。

二、研究创新

企业智力资本的学术研究尚处于萌芽阶段。进入这样一个前景尚不是很明朗的研究领域，对笔者来说既是挑战又是机会。挑战是缺乏比较成熟的研究成果和公认的研究范式值得笔者借鉴，机会是可以有较大的思想自由发展的空间。但是，由于笔者时间、精力和能力所限，只能在智力资本研究的广阔范畴的基础上，将研究侧重于从人力资源管理的视角对智力资本开发和管理进行重点研究。在梳理和继承已有研究成果的基础上，本书在以下五方面进行了开创性研究：

1. 系统梳理智力资本理论方面的研究文献。

2. 从自组织理论和社会资本理论角度阐述智力资本开发和管理。

3. 提出智力资本中的人力资本、组织资本和关系资本之间的互动关系。

4. 总结出智力资本开发框架（即由知识共享、知识积累和知识创造三个构成）。

5. 在研究方法上，本书采用了案例分析和我国公司实证研究的方式，增强了研究的应用价值。

三、研究不足

本书的不足主要有以下几个方面：

1. 智力资本与物质资本是完全不同的资本形态，本书虽然对其进行量化分析，但是，由于在我国上市公司年报所需要的相关变量以及相关数据选择和收集的困难，限制研究分析深度及可信性。

2. 本书没有对智力资本的三个构成分别进行深入研究，一是出于人力资本、组织资本及关系资本管理研究已经逐步走向成熟，对其分别研究很难有新的突破；二是出于对三个构成要素分别研究都是一个很大的工程，因此只是强调了人力资本是智力资本的核心，对于组织资本和关系资本没有进行深入的研究。

3. 基于笔者知识结构和自身能力的限制，对单个企业智力资本价值测量研究还有待进一步深入。

第二章 智力资本理论研究综述

"新经济"的出现，信息和知识成为驱动新经济的主要因素，如何理解和促使智力资本显著增长成为企业管理者和学者共同研究的课题。霍纳（Hornery，1999）认为，由于我们当前所扩展智力资本的内容是全新的，因此也就缺少一致性。智力资本，以一定的形式存在，暗含在最近的经济、管理、技术和社会发展方面，以先前我们并不知道和很大程度难以预见的方式存在。我们强调智力资本的重要性是基于以下情况：信息技术的革命和信息社会；不断提升的知识的重要性和基于知识的经济；人际关系活动模式的根本变革和网络社会以及创新作为决定主要的竞争力的出现。

第一节 智力资本的理论来源、概念与分类

智力资本最早是作为人力资本的同义词由西尼尔（Senior）于1836年提出的，他认为智力资本是指个人所拥有的知识和技能。根据斯图尔特（Stewart，2002）的观点，"智力资本"这个术语最早出现于1958年，当时，两位财务分析师正在对股票市场中的几家以科技为基础的小公司（其中之一是惠普公司，当时的年销售额为2800万美元）进行评估，他们得出的结论是："这些公司的智力资本可能是其唯一最重要的因素。"美国经济学家哈耶克（Hayek）曾研究过智力在社会经济发展中的作用问题，认为智力对社会发展贡献度远大于其他生产要素[①]。1969年，加尔布雷斯（Galbraith），扩展了这一概念，指出智力资本不仅是纯知识形态的静态资本，还包括有效利用知识的动态过程，并且与组织目标的实现密切相关。智力资本的概念由此从个体层面延伸到组织层面。智力资本涉及众多的领域，经济学家、会计专家和标准制定者还没有一致的定义。尽管组织和学者认识到许多组织资产的重要贡献如品

---

① Hayek, F. A. The Use of Knowledge in Society [J]. *American Economic Review*, 1945, 35 (4): 519–530.

牌、关系、文化和知识，认为没有必要使用智力资产这个术语。

一、智力资本的三个理论来源

　　智力资本管理作为一门学科的演变，遵循着一种模式，该模式是事后才被发现的，智力资本理论有三个完全不同的来源。首先是弘之伊丹（Hiroyuki Itami）研究了日本公司无形资产对有形或传统会计计量的资产的影响。其次是一些经济学家［彭罗斯（Penrose），1959；鲁梅尔特（Rumelt），1984；沃纳费尔特（Wernerfelt），1984］关于公司组织理论的研究成果，他们的观点在加利福尼亚大学伯克利分校教授蒂斯（David J. Teece，1986）发表的颇具创新的一篇关于技术商业化的文章里得到结合。最后是瑞典的威斯比（Sveiby，1986）通过研究人力资本来研究智力资本的价值，后来埃德文森（Edvinsson）和莫尔（Malone）（1997）把人力资本作为构成智力资本的几个成分之一。他们的发现是根据艾尔弗雷德·泰勒（Alfred Taylor）的工业时代人的能力价值研究，提出通过管理公司的知识来增强员工的能力从而增加公司的价值。

　　在1959—1997年间，学者和经济学家从传统的集中于认知的竞争力（价格和生产绩效）转变到强调人的开发和运作效率（埃德文森和莫尔，1997）。资源基础论指出，公司具有独特的资源、能力以及资质。进一步讲，这些资源资质是"黏性的"（不容易将它们结合起来或者丢弃掉），至少短期是这样，因此，公司就必须运用自己已有的资源进行运作。资源基础论的关注点是利用公司现有的特定的资产的战略。因为公司的某些资产是智力资产，所以诸如技能的获取、知识和技术诀窍的管理以及学习这样的问题变成了战略问题。在这样的情况下，弘之伊丹和斯威比关于处理无形资产或者人力资本的研究成果才会对丰富商业战略具有潜在的巨大作用。斯威比致力于推广智力资本这个概念，其所著《Know-How公司》一书至今仍有很大的参考价值。这三个来源为管理智力资本作为公司的基本资本资源提供了理论基础。

　　布克哈（Bukh）等（1999）认为，智力资本能够提高资本利用效率和劳动力市场效率的潜力。从历史的视角看，智力资本是今天商业的基本成分。罗斯（Roos）等（1997）从智力资本的内容方面探索了其理论来源的两个不同的思想即战略流和测量流。战略流主要集中在创造、知识的使用和知识与价值创造之间的关系。测量流是指需要开发一种新的信息系统，是与用传统的财务数据来测量非财务数据相联系。

　　智力资本研究发展的两阶段。第一阶段的努力有代表性的是集中在有意识地认识和理解具有创造与管理持续的竞争优势潜力的智力资本，目的是理清智力资本的基本概念和需要研究的范畴。现在进入第二阶段的研究关键是巩固第一阶段的成果并进一步发展，要确立把智力资本的研究作为规范研究并收集有力的证据支持智力资本运动的发展。

二、智力资本的分类和定义

在《会计、审计及计算能力杂志》（*Accounting，Auditing & Accountability Journal*）介绍智力资本的专刊里，格斯雷（Guthrie）等认为智力资本的概念经常没有或仅仅是一个很贫乏的定义。当我们谈论智力资本时，我们的意思是指什么？许多人试图对智力资本进行分类，但在该研究领域的专家很清楚他们认为不需要更多的框架或分类。然而，我们在文章里或会议上使用这个术语时，我们需要明确的是通过智力资本表达的意思是什么。这个领域具有交叉研究的特点，不同的人所谈论的智力资本不同，这常常使人感到他们使用相同的术语而表达完全不同的意思。当你谈到会计时是指非财务固定资产，不是具体的物质，但通过监管和法律权利来明晰和控制（会计标准委员会）。这样严格的定义排除了通常接受的无形资产的概念如顾客满意度、员工的知识和技能，这些在公司的会计方面不能体现。如果是人力资源经理，也许把无形资产作为员工的技能、知识和态度。市场营销经理也许认为无形资产是指如商业成功的核心品牌认知和顾客满意度，而 IT 经理也许认为软件应用和网络能力是关键的无形资产。因此，概念的明确定义是提高在此领域沟通的关键。

借助一个形象的比喻来考察一下智力资本报表与传统财务报表之间的关系。我们把公司看成是一棵大树，其组织体制图、年报、中报等传统文件构成了树干、树枝和树叶。如果只把这三个可见部分看成是整棵大树，显然是错误的。因为树的主要部分是地下的根。诚然，观察树叶和果实可以判断树目前的健康状况；然而，了解根的状况，却是预测树在今后若干年发展的最有效手段，地下 30 尺处树根的一小块腐坏就可能摧毁一棵今天看来生机勃勃的大树。这就是我们要正确评估智力资本的重要原因。

经济合作与发展组织（佩蒂和格斯雷，1999）① 定义智力资本是比较精确的，认为公司无形资产中有经济价值的两类，即组织（结构）资本和人力资本。结构资本是指所有者的软件系统、销售网络和供应链。人力资本包括组织内的人力资源（员工资源）和组织外的资源即顾客和供应商。通常，智力资本被认为是"无形资产"的同名词。然而，由 OECD 定义的智力资本，我们

---

① Organization for Economic Cooperation and Development. Measuring and Reporting Intellectual Capital：Experience，Issues and Prospects，an International Symposium，Programme Notes and Background to Technical Meeting and Policy and Strategy Forum，1999.

能很好地区分智力资本为整个企业无形资产的分支。因此，无形资产在本质上不会逻辑地形成为公司智力资本的部分。例如公司的声誉，声誉也许是公司智力资本明智使用的副产品（或结果），但其在本质上（APC，1970；ASB，1997；IASC，1998）把智力资本认为是"商誉"的部分。有时在"知识管理"与"智力资本"之间的描绘也不是很清楚，甚至把两者等同。佩蒂和格斯雷（1999）认为，知识管理是有关公司控制的智力资本的管理。知识管理作为一项功能，被认为是管理智力资本这一目标的行为。同时，有些人把智力资本等同于无形资产。其实，无形资产的定义较为狭窄，没有包括人力资源、顾客忠诚度、公司声誉，这些是智力资本的组成成分。如果仅仅把智力资本看成是无形资产的贮存，这就低估了这个概念。P. N. 拉斯托吉（Rastogi，2003）认为，无形资产的贮存不等于建立了新的竞争优势和创造了价值，而后者是企业的核心目标，该目标依赖于发展和杠杆公司知识资源的构架。智力资本的本质是通过比竞争对手或行业变革的节奏更快地开发和利用配置基于知识的竞争优势来创造价值。最近，一些分类安排通过明确地把智力资本分为外在（与顾客关系）资本、内部（结构）资本和人力资本就更为精确地区分出来（如威斯比，1997；罗斯等，1997）佩蒂和格斯雷（1999）、威斯比（1998）认为，从功利主义来看，这种区分有利于为智力资本的会计计量做好准备（如包括在传统的年报中），这种区别就是在决策时更多地考虑组织的价值。

斯图尔特（1997）将智力资本定义为："公司中所有成员所知晓的能为企业在市场上获得竞争优势的事物总和。"但没有指出这些事物之和指的是什么，每个所知晓的东西是否与人共享。他的另一定义为："能够被利用于创造财富的智力材料——知识、信息、知识产权和经验等。"大卫·约克里（1998）认为，企业的智力资本就是其成员的能力和忠诚的乘积，强调组织中的人力资本和组织（结构）资本的相互联系和相互影响。一个组织也许有能够投入使用产生利润的知识，但是，组织没有做这种事的能力或者这些智力材料已经变得僵化或过时。所以，智力资本最为简单的定义是能够创造价值的知识。

我国学者范徽（2000）把智力资本分为人力资本、技术资本、组织资本、客户资本和社会资本。傅元略（2002）从智力资本的角度把智力资本分为知识产权资产、人才资源资产、品牌信誉和顾客网络资产、信息系统资产、管理方法和管理制度五类。尽管在测量智力资本的最好方法缺少一致，但是许多学者赞成智力资本的三分化模型，即把智力资本可分为三部分，即人力资本、结构资本、关系或顾客资本。

表 2 - 1　　　　　　　　　　学者对智力资本的构成要素分类

主要研究人员	人力资本	组织资本	结构资本	流程资本	创新资本	顾客资本	关系资本	说明
休伯特 (Hubert, 1996)	√		√			√		
埃德文森和莫尔 (1997)	√		√		√			结构资本包含组织、创新与流程资本
罗斯和罗斯 (1997)	√		√					结构资本包含关系、组织、更新开发资本
格兰瑟姆和尼科尔斯 (Grantham and Nichols,1997)	√		√			√		
斯图尔特 (1997)	√		√			√		
罗斯 (1998)	√	√				√		组织资本包含流程与更新开发资本
莫利纽克斯 (Molyneux, 1998)	√		√				√	
邦提斯 (Bontis, 1998)	√		√				√	
Euroforum (1998)	√		√				√	
巴斯齐和范布伦 (Bassi and Van Buren, 1999)	√		√	√	√	√		
约翰逊 (1999)	√		√				√	
林恩 (1999)	√		√				√	
德津科斯基 (Dzinkowski, 2000)	√	√				√		组织资本为结构资本，顾客资本也为关系资本
格斯雷 (2001)	√		√				√	
莫尔罗伊 (Moelroy, 2001)	√		√				√	用的是社会资本，不是关系资本
普赖斯·沃特豪斯和库珀 (Price Waterhouse Cooper's, 2002)	√			√	√	√		

资料来源：根据相关资料整理。

斯图尔特（1997）认为，人力资本是指公司内具有创新和更新资源的个人能力。林恩（Lynn，2000）认为是"组织内个人所有的技能和知识的总量"。还有人认为是一天结束后，员工离开公司所带走的知识。其实就是公司员工拥有的知识和技能。这些隐性知识，是个人所受教育、经验，对工作和生活的态度以及遗传等因素的综合体。与个体相似，组织也具有其知识，这些知识是建立在个体知识之上的，但不依赖于单个的个体，同时反过来影响组织中个体的知识学习和行为表现。莫里斯登（Mouristen）等人（2001）认为，组织知识即结构资本，包括无形资产如信息系统、销售网络、工作团队的创造和维持战略、市场竞争智慧和结构、系统和市场的知识。埃德文森和莫尔（1997）认为，结构资本是人力资本的支持性基础。斯图尔特（1997）认为，结构资本可以认为是"员工晚上不能带回去的知识……属于组织的……能够复制和共享"。将员工的人力资本转化成组织资本，是人力资本转化成组织财富的基础。人力资本只有经过结构资本的整合才能上升为有效的智力资本。如一个企业具有较强的人力资本，但其结构资本较弱，组织的人力资本得不到有效的运用，因而对应的智力资本较弱。关系资本主要是指企业与其生意往来的组织和个人如供应商和顾客之间的外部关系的价值。罗斯等（1997）认为，这种外部资本的类型是指对公司有关键影响的相关利益者的网络。

P. N. 拉斯托吉（2003）认为，一般把智力资本分为人力、结构和关系资本是错误的，企业作为一个动态系统，随着内外因素、关系、事情和市场的变化每天都在变化，其实三者之间是动态地相互关联和共同地相互作用。独立于人力资本和知识管理，结构资本和关系资本则不能有意义地存在和运行。结构资本基本上是人力资本扩展，表现为创新、企业流程和与顾客及供应商的关系。公司的顾客资本是市场营销人员（即人力资本）持续努力的结果。结构资本和顾客资本不会自动地存在、创造和维持。这些对智力资本所做的描述的一个共同特征是认为智力资本是一种非组织现象，是知识元素的简单集合。而事实上，智力资本是一种组织现象，是各种知识元素在特定企业中被有效整合后所表现出的能够用于创造财富的企业能力。各种知识元素是企业智力资本存在的前提，但并不能简单地等同于智力资本，而是以一种潜在的智力资本形态存在。因此，获取、构建和提升企业的智力资本，不仅是企业获取、创造知识的过程，更是围绕企业战略，使用企业知识元素的过程。

笔者认为，企业拥有的静态知识和动态知识的总和，通过个人及其组织的智力将资源（物质资源和智力资源）创造为有价值的财富的能力，这些能力的积累就是企业智力资本，包括人力资本、组织资本和关系资本。本书对组织资本与结构资本不做区分。

表 2 - 2　　　　　　　　　国内外学者对智力资本的定义

序号	研究者及研究年份	对智力资本的解释
1	加尔雷恩斯（Galnrainth，1969）	一种智力性活动，是一种动态的资本和思想的形态的过程
2	斯图尔特（1991，1994）	公司中所有成员所知晓的，能为企业在市场上获得竞争优势的事物之和
3	埃德文森和斯利文（1996）	知识企业物质资本与非物质资本的合成；企业市场价值与账面价值之差
4	大卫·约克里（1996）	使公司得以远行的所有无形资产的总称
5	邦提斯（Bontis，1996，1998）	公司有形资源和无形资源及其转换的独一无二的集合
6	大卫·约克里（1998）	企业成员的能力和忠诚的乘积
7	内哈皮尔和戈沙尔（Nahapiet&Ghoshal，1998）	组织等社会团体的知识和认知能力
8	OECD（1999）	公司组织资本和人力资本的经济价值
9	拉斯·纳德朗和特鲁尔斯·埃里克森（Lars Nerdrum 和 Truls Erikson，2001）	个体产生价值增值并因此创造价值的互补能力
10	袁庆宏（2001）	组织中一种潜在的应用知识与技能创造价值的能力
11	王开明、万君康（2001）	能够给企业带来竞争优势和租金的独特知识
12	刘炳英等（2001）	蕴藏于知识中，是以知识的形态存在和运动的，在商品货币关系中以商品价值形式追求增值的价值
13	李平等（2005）	企业拥有的，能够借以为企业创造价值、形成竞争优势的无形资产，其存在是以企业所拥有的知识为载体，其实质是企业将资源转换成价值的能力

资料来源：根据相关资料整理。

三、智力资本的构成分析

我认为智力资本的三分法是合理的，本书是采用这种构架进行分析。

1. 人力资本

斯图尔特（1991）认为，人力资本是指企业中所有员工的知识、技术、能力、经验、虚拟所有权、实践社团及隐性互动，等等。而人力资本的来源可从以下几个方向来认定：教育水平、商品型技能/杠杆型技能/专属型技能的比例、公司部门人员的归类难易度及对附加价值的贡献程度、人员进修的渠道、才能模型、非正式群属的数目。

埃德文森（1997）指出，人力资本包括公司所有员工与管理者的个人能力、知识、技术，以及经验，但不只是以上几种的总和而已，也必须能掌握组织的动态竞争环境。

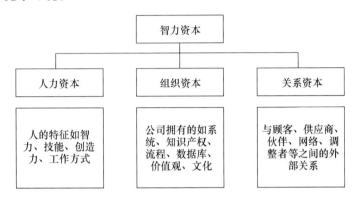

图 2 - 1　智力资本的构成

　　罗斯等（1997）认为智力资本包括人力资本与结构资本，前者指员工的知识、技能与经验，后者为人力资本再创新、企业运作与上下游关系的表现。以衡量性来分，如专利、商标、营业秘密、技能是可衡量的；如经营者、经营团队、员工工作力等是不可衡量的。布鲁金（1998）则认为，人力资产是附属在员工与受雇者的资产，是企业通过薪资给付与费用可以利用到的部分。

　　综合各位学者对人力资本的定义，人力资本是一项包含所有以"人"为基础构成的企业资本，包括企业内部管理阶层及所有员工个人具备的经验、专业知识、技能和创造力等。但值得注意的是，人力资本并不为企业主所拥有，而是附属于员工的资产，企业主仅能就薪资给付与相关报酬可以利用到的部分，使员工专才专职。

　　2. 组织资本

　　一些学者在研究组织行为、人力资本及管理模式时，提出了组织具有资本的某种特征，组织的这些特征正是人力资本发挥效用的组织保证。马歇尔（Marshell，1967）认为，"资本在相当程度上存在于知识和组织之中"，并把组织归入非物质的财富。普雷斯科特（Prescott）等认为，厂商拥有的员工个人信息、群体信息和其特有的人力资本就是组织资本[①]。普雷斯科特等（1980）认为，信息（或知识）是组织资本的基本源泉，"信息是企业的一种

---

　　① 转引翁君奕《企业组织资本理论——组织激励与协调的博弈分析》，经济科学出版社 1999 年版，第 14 页。

资产，因为信息影响生产的可能性且与产品产出相伴而生。我们把这一企业资产称为企业的组织资本。"本质上，组织资本是使组织提高对所承担的任务的协调能力的资产，他们还把组织资本分为：雇员信息（人员—工作对应）、员工团队信息（个性对应）、雇员的人力资本信息（技能）和任务信息（正常的平均劳动生产率）[1]。翁君奕（1999）认为，组织资本在本质上应当是组织成员把其所拥有的知识技能都发挥出来的组织环境、范围或机制[2]。

人力资源本身的价值很少，试设想一群有技能的人拥挤在小山坡旁沉思着伟大的商业思想，但是如果没有公司的资源的支持，他们光有思想但一事无成。他们没有纸张把他们的思想记下，没有生产员工或生产设备；没有电话与潜在的客户联系[3]。

埃德文森（1997）指出创新资本是指革新能力和保护商业权利、知识产权，以及其他用来开发并加速新产品产出的无形资产和才能，包括顾客创新、产品创新、市场创新、设备创新、员工创新及策略伙伴的创新等。布鲁金（1998）认为创新资本是指属于公司以法律形式保护的智能财产。包括专利、著作权、设计权、营业秘密、商标等。学者对创新资本的定义包含透过法定申请程序，取得法律保护的权利，诸如发明、著作、制程、商标、信息、经营秘诀等，以及组织赖以产生优势的核心竞争技术与投资于研究发展的资金与人力和公司创新文化皆为创新资本的范畴。

埃德文森（1997）指出流程资本为工作的过程、特殊的方法［如 ISO 9000、管理信息系统（MIS）、销售体系自动化（SFA）等］，以及扩大并加强产品制造或服务提供效率的员工计划。这是一种运用于连续性价值创造的实用知识。布鲁金（1998）认为流程资本为公司内使功能运作有效的一切基础措施。包括管理哲学、企业文化、管理流程、营收流程、信息技术系统的运作与各种标准的兼容。

综合学者们对组织资本相关的研究，组织资本是指企业运用于连续性价值创造的系统、知识产权、流程、数据库、价值观、文化。

3. 关系资本

斯图尔特（1997）提出顾客资本为顾客满意度（可由忠诚度如留滞率、

---

① Prescott，E. C. and Visscher，M.. Organization Capital ［J］. *Journal of Political Economy*，1980，88（3）：446 – 61.

② Ibid..

③ Edvinsson，L. Sullivan，P. Developing a Model for Managing Intellectual Capital ［J］. *European Management Journal* 1996，Vol. 14.

业务增加量、低的价格弹性来观察），和顾客一起创新的能力、顾客参与的程度、提供客户化服务的能力、与顾客结盟的价值都是重要的顾客资本。埃德文森（1997）指出，顾客资本为一个组织和其他组织或顾客往来的关系，是将智力资本转换成金钱最直接的一部分，也最容易被意识到、较易度量和计算的部分，而分享知识是顾客资本的极致表现。顾客资本的发展关键，在于了解顾客形态、维系顾客持续性、强化顾客角色、提供顾客支持和追踪顾客动向。布鲁金（1998）将顾客资本纳入市场资产项下，意指附属于公司，并赋予公司市场力量的资产，包括品牌、定位、顾客基础、公司名称、预接订单、渠道、合作、特许加盟协约、授权协定等。

约翰逊（1999）认为，顾客资本应为关系资本的其中一项，为考虑到广泛性与延伸性，应以关系资本命名，并认为关系资本存在于每个企业中，通过多种通路的营销手法及售后服务等相关策略的实施，以达到招揽新顾客与保持现有客户的目标。然而，相较于人力资本与结构资本而言，顾客资本的价值比较容易追踪，因为从企业的财务报表中可发现顾客付款的情况。因此，要维持与创造具有相当稳固性的顾客资本，就得先与顾客建立良好的互动关系，当关系越好时，买卖双方就越能分享自己所拥有的专业技术，同时企业也越能从顾客那里学习到新知识。

在智力资本的研究过程中，注重组织内部智力资本的概念化、定义和计量。卡普兰和诺顿（Kaplan and Norton，1992）的研究在公司与环境关系和组织内部知识创造方面存在很多限制，仅仅关注顾客或员工组成代理。尽管在大多数组织中，这些代理关系具有战略价值，但是，其他的关系也不能忽视。这种短视也出现在斯堪的亚（Skandia）的导航仪中，仅仅反映与顾客的关系，如顾客的种类、与顾客持续关系时间、顾客角色、对顾客的支持。随后这种关系拓展到组织维持与顾客的关系。斯图尔特（1997）包括联盟和伙伴关系，布鲁金（1996）的市场资产考虑到公司品牌、公司形象、产品组合、商业伙伴和联盟。

Intellect 模型（Euroforum，1998）认为，关系资本是组织维持与环境的不同代理商关系的价值，不仅包括顾客的不同成分，而且包括与供应商、战略联盟、公司声誉的相互关系。关系资本被认为是社会资本的一部分，特别是组织与环境代理之间建立的网络关系（Nahapiet and Ghoshal，1998；Gregorio Martín de Castro，2003）。

笔者赞同 Gregorio Martín de Castro 等提出的，顾客资本是短视的，关系资本的概念就包括与行业内外的不同代理之间的关系，与顾客、供应商、伙伴、网络、调整者等之间的外部关系，由商业资本、社会责任和声誉资本三部分构成。

表 2 - 3　　　　　　　　　　　关系资本的前期研究

卡普兰和诺顿 (1992) 顾客视角	埃德文森和莫尔 (1997) 顾客资本	布鲁金 (1996) 市场资产	斯威比 (1997) 外部结构	Eurpfprum (1998) 关系资本
形象和声誉 客户关系质量 服务/产品的特征 市场份额 顾客忠诚度 顾客满意度	顾客类型 与顾客持续 关系时间 顾客角色 顾客支持	品牌（产品、公司） 顾客（类型、忠诚度） 销售网络 支持者 商业合作 公司名称 合同	顾客区分 顾客成长 顾客效率 顾客的稳定性	顾客（忠诚度、关系、满意度、到市场的时间） 品牌名的认知 公司名称 战略联盟 与其他代理人的相互关系

资料来源：根据相关资料整理。

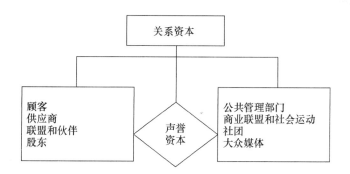

图 2 - 2　公司与其环境之间的关系

资料来源：Gregorio Martín de Castro；Pedro López Sáez；José Emilio Navas López. The Role of Corporate Reputation in Developing Relational Capital ［J］. *Journal of Intellectual Capital*；2004；5，4：578.

第二节　智力资本的特征

在新经济时代，很多成功的公司都将其发展建立在智力资本的力量和对信息技术应用的基础上。同时，资本市场也认同创造价值的全新方式。随着这种模式的运行，那些懂得如何最充分地利用其员工的知识、各种流程、各种关系，以及许多其他非传统资产的公司将取得成功。智力资本不是智力与资本的简单累加，而是两者内涵的不断拓展，不仅具有资本的一般特征——增值性外，还具有其自身的特性。由于人力资本是智力资本的核心，智力资本把人力资本从个人的特征扩展到描述组织，是和组织紧密相关，是个人能力和组织结构的有机结合。正是这些特性使得企业在对智力资本进行管理时，必须采取不同方式进行管理。智力资本与一般意义上的资本如厂房、土地、设备、货币资本等相比，也是能够投入生产并带来剩余价值的价值，但是，智力是具有创造性的"可变"部分，这就使得智力资本与一般意义上的资本具有更为明显的区别。智力资本的特征如下：

一、智力资本作为资本的一般特征

（一）无形性

智力资本是无实体物质形态，与"知识"、"经验"、"能力"、"智力"及"创新"有极大的关系。例如，人力资本中的未编码知识，纯粹是存在于员工的头脑中；组织资本储存于隐性的组织结构中；企业市场营销的独特方法是不可触摸，品牌等知识产权也只是企业所具有的一种特别权利的象征。

（二）收益递增性

对于一般物质资源来说，普遍存在着投资收益递减现象。美国史坦福大学经济学教授保罗·罗默（Paul Romer）认为，1＋1等于11并非不可能，通过知识配方的乘数效应，导向指数关系，而不是线形关系。智力资本的收益递增性指的是对于某一特定智力资本的投资来说，随着投资的持续增加，收益不但不会减少，反而会逐渐增加。企业智力资本的积累越多，则市场资产的作用发挥得越充分，对知识的渴求越强烈，技术创新成果越多，基础结构运行得越好，给企业带来的价值增值越大。戴维·J. 蒂斯（1998）指出，产生智力资本递增性的四个原因是标准化和网络外部性、消费者锁定效应、巨大的前置成本和生产者学习效应。在"赢者通吃"的竞争规律下，价值创造和回报更多地与企业能否恰当地选择有效创造知识组织和战略联系在一起。缺乏有效地创造和运用智力资本的组织形式和管理模式，企业将完全失去参与不连续的智力资本竞争游戏的机会。

（三）可变性

智力资本是环境的产物，会随着环境的变化而发展。智力资本既有动态的知识流，又有静态的结构，智力资本三者构成之间的相互作用，特别是人力资本的知识、技能的不断积累或此消彼长促使组织资本与关系资本也发生变化。智力资本是随着时间而变化的，其重要性体现在人与人之间共同的实践中。由于知识更新的速度不断加快，谁拥有更为丰富的智力资本，谁就会在竞争中取得胜利、创造更多的财富。因而，智力资本只有在不断更新、积累和发展的过程中才能够保持其价值。现在智力资本正为追求其最高价值在全世界大流动。

再则，由于知识商品的实效性，决定了智力资本效用的可变性。

（四）互补性

智力资本的互补性体现在两个方面：一是智力资本与传统的物质资产的互补性；二是智力资本构成之间的互补性。智力资本三者的相互作用是非线性关系，智力资本的投资呈现出连锁反应，若投资于人力资本，就会导致组织资本和关系资本的变动；若投资于组织资本，则人力资本和关系资本的投资也要跟进；若投资关系资本，也会带动组织资本和人力资本的投资。否则，就会出现投资的瓶颈并制约总体智力资本的增值，因此就可以认为智力资本构成要素间的互补性。智力资本的互补性可以为扩大规模、开拓市场、多元化经营等企业战略提供参考。

二、与人力资本紧密相关的特征

（一）无限性和能动性

智力资本作为一种资源是无限的。由于知识发展的无限性和使用的非消耗性以及知识的增长、扩张具有加速发展的态势，知识成为取之不尽、用之不竭而且能迅速增加的重要资源，因而智力资本不受资源的稀缺性限制，能够持续快速地增长。与物质资源不一样，智力资本具有很强的能动性，是由思想意识支配的，有着巨大的潜在能力。人可以自我强化，通过教育和学习能够提高自身素质和技能，使人力资源质量提高。人的这种能动性是智力资本区别于其他资本的根本之点。

（二）累积性

企业可以从市场上获得物质资本，而智力资本的形成则需要长期的积累。除了一些外购的知识产权外，大量的智力资本都不是轻而易举获得的。人力资本需要很长的培养周期，技能和经验是逐渐积累形成的；企业文化也需要在经营管理实践中进行长期摸索才能形成。企业可以通过外部知识获取和内部知识创新等方式，实现企业智力资本的增值。

（三）开发与投入的连续性

自然资源的开发基本上是一次性投入或分几次投入。智力资本倾向于易损耗资产。随着竞争对手的知识获得巨大的进步，组织的知识就可能越来越快地失去价值。防止智力资本被损耗是组织竞争优势持续的关键。公司不能持续其知识的优势就可能出现市场份额的损失和价格优势丧失的风险，特别是在知识密集和高竞争性行业就更难保持其地位。而对于智力资本的获取则需要长期的、非一次性的反复投入，虽然智力资本的投资与自然资源的投资相比数量较小，但它的投入具有连续持久性。人力资本是通过对人的教育、学习、培训和营养、保健、医疗投资而形成的，是为了在未来获得预期收益而在目前进行的投资，是资本化了的人力资源。在智力资本中投入的也绝不仅仅是财力和物力。

（四）学习性

学习具有内在的反馈机制，能够实现自我繁殖的良性循环。组织中的智力资本通过人与组织、人与人、人与外部主体以及组织与外部相关主体之间具有相互学习的特征，表现为人的主观能动性。智力资本的形成与物质资本不同，物质资本可以在市场上一次性购置，而智力资本只能是人与组织在一个较长的周期内不断学习、积累、提升与转化而逐渐获得。

三、　与组织资本紧密相关的特征

（一）重复使用性

非智力资本如自然资源、设备等，会随着使用而不复存在，而智力资本一旦形成，拥有者可以重复受益，尤其是通过知识积累，对现实经济规律的把握与实践经验和教训的总结。智力资本的不断使用，也不会减少或消失，如果不使用，反而是资源的浪费。

（二）依附性

智力资本与人力资本一样，都与其主体不可分离，并由此决定的智力资本所有权的不可转让与不可完全继承性。但智力资本天然地与组织结构相结合，也就是人力资本、组织资本和关系资本的一体化，智力资本价值的实现与组织价值的增值紧密相连。例如，对于同样的企业、同样的设备和同样的环境，由不同的人来使用和经营会得出不同的结果，这就是智力资本中的人力资本的不同组合产生不同效果的结果。

（三）难以模仿性

要获得竞争优势，公司还必须拥有大量独特的，很难被竞争对手通过转移或模仿而获得的资源，智力资本的一部分是可能转移和流失的，如人力资本，但结构化的组织资本却很难被对手模仿和复制，每家企业都有自己独特的技能知识储备，都有自己的历史文化和一套组织常规这是其他企业学不会或学不全的。

四、　与关系资本紧密相关的特征

（一）价值的隐含性和风险性

非智力资本一般都有确切的账面价值，而智力资本的价值则难以进行准确的评估。作为未编码的知识，人力资本的客观存量会随着员工的学习和创造经常发生变化，员工的主观能动性会极大地影响知识的创造和交流，而企业组织结构、经营范围、市场渠道等都会因外界环境的变化而不断发生变化。而且知识产品往往具有很强的外部性，其产生的收益难以被生产者全部占有，如商业模式，经常会被同行竞相效仿；企业核心人才的流失；知识产品也具有很强的时效性，一旦有更先进的发明产生，原有的知识产权资产可能贬值。因此，智力资本的更新速度要远远快于物质资本的更新速度，在更多的新知识产生的同时现有的知识则大幅度贬值，因此，智力资本效益的发挥隐含着极大的风险。智力资本的获利能力也依条件的不同而不同，良好的人际关系及工作环境，会使智力资本的潜力得到极大的发挥，企业的获利能力会得以提高，但这种获利能力又具有不稳定性和不确定性，使企业的经营总是存在或多或少的风险。

（二）协同性

智力资本是通过三部分之间相互协同创造独特性和财富，而不是单个资本创造的，单个资本只具有创造财产的潜力①。不同企业间的智力资本在一定程度上具有相通性和兼容性，尤其在企业上下游产业链条上和行业集群内部更是如此，因此，企业间可以建立基于智力资本的协作联盟，通过接入机制，共享部分智力资本或共同开发新的智力资本，发挥协同效应。

目前，对于智力资本的研究还处在初始阶段，对智力资本特性的认识远未完成，仍有待在实践中进一步总结，理论上还需要进一步深化。全面理解和认识智力资本将会在人类历史上产生巨大的思想革命和心理革命，将会对社会带来意想不到的收益。

第三节　智力资本管理领域研究重点与研究方法

在智力资本研究领域主要集中于智力资本如何为企业创造价值和企业如何从智力资本中提取价值，研究的主要方法有实验法研究的实践、智力资本的测量实践，同时还介绍了国际上智力资本研究的一些项目。

一、智力资本管理领域研究重点：价值创造和价值提取

与增加的分类的复杂性相连的障碍是传统的会计实践没有提供辨认和测量组织中的"新"的无形资产，特别是基于知识的组织中"新"的无形资产如员工能力、顾客关系、商业模式和计算机管理系统没有在传统的财务管理报告模式中得到体现。有趣的是，甚至像品牌资产、专利和商誉只有在遇到严格的确认标准时才体现在财务报告中，直到最近还常常为财务报告所忽视。

---

① Daniel Andriessen. Weightless Wealth：Four Modifications to Standard IC theory ［J］. *Journal of Intellectual Capital*，2001，Vol. 2，Iss. 3：204 – 205.

自 20 世纪 80 年代产生智力资本的研究以来，其研究动机以及有关的新的观点和创新几乎都是由积极地进行智力资本管理的公司完成的。这些努力构建包括公司的智力资本指标年报在内的急先锋都是一些小公司。正是由于这些小公司主要是依靠智力资本而发展，也就特别对这方面感兴趣。这些先锋公司有瑞典保险公司（Swedish Insurance Company）、斯堪的亚（Skandia）、道氏化学公司（Dow Chemical Company）与堪的亚和兰伯尔公司（Kandia and Ramboll）1994 年的年报中包括了智力资本的各个方面，其中道氏化学公司还公布了用一个概念性的框架来评估智力资本对整个公司价值的贡献。

毋庸置疑，智力资本运动来源实践，例如，智力资本报告的发展可以追溯到企业期望通过提高对公司价值构成是什么来更好地管理这些产生价值的东西。通过这些公司的经验和实践，智力资本管理领域已经演化为两个独特的研究重心即价值创造和价值提取。

创造价值涉及的是生成新的知识和将知识转化为具有商业价值的创新。在创造价值领域，管理的重点是人，即人力资本。创造价值的活动包括培训、教育、知识、创新、构造组织结构，开发组织和个人客户关系，以及管理价值观和文化。

价值提取包括将创造的价值转化为一种对组织有用的形式，这常常涉及将公司的创新转化为现金或者某种形式的战略定位。一般来说，提取价值要涉及使用固化的知识，它们是组织的人力资本创造的，用来建立评估机制、决策流程、数据库、遴选机制、转换机制以及资产管理系统和功能。

二、智力资本理论的研究方法

我们可以把现有的有关智力资本的文献资料归为两类来评论。第一类是采用案例研究、访谈和年报调查等研究方法对企业的智力资本进行分析；第二类是与公司报告相关的采取发展智力资本指标的研究工作。罗斯等人（1997）认为，智力资本现在日益与其他理论相结合，如与公司战略和测量工具的研究成果相结合。从战略的视角，智力资本常常是创造和使用知识以增强公司的价值。相反，测量的视角集中于如何通过构建新的报告机制按照以传统的、定量的、财务数据使非财务的、定性的指标来测量智力资本。

（一）实验法研究的实践

深入地进行智力资本测量和管理的适宜的研究方法是什么？对于刚刚起步和正在发展的研究领域，似乎进行更多的实证研究是很有必要的。许多在这方面发表的研究成果大多是理论性的或者试图建立起自己的理论。然而，为了下一步的发展，提出来验证理论是很重要的。一些基本问题的提出是要考虑到研究方法的问题。对理论的验证性研究的目标是使用定量和大样本的方法来完成。在智力资本领域提出一些研究方法也是很重要的。然而，问题的关键是这些方法是否有利于我们真正深入地理解智力资本的一些特质。实证研究应该通过大样本、交叉研究项目和丰富的多维度的案例研究来完成，这样做能使我们用智力资本理论分析特殊背景。大多数案例研究的报告资料还没有被其他学者提出的理论所验证，问题是需要把我们的研究转向学术方面以进行严格的理论检验。为此，我们需要大样本和多维度进行深入的案例研究。

该领域的多学科本质面临各种各样的挑战。尽管有些学者从自组织理论、知识产权理论、博弈论、资本市场理论等视角对智力资本进行研究，但是，仍存在学术研究的分隔问题，很少有学者关心自己学科领域之外的期刊上的文章。例如，研究市场营销的学者倾向于看市场营销刊物上的文章和在自己的研究领域的刊物上发表文章，参加市场营销会议和与市场营销管理人员交谈。对智力资本领域的挑战有两方面：一是在这个时髦的领域需要有众多的学者参与；二是要确保智力资本的跨学科的交叉研究。这里的关键问题应是如何促使跨学科和跨部门的知识交流。

（二）智力资本测量的实践

对于资本市场来说，存在现存的财务报告制度的限制和股东有动力去寻找新的测量和报告公司智力资本的方法进行交流。这种交流的结果使得新的测量方法过多，采用这些方法的目的或多或少地把公司的价值创造的财务和非财务方面进行综合形成报告，主要报告模型有无形资产监控（斯威比，1997；Celemi，1998）、平衡计分卡（卡普兰和诺顿，1992，1996）、斯堪的亚导航仪（埃德文森和莫尔，1997；埃德文森，1997）和智力资本会计（DATI，1998）。这些框架大都有类似三种分类即人力资本，顾客资本和结构资本，然而，这些分类安排在各个模式互不相同。

首先尽管智力资本的分类还很不清楚，也许在各种分类安排之间存在很大的不同。例如，无形资产监视系统（IAM）和平衡计分卡（BSC）都把无形资产分为三类。两者在理论上都认为非财务测量是财务测量的补充方法，也表现为公司的战略层。然而，BSC试图以更为明显的形式把非财务和财务因素联系起来，其中四个维度之一就有财务维度。主要的不同在于前者给出测量内部人力资本（即员工），而BSC只是平衡有关人、结构、顾客资本等外在的市场因素，尽管BSC使用的许多标准也提供了员工的人力资本的附带信息，但更为倾向于集中在顾客资本。

IAM和BSC的研究者和实践者一致认为，人的行为的测量可以通过多种指标而不仅仅是钱。从表面上看，IAM 和 BSC 很相似，但它们的基本视角很不同。因此，BSC 和 IAM 使用者将可以为公司过去和未来的绩效开发出各种不同的非财务指标。

约翰逊等（1998）认为，这两种工具的框架是源于两个不同的基本假设。首先，IAM 是基于只有人才能为公司唯一的利润之源这一假说，而 BSC 认为是公司的顾客、系统和流程，也就是说，BSC 没有特别说明人是公司利润的事实之源。再者，无形资产监视系统提出指标应以无形资产的增长、更新、稳定和有效来评估无形资产是如何发展的。而 BSC 的目的是通过增加顾客、流程和学习、成长的视角来平衡传统的维度。最后，BSC 没有提出"公司由什么构成"的问题，IAM 则试图从知识的视角来重新定义或重新评估公司。

詹姆斯·格斯雷（James Guthrie）等（2004）认为，不断增加关于智力资本的外部报告的结果是增加了研究项目的数量，并且有很多智力资本公司已经公开其研究报告。许多这些研究项目使用内在分析法作为它们的主要研究方法，研究者需要不断地判断这种研究方法和为这种方法建立理论基础。

（三）智力资本的实践增强了对人力资本的深入研究

智力资本最为得到接受并引起广泛的注意的方面是人力资本。约翰逊（1998）认为，企业在人力资源方面的支出在传统的会计报告中是作为成本而不是作为投资，但是组织和企业已经越来越依靠员工的知识和技能（智力资本）来获得收入和增长以提高效率和生产率。

巨大的利润也许来自有关人力资源的较好的信息。萨克曼（Sackman）等（1989）认为，这些信息有利于在组织内部更为有效地配置人力资源，同时能够把技能和能力的差距更为容易地识别，也可以为投资者和潜在的投资者提供更多的综合的信息。

三、当前进行的大规模研究项目

（一）Meritum 指南

Meritum 项目旨在测量智力资本，推进创新管理。该项目于 1998 年 11 月启动，在资金上得到欧洲委员会的资助，由丹麦、芬兰、法国、挪威、西班牙和瑞典六个国家的参与者完成。40 多位来自 9 个不同的大学和研究组织的研究人员参与。项目着眼于为披露和测量智力资本制定指导方针，以此来提高管理者及股东的决策能力。围绕以下目标进行：无形资产的管理和报告分类，把无形资产分为人力资本、结构资本和关系资本；统计与研究欧洲各国在测量智力资本方面的最好经验；通过市场数据的分析方法评估无形资产在资本市场运作中的作用及相联性；为无形资产的测量和报告提供指南。该指南第一部分，定义无形资源、智力资本、人力资本、结构资本和关系资本的概念；第二部分认为测量和报告之间存在显著的强相关关系；第三部分是智力资本报告模型，包括公司的远景、无形资源和活动的总结、系统的指标。

（二）Worklife2000 项目

1999 年 2 月，该项目是欧盟会议关于欧盟成员工作生活议程 60 个专题研讨会中的一个，主题是智力资本尤其是人力资本。Worklife2000 项目由瑞典主持，吸引了欧盟许多成员国的关注。参与这次专题讨论会的研究者来自 10 个欧洲国家以及澳大利亚和美国，目的是总结智力资本管理及会计方面发展的新状态，以及未来的研究方向和相关政策。

（三）智力资本国际研讨会

1999 年 6 月，经济合作与开发组织发起了一个主题为"智力资本的测量与报告：经验、争论和前景国际研讨会"。与会学者和实践者就智力资本、创新、人力资本指标、人力资源会计、组织管理方法及应该公示的财务事项等方面分享了经验。着重强调了"智力资本作为一个关键因素在社会进步及经济增长中起着越来越重要的作用"，还论证了"智力资本在传统习惯上的识别、定义及测量方面存在的缺点"。

（四）各种形式的国家倡导行动

荷兰政府邀请四家会计事务所对其一些客户的智力资本进行实践导向性的研究。目的是尝试在传统的对外年度财务报告后附加智力资本报告，而且不为现行常规、法律条例和会计准则所束缚。这个研究团体已经发表了他们的研究报告（Hermans，1999；Andriessen，1999）。2000 年 3 月，荷兰公布了一份实施总结《2000 年荷兰高标定位：站在新千年的门槛上》以阐述荷兰经济发展中必须明确的主要挑战，目的是不仅仅是展示荷兰做得怎样，也是为了向其他高标国家的最佳实践。

丹麦指南。丹麦政府为了鼓励公司从工业社会向知识社会转变而发起的，是以丹麦 17 家公司的经验为基础。该指南的明确目的是关注智力资本如何稳定、有效率和有力，成为公司自我构建的核心。丹麦在 2000 年第一次公布该指南，随后的两年由丹麦科技创新部组织丹麦 80 家公司进行测试，经过这些公司的实践，2002 年 12 月公布修改后的指南（DMSTI，2003）。该指南注重向外公布智力资本报告，把公司的产品和服务与公司需要的知识资源相联系。第一部分是知识的描述，也就是公司试图增加使用者从公司的商品和服务获得的价值即使用价值，是一系列知识资源需要创造的价值。第二部分是管理的挑战，强调知识资源通过内部发展和外部获得得到加强。第三部分是主动做一些迎接管理挑战的事，关注如何发展、合成、生产知识资源。第四部分是一套指标，用于分析公司的知识管理。

在芬兰、瑞典、美国、加拿大、西班牙、澳大利亚、爱尔兰等国也正在进行系统化的关于智力资本测量、管理、报告经验的研究工作，运用了各种各样的研究方法，如访谈、案例研究、调查表、年度报告、焦点组等。

在英国，英国商业和产业部（UK Department of Trade and Industry）提出，从 2005 年起强制性地要求公司年报中提供 IC 情况，目的是从长远看更具有战略性，强调无形资产的重要性，其中大部分为人力资本①。

列夫·埃德文森和卡罗琳·斯腾菲尔特（Carline Stenfelt）对瑞典国家智力资本进行研究，并且坚信智力资本是未来财富创造的动力，并且将"为国家和组织的未来成果"奠定基础。他们在 1998 年 8 月主持了凡克斯霍尔姆峰会（Vaxholm Summit），也是第一个评估和衡量国家智力资本的全球会议。提出国家智力资本的度量过程包括四个步骤：定义衡量的方法并达成一致；识别启动成功的关键因素；重新定义领航指标；对测量数据的收集、处理和可视化。

奥尔森（Olsson，1999）和约翰逊（1998）认为，公开的政策会带来好处。传统的管理和报告实践的重要后果是视人力资源开发是成本而不是投资，企业倾向于在培训方面的低投资。这会带来企业的招聘和留住人员的困难，但从更广的意义上会导致过于依靠公共部门来支持所需要的培训。因此，测量和报告人力资源的好方法可以鼓励把更多私人投资放在教育和培训方面。

有关智力资本的文献可分成两类：一类是关注有意识地提升公司智力资本的价值；另一类文献主要集中在测量问题，特别强调外部报告。但是，贝伦兹（Berends，2001）等认为，智力资本的会计和报告在一致性方面取得很小的进展，一个原因是没有充分注意到发展连贯性的理论，当前应主要从会计领域和管理领域发展连贯性。

在知识经济时代，知识工人成为重要的生产要素，像电子商务之类的技术代表了商业的新语言，传统的会计和报告体系只能获取有限的信息。我们仍没有对组织为什么和如何开发智力资本有深入的理解，也不清楚提高智力资本贮备的方法，忽视如何建立促使进一步开发和管理智力资本的过程的合适的方法，也没有找到适合的报告标准和统一的形式，显然我们需要有关智力资本的更多信息（如谁是使用者？他们可能做出的决策是什么？）。

---

① 根据的是 CIPD（2004），Government Proposal an Financial Reporting Lack Focus on People Says CIPD, Press Release, 6 August, [EB/01]，www. cipd. co. uk。

　　我们认为，最有价值的洞察力可能是把这些研究方法综合运用到调查公司的特殊问题（案例研究）和市场（调查和实验操作）方面。许多问题的描述还是不清楚而且存在很大的差距，许多小的问题还不能合适的确定和清楚地表达。总之，智力资本研究尚处于萌芽状态，仍然需要研究者们在理论、方法和实证等方面不断地做出有意义的贡献以丰富智力资本理论。

第四节　我国智力资本理论的研究现状

　　国内对智力资本的研究状况比较复杂，或者说很不规范化。从《中国优秀博士硕士学位论文全文数据库》（截至 2005 年 12 月 15 日）搜索关键词"智力资本"，出现 27 篇相关的论文，其中博士论文有 6 篇，分别从公司价值、技术创新、经济、与企业的绩效关系、企业并购和与智力紧密相关的角度进行研究。发表在正式期刊的论文有很多，从《中国期刊全文数据库》（截至 2005 年 12 月 15 日）搜索关键词"智力资本"并精确相关，出现 316 篇相关的论文。智力资本的理论研究在 2004 年被评为"2003 年国内学术研究的十大热点"之一[①]。出版两本专著分别是袁庆宏的《企业智力资本管理》和徐笑君的《智力资本管理——创造组织新财富》。在这里，我特别提一下浙江大学的陈劲教授在《智力资本杂志》上发表 *Measuring a New Model and Empirical Study* 一文提出智力资本由结构资本、客户资本、创新资本和人力资本构成，认为前三者是人力资本的附属资本，也就是说，人力资本能够把知识通过其他三个资本转移产生市场价值。另一方面，人力资本决定了其他三个资本的运作形式，而后三者把非物质的知识和信息转变成物质的产出和利润，从而完成整个转换，这是比较有见地的研究。中国台湾省在智力资本研究方面紧跟国际研究的前沿已经取得一些成就，成立了台湾智慧资本研究中心（TICRC），并连续几年中国台湾"经济部"工业局委托中国生产力中心在中国台湾举行知识管理国际研讨会[②]，2004 年 8 月的会议邀请了埃德文森参与，会议安排了两场重要论坛即宏观智力资本论坛和微观智力资本论坛，在《智力资本杂志》2005 年第 2 期刊登了一些台湾学者在智力资本研究的专刊。综合来看，我国这些研究的主要特征可以归为以下三种情况。

---

　　①　《学术月刊》2004 年第 1 期。

　　②　莱夫·艾文森等：《2004 年知识管理国际研讨会：宏观 VS. 微观——智力资本论坛纪实》，《海外管理学》2005 年第 2 期。

其一，对国外智力资本理论介绍、评述和初步应用工作。这些年来，国内学术文献中，出现了一批关于智力资本的文章和译著（本书的参考文献列举了大部分，在此就不一一介绍）。但介绍原理性的多，而专题性评述的少，直接用于指导企业管理实践的就更少。

其二，"智力资本"的内涵比较混乱。对智力资本的概念出现乱用的现象，与知识资本、高级人力资本没有区别，而只是简单地用其与智力相关的表面含义，指的是个人的智力、知识或技术诀窍等可以作为生产要素投资或者入股，并可取得相应回报①。这种理解侧重的是知识型人力资本的商业化价值，其实就是高级人力资本的概念，而远远没有包含"智力资本"的全部内涵，这是一种很简单的对人力资本的替代方式，对当前的智力资本的理论研究很不利，而且也反映出一种学风问题。

其三，提出了一些与智力资本思想相接近的概念和理论。陈佳贵等人强调了无形资产管理思想。在无形资产理论研究中，拓展了会计学意义上的无形资产的范围，将企业无形资产划分为知识产权类无形资产、契约权利类无形资产、关系类无形资产和综合类无形资产四种类型。

翁君奕、张钢等人对组织资本理论的研究，强调了保证企业的人力资本有效发挥作用的组织环境也是一种资本的完整思想。边燕杰、丘海雄等人在对企业的社会资本的研究中，认为"企业通过纵向联系、横向联系和社会联系获取稀缺资源的能力是一种社会资本"，并对企业社会资本的形成、积累和测量等方面进行了探讨。这些思想对于智力资本中的结构资本和客户资本的研究很有启示。此外，人力资源管理价值理论、知识价值理论等研究，都促进了智力资本理论的形成与发展。

总之，我国在智力资本理论研究方面，还处于引进阶段，很难谈得上有适合我国企业、具有实践意义的指导性理论。而时代的发展，经济全球化的趋势，市场竞争的日益加剧，又迫使我国企业必须尽快开发和管理企业的核心资本——智力资本。本书就是从这个目的出发，探求具有实践指导意义的智力资本管理理论以期能对指导我国企业发展有所裨益。

---

① 如金帆《智力资本出资的理论分析与制度设计》，《中国工业经济》2005 年第 1 期。该文认为，智力资本包括企业家人力资本和技术创新型人力资本。还有唐元虎等《企业高管人员智力资源资本化研究》（科学出版社 2004 年版）虽然也介绍了智力资本的理论，但还是主要讲的是人力资本的概念，他们认为，"对基于人的知识和能力而雇用的人力资本，我们称之为智力资本"。

第三章 智力资本相关概念框架及其理论基础

智力资本的研究不是简单的智力与资本的概念相加，而是一个全新的概念，但又与智力、资本等概念紧密相关。要全面理解智力资本概念，我们又必须从最基本的概念如数据、信息、知识和智力这几者的关系进行区分，还要把与智力资本紧密相关的如人力资本、人力资源、智力资产等相关概念区分开来。最后，本章还阐述智力资本研究的思想之源。

第一节 企业的数据、信息、知识和智力之间的关系

通常情况下，人们对数据、信息、知识和智力很难在实践中区分开来，其原因在于它们之间既有区别又有密切的联系，从而致使它们在概念还不十分清晰的情况下就被广泛使用。由于这四者的区分不清楚影响了这些企业竞争资源的管理，也导致了一些企业在决策中出现问题，为了彻底弄清智力资本和知识管理的概念，我们很有必要先对数据、信息、知识和智力加以界定，然后再对其逻辑关系进行分析。在相关文献中，有学者对此进行了总结，如图 3－1 所示。但这并不表明四者之间的关系已经明晰，图米（Tuomi，1999）认为，为了弄清支撑知识和知识实践的知识管理、信息系统和智力资本管理的具体含义，很有必

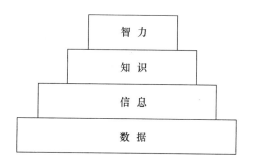

图 3－1 数据、信息、知识和智力之间的层级关系

要对传统的数据、信息、知识和智力之间的层级关系进行修正。他认为，人们最先接触的是知识，通过衔接、描述和结构化等智力的努力而创造信息。然后，通过对信息的加载和解释而产生数据。

一、数据、信息、知识和智力的概念及其关系

从公司的角度看，数据是有关某一事件的一组特殊的、对象化的事实，或者简单结构化的交易记录。例如，"仓库内现存彩电 1000 台"，观察这类原始事实或量化实体可以人工操作或者通过适当的技术来完成。透视信息管理可知，数据的获取、交换和储存相对容易。数据以字符节的形式出现不会遗失任何内容。有些公司和组织赖以生存的基础是富有成效地高效处理、保存这些原始数据，保存记录是它们的生命线。比如，美国人口普查局、社会安全管理局（SSA）都是有很强的数据文化的组织。我们所谈的数据管理几乎都是定量的。一个小时处理多少数据，一项交易的成本是多少，我们的数据处理能力有多大等。定性的考核放在第二位，所要解决的是数据的可及时获得性和易检索性。尽管数据对于公司很重要，但是，数据本身没有多大的用处，公司收集的数据越多，就可能陷入数据充斥的境地，只有被收集起来并转化为信息，那些准确和特定的数据才有用。数据管理的主要目的是监控整个数据搜集过程并确保其可靠性、连续性和完整性。

彼得·德鲁克精辟地给信息定义为："信息是被赋予相关性和目的性的数据。"信息这个词来源于动词"告知"，指的是能够改变或影响接受者的东西。与数据不同，信息要求特定的分析单元，是通过人的认识能力对数据进行系统组织、整理和分析，使其产生相关性的过程。不论信息条目（价格、收入、客户、年份）如何简单，有的人肯定会对你的定义持有异议。信息也存在于电子网络和人际网络中。互联网给我们带来太多的相关和不相关的信息，完全超出个人精力允许的处理范围。达文波特和普鲁萨克提出了将数据转化为信息的5C过滤模型，如表 3－1 所包含的浓缩、关联、计算、归类、校正等过程。

斯威比（Sveiby，2001）认为知识是动态的、个性化的，与资料（离散的未组织的符号）和信息（进行清楚沟通的媒介）明显不同①。创造公司的优势不是丰富的数据，而是转化丰富的知识的能力。对知识，而非对数据或信息的管理是公司竞争优势的主要驱动力。达文波特和普鲁萨克对知识的定义很好地

---

① Sveiby. A Knowledge – based Theory of The Firm to Guide in Strategy Formulation [J]. *Intellectual Capital*, 2001, Vol. 2, 4.

表 3 – 1 通过增加数据含义创造信息的不同方法——5C

增加数据的含义	结果
浓缩	数据被概括为更简练的形式，不必要的细节被舍弃
关联	知道数据为什么被收集起来
计算	对数据进行分析，与数据的浓缩相似
归类	发现分析单元
校正	消除错误和缺少的"数据洞"

资料来源：达文波特、普鲁萨克：《有效知识：组织如何管理所知》，哈佛商学院出版社 1998 年版。

把握了知识的本质，认为知识是结构化的经验、价值、语境信息、专家见解和直觉的非固定的混合体，也为评估和利用新经验与信息提供了环境和框架。它源于所知者的头脑，并为之所用。知识比信息和数据更有价值是因为它更贴近行动。知识可以移植到机器里，但要有效地分类和接受就很麻烦了。任何尝试过在两人或两个团体之间传输知识的人都明白其中的艰难；接受者不仅必须使用信息，还必须承认信息实际上组成了"知识"。三者之间的关系的比较如表 3－2 所示。

表 3 – 2 数据、信息、知识的比较

数据	信息	知识
对世界状况的大致观察	被赋予相关性和目的性的数据	来自人类意识的有价值的信息，包括反应、综合和前后联系
结构简易	需要分析单元	难以构建
便于机器获取	机器获取适中	机器难以获取
通常数量多	要求意义上的一致性	通常是默认的
便于传输	必须有人为调解	传输困难

资料来源：相关材料整理。

数据的特征可以概括为事物的一种属性，而知识则是行为主体的一种属性，知识预先决定了行为主体在特定条件下的行为方式。信息是激活行为主体的存在于事物中的数据子

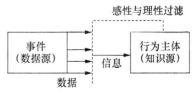

图 3 – 2 数据、信息和知识

集，通过行为主体的感性与理性工具从数据中过滤出来的（见图 3 - 2）。随着新信息的加入或者得到巩固或者得到修正。与信息相比，知识无法被直接观察到，只能从行为主体的行为中加以推断。

我们在不断完善数据—信息—知识三者的统一时，人的智力参与成分也随之不断递增。计算机最适于帮助我们管理数据，其次是信息，最后是知识。

二、组织知识

与知识密切相关的一个概念是组织知识。如果知识被界定为对事物运作过程规律的理解，并允许所有者进行预测克拉克 [（Clarke），1998]，那么组织知识就允许组织对其所处环境和竞争对手进行识别，并同时成为竞争优势的一种来源。在组织中，知识不仅常常内嵌在文件或存储库中，而且还存在日常活动、流程和规范中。Vanhoenacker 等（1999）对此观点表示支持，认为组织知识包括信息、行为和人，而不仅仅只是文献。达文波特（Davenport）和普鲁萨克（Prusak）（1998）也认为："（组织知识）……在通常情况下并不仅仅只体现于文献与陈列室之中，它也会在组织的惯例、过程、实践和标准中得以体现。"因此，组织知识可以被看成是有关组织信息、过程、价值和信念的集合。它来源于个人知识而又超出个人知识，并为一个组织所特有。我们很有必要关注知识的转移，从复杂性对知识进行分类可以分为显性知识和隐性知识。显性知识是已经被编码，并以讲座、数据库、文件、文章、书籍等形式储存起来，接触这些载体的人们，可以将其解读出来并应用到实际工作中。显性知识最便利的收集方法便是使用互联网。显性知识是易于传播（易于识别）并易于为人应用，除去那种妥善保护好的商业绝密或专利，显性知识不会给公司带来很大的竞争优势。但是，隐性或孤立的知识，比显性知识模糊。我们已经知道，隐性知识只有通过第一手经验或与知识更丰富的人共同工作，才能获得。隐性知识主要是指个人的观念和抽象概念。与显性知识不同的是，隐性知识不能记录在文献、数据库、书籍或档案中，只能通过口头交流进行共享，这决定了隐性知识很难传播开来。如表 3 - 3 所示。

日本学者野中郁次郎（Ikujiro Nonaka）和竹内弘高（Hirotaka Takeuchi）认为，新知识产生于显性知识和隐性知识的相互转换过程中，他们将知识的转换过程分成了四种不同的类型，从而提出了知识转化的 SECI 模型。共同化过程：隐性知识向显性知识转换过程；外化过程：显性知识向显性知识转换过程；结合化过程：显性知识向隐性知识转换过程；内化过程：隐性知识向隐性知识转换过程（见图 3 - 3）。野中郁次郎认为信息是一种商品，与知识的区别主要在：①信息是获取和创造知识的必要媒体，是知识创造的起点，只有当信

表 3－3　隐性知识和显性知识的比较

特征	隐性知识	显性知识
本质	个人的，特定语境	可以编码化、显性化
形式化	很难形式化、记录、编码或表述	可以编码，并用正式、系统的语言传递
形成过程	产生于实践中不断地试错	产生对隐性认识的说明和对信息的解析
存储地点	在人脑中	在文件、数据库、网页等介质中
转化过程	常常通过隐喻和类推等外化方法转化为显性	通过学习转化
IT 支持	很难用 IT 来管理、共享或支持	现有 IT 能很好地支持
媒介支持	需要丰富的沟通媒介	可以通过常规电子渠道传递

息内化才可以称为知识。②信息是被动的，可以从外部资料获得，而知识是主动的，是由承诺和信仰产生。③信息是短暂的，人们主要关心其效率，而知识是通用的，人们更在乎其美学价值。知识在哲学领域属于主观范畴，定义为“已被证明的信仰”。从一定意义上讲，隐性知识就是某种信仰。为了证明隐性知识，就必须将其转化成显性知识，然后再与其他的显性知识进行组合①。

由 \ 到	隐性知识	显性知识
隐性知识	（共同化）共鸣的知识	（外化）观念性知识
显性知识	（内化）操作性知识	（结合）系统化知识

图 3－3　四种知识转换模式

资料来源：野中郁次郎、竹内弘高：《创新求胜——智价企业论》，（台北）远流出版公司 2000 年版，第 95 页。

三、智力的基本含义及其组成要素

在很多场合下，智慧经常被用做智力的同义语。所谓智慧，通常被称为人的智力，亦即人认识客观事物及其规律并用以解决实际问题的能力，表现为人对事物和事物发展趋势的洞察力和前瞻性。在西方心理学中，有人从理性哲学

① 野中郁次郎：《论知识创造的动态过程》，载鲁迪・拉各斯、丹・霍尔特休斯《知识优势——新经济时代市场制胜之道》，机械工业出版社 2002 年版，第 98 页。

观点出发，认为智力是指抽象思维能力。例如，法国心理学家 A. 比内把智力理解为"正确的判断，透彻的理解，适当的推理"能力。又如，美国心理学家 L. M. 推孟认为，一个人的智力和他的抽象思维能力成正比。有人从教育学的观点出发，认为智力是学习能力，学习能力就代表智力水平。也有人从生物学观点出发，认为智力是适应新环境的能力。例如，德国心理学家施太伦（L. W. Stern）认为："智力是指个体有意识的以思维活动来适应新情境的一种潜力。"又如，美国心理学家 E. L. 桑代克认为："智力是从事实和真理方面着眼的适当反应的能力。"阿尔吉二人（1989）认为，智力是解决问题、运用原则、推理和理解关系的能力。梅金等（1996）认为，智力是处理信息的能力。心理学家布朗（F. G. Brown）似乎综合了以上几种意见，认为智力是学习能力、保持知识、推理和应付新情境的能力[①]。较多的中国心理学家认为，智力是指认识方面的各种能力，即观察力、记忆力、思维能力以及想象力的综合，其核心成分是抽象思维能力。

实际上，人的智力的各个基本组成要素之间并不是一种简单的平面的线性关系，而应该是一种非线性的三维立体结构，如图 3 - 4 所示。

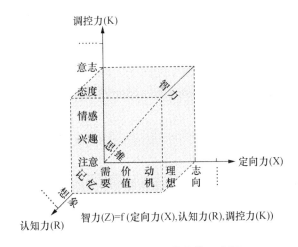

图 3 - 4　智力三维立体结构示意图

人的智力的本质和核心则是思维（思考）能力。同时还可看出，人的智力的诸多组成要素之间并不是一种随意堆放关系，而有着严密完整的系统结

① 詹姆斯·奎恩等：《创新爆炸——通过智力和软件实现增长战略》，吉林人民出版社 1999 年版。

构。与传统意义上的智力观多是仅含"认知因素"不同，现代智力观实质是
"人力论"，将智力因素与非智力因素都规定为智力的组成因素，并以思维力
为核心，重新整合为定向力、记忆力、思维力、想象力和调控力五个基本因
素，又将智力结构分为动力定向（主要是指需要、动机、理想、志向、价值
观等确定活动目标方向、提供活动动力支持方面的因素）、认知加工（主要是
指记忆、思维、想象等直接参与活动的认知性因素）和调节控制（主要是指
注意、兴趣、情感、态度、意志等调节控制活动过程的因素）三个子系统，
从而构成一个相互制约又相互促进的非线性的网络型结构系统。人们正是依靠
这一网络型的智力结构系统而从事各种认识和实践活动的。

　　智力水平的高低是由定向力、认知力、调控力等综合因素决定的。从图
3-4还可直观地看到，一个人智商的高低，并不仅仅决定于记忆力、思维力、
想象力等认知因素，需要、价值、动机、志向、注意、兴趣、情感、态度、意
志等定向、动力、调控因素以及一个人所处的智力生活环境同样是决定人的智
商高低的基本因素。这就是说，人的智力并不是一个只有大小而没有方向的标
量，而与物理学中"力"的概念一样，也是一个具有大小、方向、作用点的
矢量，一个人的智力水平应该是定向力、认知力、调控力等多种变量的多元函
数，可用数学公式表示为：智力（Z）＝f（定向力（X），认知力（R），调控
力（K））。这种新的三维智力结构观，从理论上来说，既纠正了美国吉尔福特
"三维智力结构说"将智力活动的内容、成果也当作智力因素而人为扩大智力
外延的严重不足，又克服了法国比纳和西蒙、美国韦克斯勒等传统智商测验理
论忽视动力、定向、调控等因素而随意缩小智力外延的致命弊端，从而更加符
合客观现实，逻辑思路也更为严密科学。从实践层面来看，不仅能够更为圆满
地解释诸如"有志者事竟成"、"天才出于勤奋"、"勤能补拙"等许多古今中
外虽然思维、想象等认知因素一般但因志向、勤奋、意志等定向、动力、调控
智力因素好而取得卓越成就的成才现象，而且可以据此编制更为科学合理的智
力测验新量表，从而全面、准确地测量人的智力发展水平。

　　智力存在于人的认识与实践活动中。智力活动本身就是一种认识活动，而
实践活动同样也需要有智力的参与，而且随着社会的发展和科技的进步，实践
过程中智力活动的比重越来越高，其作用也越来越大。这就是说，从智力的作
用范围来看，智力并不仅仅只是存在于人的认识活动中，而是在认识与实践活
动中都发挥着重要作用。这就克服了传统智力概念只说智力活动是认识活动而
未明确肯定智力在人的认识与实践活动中均有重要作用的弊病，也就更充分地
说明了发展智力的重要性。

詹姆斯·奎恩（James Brian Quinn）等认为，智力是认识或理解，是创造知识的能力，是合理或高级运用智慧的能力。按重要程度由低到高排列，包括：①认识性知识（know what），某学科的规律和事实；②诀窍（know how），进行有效竞争完成一项任务的能力；③系统理解（know why），理解各个关键变量之间的相互关系和相互作用的程度；④有目标的创造、发现或发明（care why），联系两个学科来创造全新功效的能力；⑤直觉与综合（perceive how and why），理解或预见不可直接衡量的各种关系的能力。他们还认为，智力不仅存在于人脑中，也可能存在于一个组织的系统、数据库或操作技术之中。他还在《智能化企业》一书中指出，绝大多数现代产品和服务的价值取决于公司的创造性和智力。

当认识性知识阶段上升到有目标的创造性和经过训练获得的直觉阶段时，就可以说这个企业的智力价值得到显著的提高。詹姆斯·奎恩等还在《创新爆炸》一书中认为企业的智力具有如下特点：

（1）指数特性。通过适当的激励，知识和智力可以按指数方式增加，并且所有的学习和经验曲线都具有这一特点。

（2）最好的企业吸引最优秀的人才。当一个企业有了领先的智力，就比竞争对手更能吸引优秀的人才，这些人才可以发现并解决顾客提出的复杂的问题，这样就为公司创造出更多的利润，同时在解决下一轮复杂的难题上能够吸引更优秀的人才。招聘人员并开发智力，使每个员工具有指数特性的知识能力，是大多数智力型企业取得成功的关键。

（3）分享和融入。在企业系统和文化中可以做到分享和融入企业的关键知识，能产生智力协同效应的效果。

（4）扩展性。与实物资产不同，智力能够在所用中增值，一般都具有许多还没有充分使用的能力，在面临压力时，能够通过自我组织进行扩展，在用户使用时能够体现出最大的价值。

四、数据、信息、知识和智力的相互关系

信息就是数据在有意义背景下的一种累积，解析性理解来源于对信息的分割与重组，可以让信息的价值得以延伸，而知识是建立在从数据中提取信息的基础上，它既可以从位于其下面的各个层面中产生，也可以从既有的知识中创造，智力则是对累积知识的一种有效利用。国内学者朱祖平（2000）认为，数据是形成信息的基础，也是信息的组成部分，数据只有经过处理、建立相互关系并给予明确意义后才形成信息。信息是进行判断、决策所需的资料。知识则是对信息的推理、验证，从中得出的系统化的规律、概念和经验，它是言行

的基础。智力是知识的外在表现，是通过业绩反映出来的个人知识修养。其关系可用图 3-5 表示。

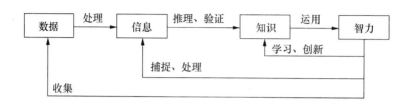

图 3-5　数据、信息、知识和智力关系图

发展智力比掌握知识更重要。一部汽车的性能好坏，最具有决定性的因素是它的发动机。如果我们将人看作是一部汽车的话，那么，知识只是汽车发动机所需要的汽油、柴油等燃料，而大脑才是汽车的发动机。创新主要在于人的大脑及其智力，而不是仅仅在于掌握知识的数量多少，没有知识是万万不行的，但仅有知识也是远远不够的。如果没有发达的大脑及其智力，知识再多也是不会有什么创造的，而只是使拥有者逐步沦为虽学富五车、知识渊博但高分低能、毫无创造的"书呆子"。事实上，科学的知识只有与发达的智力有机结合时，才会不断创造出辉煌的人间奇迹。英国哲学家培根曾说"知识就是力量"，实际上只适用于人类早期的蒙昧时代，而在科学技术迅猛发展的今天，则应说"智力才是力量"。现在社会上颇为流行的"知识经济"，实质上我们应该把它称为"智力经济"更为合适。企业经验丰富的员工连同他们的技能、市场定位、愿景、认知度、专利、忠实的顾客群和声誉都是企业的无形资产，是企业的智力资本创造的。企业的智力资本强调的是人或者企业的智力以及利用这些智力进行知识创新的能力，强调的是知识的隐性方面和知识的创新。发展是第一要务，科技是第一生产力，人才资源是第一资源，智力要素是人才的第一要素。要使人才质量高，发展智力最为重要。

第二节　智力资本的资本逻辑及几个相关概念的比较

"资本"是经济学中最重要而又内涵丰富的概念。按照庞巴维克在 1889 年《资本实证论》中的总结，在经济学的发展历史上"资本"一词一共存在着十几种解释，发展至今，"资本"概念的内涵仍在不断丰富，如近年来出现如社会资本、智力资本、情绪资本等形式的研究热点。我们从经济学说史上

"资本"概念的演变，可以发现经济学家们对"资本"的本质的理解是沿着两条路线来展开的。

一条是马克思所描述的古典资本理论。马克思认为："资本"是能够带来剩余的价值。资本不是"外生经济变量"，它内在于经济发展。货币转化为资本的关键是劳动力转化为商品，资本的积累是通过剩余价值的资本化来进行的。资本是能够带来剩余的价值，从而揭示了资本的本质即增值性。这种资本观对我们深入地理解好人力资本将具有重要的意义。马克思指出资本的实质是资本对劳动者强制，造成人和物的关系的颠倒，体现了资本家对劳动者的剥削，是劳动的异化物①。从马克思的资本理论中，我们可以知道，资本只是一个生活本能，就是增值自身，获取剩余价值，用不变资本即生产资料吸引尽可能多的剩余劳动；资本这一社会属性是建立在雇用劳动基础上的资本与劳动的社会关系；资本是以价值为主体的运动，资本经过购买、生产和销售三个阶段，分别采取货币资本、生产资本和商品资本三种不同形式，在不断循环过程中增值；资本是被资本家控制的，它产生于劳动者的劳动过程中，通过商品交换在流通领域实现。

另一条是西方学者的资本观。当代西方经济学认为，资本采取两种形式，即物质资本（货币资本）和人力资本。物质资本被理解为是"一种被生产出来的要素，一种本身就是由经济过程产出的耐用投入品"（萨缪尔森、诺德豪斯，1998）。斯蒂格里茨认为，"资本"一词在经济学上是在两个有区别，然而又有密切关联的意义上使用的。一是指机器与建筑物，有时被称为资本物品的东西；二是指用来买卖资本物品或买卖厂商的资金（斯蒂格里茨，1997）。

虽然几乎所有的资本理论都没有明确地讲它们是建立在一定的价值理论基础之上，但无论何种资本理论，都是一定价值理论在经济分析中的逻辑结果。如马克思的资本理论是建立在其劳动价值理论基础之上的（以斯密、李嘉图等为代表的古典经济学的资本理论同样如此）；边际学派的资本理论，尤其是以奥地利学派为代表的资本理论（不论是边际生产力的资本理论还是以"时间"为基础的资本理论）都是建立在商品主观效用的价值理论基础之上。因此，杨文进认为，资本理论是价值理论的逻辑延伸，在实际过程中，不存在完全脱离价值理论的资本理论，正如不存在完全脱离价值理论的价格理论一样，

---

① 惠宁、白永秀：《人才资源是第一资源：资本理论演变的新趋势》，《学术月刊》2005年第3期。

它们都是价值理论在不同情况下的逻辑延伸①。显然，建立在不同价值理论基础之上的资本理论，对资本本质和内涵的认识是不完全相同的。如建立在劳动价值论基础之上的资本理论，一定会得出资本是一种生产关系，资本所得是对劳动剥削结果的结论；建立在新古典经济学价值理论基础之上的资本理论，得出的则是资本是一种生产要素，资本与劳动之间是一种平等关系的结论。

一、马克思的古典资本理论

马克思所揭示的资本是一种制度，这是一种对生产资料的生产实行控制来组织生产的方法。同样，当从人们之间的利益关系来看待劳动与土地时，它们不是生产要素，而是经济要素，是一定生产关系的代表。

从资本积累的过程看，资本所得与劳动所得并没有太大的本质区别。因为资本是一定收入分配的结果，而一定收入在满足维持生存之必需的消费需求后的余额，既可用于资本积累，也可用于提高劳动力质量的人力资本投资上，具体如何支出，取决于人们对这两种资本积累形式所可能产生的收入大小（还有社会地位等方面的收益）的衡量，劳动所得工资的相当部分就属于这种投资的收益或回报，从这方面看，资本所得与劳动所得并没有本质的区别，它是人们对一定价值未来预期的不同选择。

资本主义的产品分配由其内部的生产关系决定，使得对产品份额的争夺，成为该社会内部一个永远得不到有效解决的矛盾，这种矛盾只能通过各要素所有者之间相互斗争来解决。这种斗争——哪种要素的所有者在争斗中能获得较大的份额——取决于在一定社会经济技术条件下各种要素在系统中的相对重要性，就出现不同要素在不同时代的经济技术条件下相对地位的不同及其变化。在以工业大生产为基础的资本主义社会，资本取得了相对优势地位，从而在产品分配中占有一定的优势。在现代，随着知识经济对传统资本主义的逐渐取代，高级劳动者成为系统中最稀缺的资源，从而取代资本的地位，而且资本成为被雇用的对象。

尽管马克思在《资本论》中考察的是资本主义资本的特性，而不是资本的一般，然而就资本形态和构成这部分理论而言，撇开所揭示的资本主义生产关系的实质，其内容对资本一般的形态和结构划分也是适用的（见图 3 - 6），每一资本的具体内容可以参考一般的《政治经济学》教材②。

一些人曾经认为，资本是资本主义特有的范畴，其本质是资本家对工人的剥削关系。其实，这种剥削关系是资本主义的生产方式与资本的结合的产物，

---

① 杨文进：《关于资本本质与内涵的一种解说》，《经济评论》2003 年第 2 期。

② 赵旭亮、王明华：《资本一般论》，经济科学出版社 2000 年版，第 27 页。

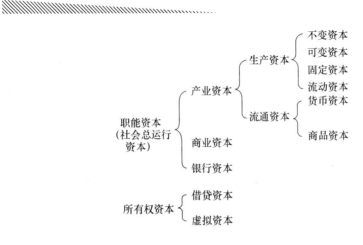

图 3 - 6　资本的形态和构成

并不是资本的本质特性。马克思在《经济学手稿》中把资本主义的资本与"资本一般"做了区别。通过考察货币资本、物质资本、人力资本、虚拟资本等资本的具体形态和高利贷资本、《资本论》中的资本、公有资本等社会形态的资本。其实，资本的本质在于资本的增值性，其体现出的社会关系是资本在运动过程中产生的。人们知道，当今社会资本积累的虚拟化倾向越来越突出，这种情况更加证明了资本主要是一种权力和生产关系的理论观点。

　　资本作为产生利润的资源投资，这一基本思想在以后所有的资本理论中得到沿用。但是，在古典资本理论中认为，投资和利润都属于资本家，生产过程中的劳动并没有为劳动者产生和积累资本。古典资本理论立论基础是阶级分化，是资本主义社会的基础，剥削阶级控制着生产资料并占有被剥削阶级劳动所创造的剩余价值。随着新资本理论的出现基本排除了古典资本理论中必不可少的阶级分析。

**　　二、人力资本理论阐述了劳动者自身的利益**

　　在 T. W. 舒尔茨（Theodore W. Schultz）正式提出人力资本概念之前，已经有一些经济学家谈到人力资本，这其中主要包括亚当·斯密（Adam Smith）和马歇尔（Marshall）。亚当·斯密把人力资本包含在固定资本之中，他在《国富论》中提出："固定资本中包含所有居民或社会成员获得的有用的能力，这种才能是通过包括教育、学习合作学徒过程获得的，一般都需要付出现实的成本。"[1] 因此，它可以被看作是固定在个人身上的，已经实现了的资本。马

---

　　① ［英］亚当·斯密著，杨敬年译：《国富论》，陕西人民出版社 2002 年版。

歇尔在许多方面接受了人力资本观点，他在《经济学原理》中写道："我们已经定义了个人财富，这些财富首先是由直接能够提高个人的生产效率的精力、才能和习惯构成，……如果这些能力可以算作资本。这样看来个人财富和个人资本是可以相互转换的。"① 在这里，最为恰当的理解是把人力资本与物质资本一样看作财富的源泉，显然把人力资本包含在资本概念之中了。

直到1960年舒尔茨提出人力资本的概念。舒尔茨（1962）认为，人力资本指"作为生产者和消费者的能力"。贝克尔（Becker，1964）认为，"体现在劳动者身上的以数量和质量形式表示的资本，如知识、技能和体力（健康状况）等构成了人力资本"。舒尔茨说，我们之所以称这种资本为人力的，是由于它已经成为人的一部分，又因为它可以带来未来的满足或者收入，所以将其称为资本。一般而言，人力资本的类型主要有教育资本、技术和知识资本、健康资本以及迁移与流动资本等② 。其中，体力与迁移流动方面的因素只是物质保证，员工真正贡献的是他们的智力因素——"知识"与"技能"。知识与技能是人力资本的核心，是一个人所具有的可以直接用于生产商品与服务的人力资本。

人力资本理论对古典资本理论形成了巨大的挑战，建立在雇用劳动基础上的资本与雇用劳动的社会关系越来越受到人们的质疑。劳动者具有一定的技术知识和能力，他们的报酬不仅是劳动的价值，有技能的劳动者比没有技能的劳动者获得更高的收入，劳动者的收入除完成维持日常的开支外，剩余的用于储蓄，进行资本的投资，人力资本理论把工人变成潜在的资本家，从而动摇了马克思主义关于无产阶级与资产阶级的区别，但是这一挑战并没有偏离资本的本质性概念，即资本是能够带来剩余价值的资源投资，只是人力资本理论把技能和知识作为一种资源也包含在资本中，但人力资本理论不同于马克思的资本理论。人力资本理论认为，资产阶级与劳动者阶级的关系得到调节，劳动者不是商品的异化物。不同的劳动者基于自身的人力资本，可以获得不同的价值报酬。最后，劳动者变成资本家，资产阶级与无产阶级之间的界线已经变得模糊不清，阶级之间的斗争与冲突变成了合作。

三、人力资本理论与马克思古典资本理论的主要区别

其一，马克思的资本理论关注的是商品的生产和交换，人力资本理论关注的是与劳动者相联系的过程。古典理论中的价值是根据劳动力成本而不是劳动自身，而人力资本理论是根据劳动者本身而不是他们所从事的劳动。人力资本

---

① ［英］马歇尔著，朱志泰译：《经济学原理》，商务印书馆1981年版。

② 李建民：《人力资本通论》，上海三联书店1999年版。

理论的主要研究方向已经转变，劳动不再被认为是资本家与劳动者之间的剥削关系的促成因素，而被看作是劳动者自身资本的生产能力。

其二，劳动者可以看成为投资者，或者至少是投资活动的一方。在马克思最初的分析中，劳动者付出劳动是为了交换维持生存所需要的工资。人力资本理论认为，利润是除了维持生活开支之外的剩余价值，劳动者也处于获取利润的位置。

其三，劳动者为了提高工资和其他利润形式的报酬的可能性而激发了获取技能和知识的动机。马克思认为劳动者的行为不再代表或表述他们的自由意志。人力资本理论认为，劳动者获得技能和知识方面的投资动机是基于自身的成本收益的计算。

其四，古典资本理论认为资本与生产和交换的过程相联系，认为劳动投资是成本计算的一部分，但人力资本理论中没有明确地描述生产与交换过程，劳动也不仅仅计为成本，而是被视为精力或者投资。获得技能和知识的人力资本的发展产生了经济价值，使劳动者可以成为资本家（约翰逊，1960；舒尔茨，1962）。人力资本理论强调员工给组织带来的附加价值，把人看做是财产，并强调企业对人的投资将得到极有价值的回报，认为员工应当作为财产来看待，而不是成本，该理论也增强了人力资源管理的理念。

尽管在测量智力资本的最好方法缺少一致，但是许多学者赞成智力资本的三分法模型，即把智力资本可分为三部分，即人力资本、结构资本、关系或顾客资本。我们可以把市场价值的创造归为智力资本与物质资本，其相互关系如图3-7所示。

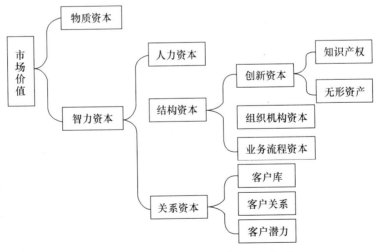

图3-7 资本在市场价值中的一般构成

四、资本与管理的紧密联系

在市场经济条件下，资本是把劳动过程三要素的有机结合才能创造价值来看，通过这种组合起来发挥作用，并不断推动着这种组合的升级换代。马克思认为，资本在组织生产力方面的两个显著特性。首先，资本能把许多分散的劳动集中起来，将简单的小生产转变为社会化大生产。资本的规模越大，在组织社会化生产方面的能力也越大。其次，由于实行社会化生产，与社会化生产一起产生的经济管理活动也就应运而生，马克思指出："一旦从属于资本的劳动成为协作劳动，这种管理监督和调节的职能就成为资本的职能。"（《资本论》第1卷，第367—368页）管理伴随着资本职能的发挥而产生，管理又依赖于资本的威力而发挥作用。在存在资本且资本附有财产所有内涵的条件下，管理的属性显然从属于资本的属性。资本与管理就其自然属性的区别来看，资本侧重于生产条件即资产的重组，以此扩大生产规模，实行集约化生产并产生出一种新的生产力；而管理侧重于保证生产过程的有序、节奏、比例与高效，使新生产力的能量得到充分的发挥，显然后者从属于前者。资本与管理的自然属性体现了它们在不同社会制度下的共识。资本与管理就其社会属性的区别来看，资本吸收劳动创造的价值并从中产生价值剩余，由此反映出资本所有者与劳动者的相互关系；而管理则通过具体的操作方式使价值剩余在两者之间按一定的方式去进行分配以进一步落实这种关系。显然，管理的社会属性也从属于资本的社会属性。

历史上在处理人格化的资本与劳动关系时出现过的两种不同情况给我们深刻的启示：无论是资本还是劳动，都不能凌驾于对方之上。资本凌驾于劳动之上，资本便成了吸取劳动者血汗的工具，而让劳动者铲除资本，劳动者也会丧失发展的依靠，所以在两者关系的处理上，既要保持双方都有利益追求的扩张动力，又不能让利益的天平过分地向某一方倾斜而带来社会不公平，从而才能保证资本和劳动结合在一起具有永久的价值增值能力。人力资本已经逐渐参与到企业管理的实践中。从我们现有的研究来看，一定类型资本的存在就一定会在管理研究方面有其相对应的研究范畴（见表3-4）。

表3-4　　　　　　　　资本与管理的对应关系

资本类型		相对应的管理
物质资本	金融资本	财务管理
	实物资本	生产管理

续表

资本类型		相对应的管理
智力资本		智力资本管理
	人力资本	人力资源管理
	组织资本	组织设计与构架
	顾客资本	顾客关系管理

五、人力资源、人力资本和智力资本之间的关系

(一) 人力资源与人力资本的区分

资源经济学中提到的"资源"一词,一般是指为了创造社会财富而可以投入到生产活动中的一切要素。从抽象意义上定义,资源包括自然界和人类社会生活中一切可以利用来创造物质和精神财富的客观事物的集合。人类可以用来开发和利用的资源,按其属性可以分为两大类:一类是自然资源如土地资源、矿产资源、水资源,等等,另一类是社会资源如人力资源、信息资源、知识资源,等等。人力资源与知识资源包含在社会资源中。智力资源是包含于人力资源中的特殊社会资源。根据我国著名的人力资源管理专家廖泉文教授对与人相关的资源的划分①,我们可以进一步在人力资源与人才资源之间添加智力资源,如图3-8所示。智力资源包含于人力资源范畴之中。社会资源、人力资

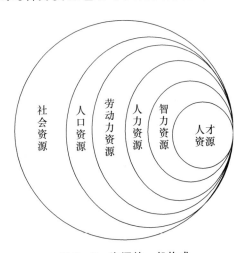

图 3-8　资源的一般构成

---

① 廖泉文:《人力资源管理》,高等教育出版社 2003 年版,第 4 页。

源、智力资源、人才资源具有彼此包含关系。随着知识经济时代的到来，对脑力劳动者在知识结构（包括知识广度与深度）、知识存量、创新能力、学习速度、应变能力、知识运用能力等指标的要求越来越高，有必要将智力资源管理作为重点进行研究。尤其值得注意的是，个人隐性知识存量及其融会贯通能力，对于从事创造性脑力劳动非常重要。智力资本是已经规范化的，可以为组织所掌握并能产生更高价值的资源，也就是说，企业中自由移动的智能通过一定的系列安排，这种智力资源就转变成智力资本了。

根据以上分析，资本就是人们通过一定的投资活动而取得的获利手段，强调的是通过投资获利的能力。

资源与资本实际上是一种整体与部分的关系。资本是资源当中的一部分，只不过是被加以特殊利用的那部分资源。人力资本是从人力资源中开发出来后，投入到经济活动中并创造效益的那一部分。唯有人力资本才能盘活资金等有形资本，实现价值增值。但是，两者有着明显的区别。人力资源在过去被归为与土地、机器设备、原材料等物质生产资料同一范畴内的一种用于企业生产的"资料"，企业通过投入货币资本而获得土地、厂房设备、劳动力及其他生产资料，最终的收益权完全归货币资本投资者所有。而人力资本是与物质资本具有平等地位的企业投入的"资本"，它的所有者与货币资本投资者应享有同样的企业收益的分配权。人力资本与人力资源两者的关系如下：

（1）人力资源是指在生产过程中所投入的人自身的力量，亦即人在劳动活动中运用的体力和脑力的总和，人力资本则是对人力资源进行开发性投资所形成的可以带来财富增值的资本形式，是由劳动者的知识、智能和技能构成的资本，二者都是以人为研究对象的，都与劳动生产有关，离开了人，离开了劳动，都无所谓人力资源，也无所谓人力资本。但人力资源是一种资源的形式，强调具有体能、智能和技能的人的资源性，这种资源性是可以得到不断进化、再生和流动的；而人力资本是一种资本形式，是一种生产要素，强调人的体能、智能和技能的资本性，其追求价值的最大化，支配和推动其他形式的资本发展。

（2）人力资源与人力资本在逻辑上是有联系的，但形成的前后顺序有区别。人力作为一种先天遗传和后天机会与努力相结合形成的素质，并不必然是资本，它首先应是一种社会资源，只有在特定的事件或行动中表现为社会资本。除了先天失去或因各种原因后天失去劳动能力的人以外，人与生俱来就具有潜在的体能、脑力，这样看来，人力资源是一种天然资源；同时人在成长过程中，通过教育、培训、迁移等一系列投资行为，而获得知识、技能与经验，也就是获得了人力资本。正是由于这种投入，才形成了现实的人力资源。由此看来，人力资源是人力资本的载体，人力资源先于人力资本存在。[①] 但并非所有的人力资源都可成为人力资本的载体。那些潜在的人力资源，没有参加生产劳动就不能说它是人力资本的载体。人力资源的质量也有高低层级之分，其划分的依据就在于人力资本所能形成的价值增值有高低之分。同时，我们还应看到，人力资本也是不断发展、不断提高的。正是因为这样，企业在使用人力资源时，对其人力资本都有一个评估，这才出现了企业内与个人能力相匹配的各种职位分工。

（3）资源要体现它的生产性，资本要体现其增值性，所以，无论是人力资源，还是人力资本，都离不开生产劳动。作为人力资源的人只有参加劳动，才能体现他的劳动能力；而人力资本也只有在劳动者参加劳动，将其作为生产的要素真正投入生产之后，才能实现价值增值，才能有所回报。从这个意义上说，只有当人力资源中那部分现实的人力资源，在进行生产劳动时才能体现出其资本的特性。开发人力资源，一方面是指通过再教育、再培训等不断提高现实人力资源的质量，增进其人力资本；另一方面，就是要通过基础教育、高等教育、技能培训等实现潜在人力资源向现实人力资源的转变，这同样要依靠对人力资本的投资。但是，从现实的人力资源开发和人力资本的开发活动中，我们可以发现，开发人力资源主要属于管理学研究的范畴，强调人员的开发、使用和配置；人力资本的开发则主要是经济学探讨的范畴，注重人力的投资、收益和财富的增长。

总之，人力资源与人力资本是两个范畴不同的概念，人力资源是把人看成一种资源投入到生产过程中；人力资本是把人的能力当做一种资本投入到生产过程中。二者之间通过投资和劳动联系起来。人力资源通过投资，形成人力资本，人力资本可以在对人力资源的长期投资中不断提高；潜在的人力资源正是依靠参加劳动生产转变成现实的人力资源，使自身的知识、智能和技能真正转变成人力资本；而人力资本又是依赖人力资源这个载体，在生产过程中体现其资本的本质特征。所以，"为了生产我们向往的东西，必须使用人力资源。每当潜在的劳动者经受学校教育和专业训练，以及每当实际劳动者学习新技术后，他们对生产的产出量的贡献就会提高，也就是说，人力资本已被增进了"[②]。

---

① 别传武：《人力资本产权新论》，《中国人力资源开发》2002 年第 4 期。

② ［英］彼得·蒙德尔等：《经济学解说》，经济科学出版社 2000 年版，第 187 页。

（二）人力资本与智力资本

智力资本与人力资本相比较，有三种不同的观点，有人认为智力资本就是人力资本；有人认为智力资本虽然也是对人的投资，但它并不涵盖所有人，就企业而言主要是指企业中从事高智能创新活动的经营者阶层和高科技人才。[①] 也有人认为，人力资本是由智力资本、社会资本和感情资本三要素构成。这三要素（也可称为个人资产）是高度相关的，正是通过它们的相互结合，形成反馈循环与紧密联系为企业组织和个体带来利益。通过社会资本与他人建立广泛相互作用的人际关系，帮助个体通过学习他人拥有的知识和技能来发展智力资本。感情资本利用诚实和自我意识来建立公开和令人信赖的人际关系，是建立各种关系的支柱。智力资本的学习倾向可以作为自我发展的推动力，使感情资本的自我意识得以建立[②]。根据国外主流的对智力资本的研究，与人力资本最大的区别在于其内涵的不同，智力资本的外延要比人力资本大得多，它不仅包括人力资本，而且包括为实现人力资本价值所必需的其他资本。人力资本指企业员工所具有的各种技能与知识，是智力资本的重要基础，但却不是智力资本本身。埃德文森和沙利文将智力资本分为人力资本和结构性资本。其中人力资本指组织中所有与人有关的因素方面，包括企业的所有者、雇员、合伙人、供应商以及所有将自己的能力、诀窍和技能带给企业的个人。

当然，智力资本与人力资本的区别是多层次的。人力资本侧重于从宏观角度进行研究，体现出经济学研究领域的不断深化；而智力资本则更强调企业的人力资本及其价值的实现所必需的其他资本的支持。智力资本是人力资本发展的产物，属于管理学的范围；而人力资本的研究则是经济学研究的范畴。人力资本是国家竞争力的标志，尤其在知识经济时代表现得更为明显；而智力资本则是企业竞争力的标志，侧重于对企业智力资本的评估、开发和管理。

人力资源同智力资本既有区别又有联系。知识是联系两者的桥梁，人力资源强调拥有知识的劳动者的数量和结构，智力资本强调劳动者拥有的知识的大小以及实现这些知识价值所必需的其他资本支持。两者都是以人力资本为基础，人力资本是知识的资本化形成，人力资源本身是人力资本发展和深化的结果，智力资本是对人力资本运营在微观层次——企业的拓展，都注重于企业内

---

① 张立国：《智力资本与企业制度变迁》，《青海社会科学》2002年第5期。

② 琳达·格拉顿：《什么样的公司才叫好公司》，中国人民大学出版社2005年版，第101页。

部的管理。人力资源与智力资本的区别体现在以下几个方面：一是从静态的知识存量看，人力资源仅强调知识存量的大小、结构以及如何开发与管理这种劳动者内在的知识；二是智力资本不仅强调人力资本存量的大小，而且强调知识的流量——即技能与知识的增加，并进一步研究保证和支持知识的应用所必需的其他经营性资本。

总之，人力资源、人力资本、智力资本这三个概念既相互区别又相互联系，正确地区分和应用这三个概念，对于深刻地理解知识经济的内涵，迎接知识经济的挑战具有重要的理论和现实意义。

（三）智力资产与智力资本

资本和资产是对同一事物的两种不同的描述，资产表现的是它的使用价值，而资本表现的则是它的价值。但是，从严格意义上来说，资本和资产是两个不同的概念，资本不仅仅是资产的价值形态，它还体现了一种社会关系，我们通常称其为契约关系，从资本到资产的过程是企业生产过程的一个研究深化，是一种演进的过程。

同样，智力资本与智力资产两者既有区别又有联系。

首先，智力资本存在于每一个企业，如果企业没有智力资本就不能正常运行。如果智力资本能够在会计的资产负债表中完全反映出来，那么智力资本也是应当包括在股东权益之中，其所对应的资产就是智力资产（也有人称其为无形资产）① 或是通过摊销而转化的其他资产，一般研究智力资本创造的价值都是通过研究智力资产创造价值的能力来体现。

其次，智力资本是智力资产的价值形态，是抽象的智力资产，智力资本到智力资产的过程就是智力资本在企业中的固化过程，使得存在于人的头脑中的未编码知识变成能够识别的编码知识。企业中的人力资本与结构资本结合的结果就是产生智力资产。如软件公司的程序员编写了新的软件程序，这些编好的程序就成为智力资产。程序一旦写成，就变成了智力资产，接着会被不断复制、生产和销售给客户。智力资产要比智力资本具体，并且也有不同的类型，通常将智力资产分为四种类型，即：知识产权资产、品牌信誉和顾客网络资产、信息系统资产、管理方法和管理制度。美国研究智力资本的专家托马斯·斯图尔特在《"软"资产》一书中将智力资产分为"硬"的"无形资产"，它包括专利、版权以及像数据库和软件等信息时代的资产，以及"软"资产，

---

① 这里提及的智力资产并不包含企业的所有无形资产，并不等同于会计中的无形资产，例如土地使用权和不动产的使用权就不是智力资产。

如文化、忠诚等。同时，智力资产还可以分为受保护资产（知识产权）和未受保护资产。智力资产就是与智力资本所相对应的资产方的智力无形资产（简称智力资产）。智力资产属于无形资产的范畴，但并不包含企业的所有无形资产（如不动产的使用权和土地使用权就不是智力资产）。在本书第六章第四节还要具体阐述智力资本、人力资本、智力资产三者之间的关系，这里就不做详细阐述。

表 3 - 5　　　　　　　　　　智力资本相关概念一览表

术语	解释
智力资源	作为人力资源的一部分，是企业员工所拥有的智力，为企业提供未来经济利益的潜力
智力资本	智力资本由人力资本、结构资本和客户资本三种资本构成。智力资本与智力资源的关系是：智力资本是已经规范化的，可以被组织掌握并施以影响以产生更高价值的资源。也就是说，企业中自由散漫的智能一旦并入某种有用的序列时，智力资源就变成了智力资本
智力资产	智力资源与具体的物质技术条件相结合，并形成诸如专有技术、专利权、先进的管理经验、设计方案和营销网络等能增加企业收益
智力型产品	智力资产需要依附在实物上才能形成价值，一种包含智力资本的产品就是智力型产品

资料来源：根据相关资料整理。

六、智力资本与知识管理的异同

休伯特（2000）认为，智力资本实质是对无形资产的管理，无形资产代表了大多数公司价值的最大部分，它是由人力资本（公司个人的能力）、结构资本（组织的能力）和顾客资本构成，对其积极地进行管理以达到在市场上最优的绩效。这三部分是基于个人、组织和客户之间的知识交换而相互联系和成长。组织的知识战略是适应公司无形资产的形成而构建的能力和关系。无形资产的增长反过来也决定公司的经济绩效。因此，智力资本的框架表示无形资产的贮存，而知识是在增长人力、组织和关系资本这些资产中的流动的电子流。因此，两者之间存在明显的区别。[①] 杰克·菲茨 - 恩兹（Jac Fitz - enz）

---

① Jay Chatzkel. A Conversation with Hubert Saint-Onge. *Journal of Intellectual Capital*，2000，Vol. 1，(1)：101.

和芭芭拉·戴维森（Barbara Davison）（2002）认为，知识管理是智力资本运动的结果或者说是副产品。[①]

罗斯曾借用一位经理的话说："如果说知识管理是寻求实践的理论，那么智力资本就是寻求理论的实践。"[②]

当公司吸引到最优秀的人才并给予他们必需的工具，这些人还需要公司的框架和关系及与其他人交谈来发展和应用他们的（隐性和显性）知识。

知识管理创造和围绕着组织学习、创新、技能、素质、专门技术和能力的动态连接，不断地朝着公司智力资本的方向发展，智力资本是组织的整体元能力，这种能力是以现有的方式产生创新和有效地对外在的、新出现和潜在的挑战做出反应。两者都是基于个体和集体的人的脑力所表现的竞争模式。然而，智力资本在缺乏有虚拟现实的社会结构时是不能发挥作用的。虚拟现实是由信任和合作、诚信和商誉、帮助和关爱、共享的价值和远景构成。企业内在的有道德的现实能够改变外在竞争的现实[③]。

智力资产管理作为知识管理的理性部分，是从知识中创造价值、萃取价值的过程，也就是智力资产从人力资源转向知识产权，变得越来越具体而确定。一些知识会成为外显资产，较少一部分会变成受法律保护的知识产权，其他知识可能非常分散，作为人力资源储存在员工个体的头脑中，希望将来可以用于制造更好的产品并给公司增加收入，这个过程就是从基础知识结构到特定知识创造，再到产品或流程创新和智力资产以及知识产权的外显，并最终产生收入（见图3—9）。

组织过程被看成"知识价值链"（knowledge value chain）或者"知识树"（tree of knowledge）的一个阶段。知识创造是一个构建过程，起始于基本的社会学，即公司内外部的社会学环境，这是公司内在文化（包括公司员工的价值观和信念、行为方式以及公司主体价值观）的基石。文化中的一个重要方面就是创造力，它是一种想要创造新东西的冲动，这些新东西可能是新产品、新流程或新的组织方式。文化和创造力依次被嵌入正式和非正式的结构、流程以及组织惯例中。这些决定了公司内部的行为，何种行为受到奖励、谁被雇用、人们如何互动、技能怎样发展以及组织如何改变？某些结构培养出更大的

---

① 杰克·菲茨-恩兹、芭芭拉·戴维森：《如何衡量人力资源管理》第三版，北京大学出版社2006年版，第135页。

② Roos J. Exploring the Concept of Intellectual Capital (IC) Long Rang Planning, Vol. 31, 1998.

③ P. N. Rastogi. Knowledge Management and Intellectual Capital—The New Virtuous Reality of Competitiveness? *Human Systems Management*. 2000. Vol. 19, (1): 39.

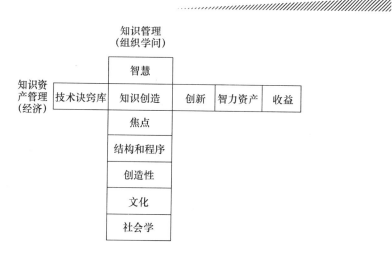

图 3 - 9　知识管理与智力资产管理的交叉

创造力，某些则较少。创造力被聚焦于特定的知识领域，这些知识领域又反过来导致特定的知识创造。随着时间的流逝，它被抽象成为更高的智慧。但是，应该看到知识管理或智力资本的开发就是创造开放的、合作的、重视学习的企业文化，通过学习创造新知识，知识需要管理，知识需要获取、分享和沟通。

七、智力资本的开发及条件

现代社会的竞争是高科技的竞争。高科技竞争的背后是人才的竞争，而人才竞争的实质是知识运用的竞争。

（一）智力资本开发的意义

智力资本有利于促进人力资源的开发。人力资源的开发实质在于提高人力资源的素质和智力，然而，人力资源开发离不开对人力资源的投资。政府、企业、个人是否愿意向人力资源开发投资，取决于这种投资是否能够带来收益。事实证明，人力资源投资能够带来收益，即通过人力资源投资，开发人力资源，提高人力资源素质，形成相应的人力资本，然后通过智力资本的运作，创造出新的知识成果，产生经济效益。当今的美国就是通过智力资本投资来提高本民族的人力资源素质和引进智力资本使企业和国家都具有独一无二的竞争力。第二次世界大战后的德国和日本也是通过人力资本的投资，促使智力资本的提升，在短时间内重新发展起来。现代企业的发展更为依赖于智力资本。只有认识到人力资源投资或知识投资可以带来效益，认识到知识是一种资本，才能吸引到政府、企业、家庭和个人进行知识投资，促进人力资源开发和利用。

智力资本的开发有利于推动经济的增长和发展。经济增长来源最为关键的因素就是知识进展，而知识进展是智力资本运作过程中的知识更新，即通过智力资本创造知识。如果社会不认可智力资本，知识的创新就会受阻，经济增长就会停滞不前。

（二）智力资本形成的条件

知识作为一种生产要素，在后工业社会之前，附着于其他生产要素之上，知识的重要性主要是通过附着的生产要素的重要性来体现的。知识从其他生产要素中分离出来后，成为一种独立的要素，并在经济增长中日益发挥着主导作用，是伴随着知识经济时代的来临而出现的。知识向资本的转化即是文明发展进步的产物，这种转化需要具备的主要条件如下：

1. 社会经济条件

在农业经济占主导地位的社会经济体系中，种养殖业是主要产业，人们的生产和经营活动都是围绕土地而展开的，土地处于主导地位。在工业经济社会，以机器设备和电动工具为主要代表的实物资本成为生产要素的核心力量，而知识要素还依附于实物资本，还没有从实物资本中独立出来，成为独立的生产要素。当进入后工业化社会和知识经济时代来临之际，知识要素才从基础生产要素中独立出来，成为一种首要的起着主导作用的要素进入生产和服务体系。

2. 生产力条件

知识向资本的转化必须以生产力高度发展为基本条件，没有生产力的发展，人们就不能在满足了必要的物质需要后产生更高的精神需求。知识经济是以知识的广泛使用和在更大范围内流动配置为基础的经济形态。没有生产力的高度发展，就不可能使知识要素独立出来，转化为资本。在生产力高度发达的知识经济时代，新一轮科技革命所产生的高新技术产业的出现，使生产力的发展突飞猛进。生产工具、通信工具和交通工具都有了新的突破，教育、科学、文化等都有了更进一步的发展，高技术人才不断涌现，知识成果具有高度的共享性。知识经济时代，因为生产力的发展，特别是网络技术、信息技术的发展，使知识要素能借助先进的高新技术手段实行流动配置，为大规模生产与共享知识奠定了基础。

3. 知识创新机制是智力资本形成的决定性条件

创新是知识产生的源头。工业经济时代的技术开发和科学研究工作主要是在实验室中进行，研究的主要目标集中在设备和工艺技术方面。自20世纪70年代以来，面对激烈的市场竞争，产品的更新换代速度加快，产品的开发成为企业竞争的焦点。科研开发的规模，包括货币资本、人力资本、时间的投入等促进了研究领域的细化和技术的进一步分化。信息技术的发展降低了知识的使用成本，使得大规模的多层次开发成为可能。从基础研究到应用研究，从产品的工艺开发到人员的培训、从产品的外形设计到性能的改进、从市场的开拓到技术服务等，都成为知识和技术创新的领域。

第三节 智力资本的理论基础

智力资本研究的发展与微观经济学、产业经济学和战略管理理论的发展是不可分的，特别是从以下的五大理论中汲取了丰富的思想养分。

一、企业内在成长论

伊迪斯·彭罗斯（Edith Penrose，1959）在其《企业成长论》中提出，公司可以被看成各种广泛的资源，最优化的高速成长有赖于开发利用现有资源与发展新资源之间的一种破坏，并就资源、竞争定位和经济租金之间的关系进行讨论。在分析单个企业内生成长的过程中，要特别重视知识积累和企业可能性边界扩张的内在联系。她指出，没有任何资源本身创造价值，而是这些资源提供的服务，这些服务是指"职能"和"活动"[①]，企业本质上是一个管理性生产组织，管理资源是企业进行专业化生产活动的关键性要素。因而，稀缺的管理资源是企业规模和范围扩张的最重要的限制因素。这是因为，企业的管理资源具有专用性特征，是企业长期内部知识和能力积累的结果，无法通过公开市场购买。因此，企业扩张的前提是增加相应的管理资源。在现有管理资源约束下，企业的过度扩张会导致企业生产效率的降低。企业内部决策活动的惯例化和程序化是缓解管理资源稀缺的主要途径。在企业的扩张中，非程序化的决策活动引起的新的协调问题在开始的时候往往占用了管理人员大部分的时间和精力，一旦把这些问题惯例化和程序化，单个决策者就能够节约其管理资源并将这种资源释放出来。

彭罗斯事实上把企业内部决策活动的程序化看成是外部知识内部化的知识积累过程。她特别关注企业如何积累"标准操作规程"和"程序性决策"等方面的知识。在企业将外部知识内部化和个体知识联合化的过程中，实质上是在将正式的显性知识转化为非正式的隐性知识。彭罗斯把决策的惯例化和程序化看做是专业化协调中共同知识的积累过程。随着共同知识的积累，一方面稳定了企业组织成员之间行为的预期；另一方面提高了企业成员的决策效率。这

[①] 彭罗斯：《企业成长理论》，上海三联书店、上海人民出版社1995年版，第25页。

使组织可以释放出部分管理资源解决企业扩张中的非程序化决策问题，推动了企业的成长和发展。

　　彭罗斯和马歇尔在新知识积累方面的主要分歧在于：知识积累究竟是一个内在化的过程还是外在化的过程？彭罗斯认为，企业的知识积累是外部知识内在化，即正式的显性知识转化为非正式隐性知识的过程。知识的内在化节约了企业稀缺的管理资源，为企业的成长和扩张提供了可能。而马歇尔（1920）则主张，企业新知识的产生是非正式的隐性知识转化为正式的显性知识过程。他强调，机器替代劳动力的前提是把以隐性知识为基础的复杂工作转化为以显性知识为基础的标准操作程序的过程。事实上，彭罗斯和马歇尔各自讨论了企业知识积累内在机制的一个方面的特征。企业组织的知识积累和知识创新实际上是一个双向循环，即知识内部化和外在化动态互动过程。

　　野中郁次郎（1999）从个体隐性知识在知识创新中的重要性讨论出发，探讨了企业核心知识的形成和积累机制。他认为，从泰罗到西蒙，西方管理理论只是把企业看做是一种信息处理机器。在这种观念的支配下，只有正式的、系统化的知识才是唯一有价值的，这是对企业中知识的存在形态及其作用的片面理解。企业知识创新和核心知识及能力的形成不仅仅是对客观信息的简单处理，而是不断地发掘组织成员头脑中潜在直觉和灵感并加以综合利用的过程。他还指出，新知识总是来源于个体，个体知识能否转化为对整体有价值的组织知识，是企业核心知识和能力形成的关键。

二、企业资源基础论（Resource – based view of the firm）

　　传统的战略管理模式是从产品/市场定位来定义，即从企业所生产的产品和所服务的市场。企业资源基础论认为，企业应该为他们的战略定位于有价值、稀缺、难以模仿［巴尼（Barney），1991；皮特拉夫（Peteraf），1993］的资源和能力而不是从能力派生出的产品和服务。产品和市场经常会发生变化，而资源和能力则更为持久。因此，资源基础论比传统的战略观更为注重长期，在非确定性和动态竞争下具有更强的解释力。企业资源基础论放松了理论假设，认为公司绩效的差异是由于资源异质性而不是波特所谓的产业结构（如相对的讨价还价能力、进入壁垒）。该理论把战略管理理论明确建立在彭罗斯的企业成长极限理论的基础上，认为企业建立强有力的资源优势远胜于拥有突出的市场优势。

　　资源基础论认为，企业是一个资源集合体，每种资源都有多种不同用途（彭罗斯，1959）。根据研究的目的需要，资源可以分为三类[1]：有形资源，如

---

① 彭罗斯（1959）把资源简单分为人力资本和物力资本。

厂房和资金；无形资源，如专利和商标；有关产品和工艺的知识资源，主要存在于个人本身、文件、计算器或类似的存储和交流媒体。在彭罗斯理论的基础上，经过伯格·沃纳菲尔特（B. Wernerfelt）、巴尼、蒙哥马利等人的发展而形成。资源基础论最显著的特点是，关注企业内部的各种资源，依据企业所能整合的各种资源对企业的绩效进行研究。作为战略管理理论新研究方向的资源观被认为是以1984年沃纳菲尔特的经典论文《企业资源基础论》的发表为标志，该文试图用经济学工具来分析企业的资源优势及战略选择，并将其运用于分析利润与资源的关系以及在较长的时间内管理资源的优势，认为企业资源是企业有形和无形的资产，包括品牌、技术工人、技术知识、机器、有效的程序和资本等。资源在什么样的条件下才能够产生持续的竞争优势是"资源观"的中心问题。资源观拓展了资源的概念范畴，把更为活跃的技能和人力资源也包括进去。企业的资源被定义为"企业拥有的或者控制的要素的集合"（Amit and Schoemaker, 1993）。企业资源异质性观点是企业资源基础理论的基础，该理论的核心是：企业是一系列资源和能力构成的资源束。企业的长期竞争优势源自于企业所拥有和控制的有难以模仿、难以交易等特征的特殊资源和战略资产，尤其是一些异质性资源，也就是能够产生租金的潜在资源。资源论的租金与传统产业组织理论中的利润不同，暗含了一定的战略观，租金的概念包含了资源稀缺和生产力差异的内容。1991年，巴尼提出企业获取战略资源的主要途径有两条：一是从外部的战略要素市场获取；二是内部积累和培育。这种观点的核心是对企业持续竞争优势的根源的探讨，从企业外部的环境条件以及市场定位转向了企业内部资源。这种从产业组织经济观点向企业资源基础观点转变有以下几个原因：首先，新产品、新技术、顾客偏好转移的速度明显增加，很显然，在日益动荡的环境中，单纯的资源战略并不能支持明显的竞争优势。其次，随着许多企业的聚集和重组，特别是与产业相关的信息技术的发展，传统的企业边界越来越模糊；还有传统产业组织战略思想是包括竞争对手分析、战略组群，建立在稳定产业环境基础上的。在一个技术迅速进步和偏好多变的动态环境中，仅仅依赖于已经拥有的优势地位要获得持续的竞争优势显然是有困难的。

三、企业演化论（Evolutionary theory of the firm）

在彭罗斯之后，持续关注企业内生成长的是演化经济学。该理论通过引入不确定性对新古典经济学理论基础提出了挑战。不确定性是指经济主体对未来事件的基本性质缺乏完全的知识和预见。阿尔钦（Alchian, 1950）指出，在缺乏完全知识的条件下，企业的预期是不确定的，新古典经济学的利润最大化企业行为假设只是一种理论的抽象，没有任何现实指导意义。

纳尔逊和温特（Nelson and Winter，1997）在阿尔钦上述思想的基础上建立了一个完整的解释经济变迁的企业演化理论，特别强调企业在变动的市场环境中如何行动是解释经济变迁的基础。他们指出，现实的企业是由利润推动的，但绝不是新古典经济学所假设的利润最大化的生产者在不确定性条件下，企业拥有的知识是不完全的，只是特定时间内具有一定知识、能力和决策规则的生产者。在环境选择机制作用下，企业有类似基因的组织惯例，它是企业组织的记忆，执行传递技能和信息的功能。他们的分析是建立在行为主义者的组织理论基础上，但增加了对与组织知识相关的"默示"概念的分析，组织惯例体现了组织知识，是建立在历史基础上的社会化的生产和再生产，并且是刚性的。"惯例"被认为是不断产生的和依赖于环境的，具有可选择性，有一些自动的性质，但可以通过学习来改变。这种直观地分析单个企业的演化理论（不是分析企业群、行业或整个经济）有时称为"个体发生的"方法，是与"系统发生的"方法相对应。以"个体发生学"为导向的方法中，企业行为由企业自身要素来解释，而"系统发生学"方法则是根据企业所包含的遗传和变异来解释，但注重于行业层次。

20 世纪 80 年代以来，许多学者从企业内部知识积累的角度讨论企业的成长和竞争行为，并在演化论分析方法的基础上形成了企业的能力理论。它包括"资源基础理论"（沃纳菲尔德，1984；巴尼，1991）、"企业动态能力理论"〔蒂斯、皮萨诺和舒恩（Teece，Pisano and Shuen），1990〕、"核心竞争力理论"〔普拉哈拉德和哈默尔（Parahalad and Hamel，1990）〕和"企业知识理论"（德姆塞茨，1999）等不同的理论和思想观点。由于缺乏经济学分析的必要规范性，到目前为止，企业的能力理论尚没有形成一个统一的概念体系。但是，这些理论和思想观点有着一个共同的核心：企业的成长是内生性的，其内在条件（资源、能力和知识）是获得持续竞争优势的真正基础。

四、企业（核心）能力理论

因为在竞争较充分的市场上，土地、设备，劳动力等资源是可以通过市场交易获得的。由此可见，并非所有的资源都可以成为企业竞争优势和高额利润的源泉，在竞争优势与大多数都具有普遍意义的资源间不可能存在因果关系。企业内的资源多种多样，但并非所有资源都可以成为企业竞争优势。基于这些考虑，一些学者提出了企业能力理论。能力理论认为，能力与资源不同，能力是以人为载体的，是配置、开发、保护、使用和整合资源的主体能力。理查得森认为，"能力"是指企业的知识、经验和技能。而企业资源基础论把竞争优势的根源归因于企业拥有物的资源上，显然是有欠缺的。企业能力理论认为企业是"能力的独特集合体"，企业的长期竞争优势来自于企业的核心能力。正如哈默尔和普拉哈拉德所认为的，决定企业竞争优势的能力是企业多方面资源、技术、不同技能的有机组合，而不是单纯的企业资源。

企业核心能力理论并没有超出企业能力理论的边界，只是企业能力理论发展的新阶段，它更强调能力的独特性、稀缺性和不可模仿性特征。自从 1990 年，普拉哈拉德（C. K. Prahalad）和甘瑞·哈默尔（Gary Hamel）在《哈佛商业评论》上发表《企业的核心能力》一文，正式确立了核心能力在管理理论与实践上的地位以来，核心能力的研究成为管理理论界的前沿问题之一，备受关注。不同的研究者分别从整合观、网络观、协调观、组合观、知识载体观、元件—构架观、平台观、技术能力观等不同角度对核心能力概念和理论进行了探讨。到了 20 世纪 90 年代中后期，基本上倾向于两种认识，一种是从核心能力的构成要素来定义核心能力，认为企业核心能力是指企业的研究开发能力、生产制造能力和市场营销能力。另一种则着重从核心能力的知识特性方面来定义，即从知识能否被外部获得和模仿来定义企业核心能力，认为专有知识和信息是企业能力的基础，学习是提高企业核心能力的重要途径。企业核心能力来自于具有企业特性的、异质的、途径依赖的、不易为外界获取和模仿的知识体系。这样，企业如何进行知识管理，即如何获取、创造、运用知识成为企业核心能力培育的关键问题。虽然企业核心能力理论目前尚无统一而严密的理论体系，但在一些问题上已达成初步共识，即基于企业内部资源的竞争对手的难以模仿的能力是企业竞争优势的来源，而核心能力是企业持续竞争优势的根本所在。

核心能力具有异质性，难以被模仿和替代，不能交易，但可以延伸，而且具有动态特征，成为企业长期竞争优势的主要来源。1997 年，蒂斯等提出了动态能力理论。动态能力的战略观认为企业必须适应不断变化的环境，自我更新的能力。而提高和更新能力的方法主要是通过技能的获取、知识和诀窍的管理、学习。蒂斯、皮萨诺和舒恩认为动态能力是指企业组织长期形成的学习、适应、变化、变革的能力，能力包括组织惯例、技能和互补资产，由于这里面包含大量企业特定的隐性知识，所以特定企业的组织能力是难以被复制和模仿的。企业能力理论不仅从深层次认识到企业竞争优势的根源，而且认识到为适应不断变化的市场环境，企业必须不断地更新自身能力，发展新的能力。对能力理论的进一步深化研究，使越来越多的人认识到，隐藏在企业能力背后并决定企业竞争优势的关键是企业掌握的知识，尤其是很难被竞争对手所模仿的隐性知识以及与知识密切相关的认知学习。巴尼认为，企业的知识满足有价值的、稀缺的、不能完全被模仿的和不能完全被替代的四个条件才能够产生竞争优势。事实上，无论是能力理论还是基于资源的企业理论都强调企业的能力来源于企业的"独特资源"，这种"独特资源"不是别的，正是企业所拥有的难以交易和模仿的知识。因此，可以认为资源基础论和能力理论最终都走到了企业知识理论这一轨道上来，企业知识理论认为企业是知识的集合体，组织知识尤其是隐性知识，是企业核心能力的基础，核心能力是使企业独具特色并为企业带来竞争优势的知识体系。

五、企业知识基础论（Knowledge – based view of the firm）

以知识为基础的企业论被认为是资源基础论的本质（温特，1988；康纳和普拉哈拉德，1996；格兰特，1996）。企业能力理论将企业理论对企业竞争优势根源的认识向前推进了一步。然而，企业能力理论没有对为什么企业拥有核心能力，以及一些企业在获得了核心能力的同时反而出现了"核心能力刚性"（core rigidities）（巴顿，1997），最终丧失了核心能力等问题给出解释。在对企业核心能力深层次决定因素的寻找过程中，企业能力理论出现了从以资源为基础的企业理论即"资源基础论"到以知识为基础的企业理论即"知识基础论"的转变。新近出现的企业知识理论认为，隐藏在能力背后、决定企业能力的是企业的知识和与知识密切相关的认知学习。同时，正是由于知识所固有的性质导致了企业的核心刚性。企业知识理论是从分析知识的特性开始的。传统的企业理论虽然也使用知识这一概念，但它关注的是显性知识，而不是隐性知识。也就是说，从传统观点来看，知识是作为同质性的假设，所有的知识都是可以转移、交流和共享的。而企业知识理论认为，企业知识是高度情境化的，具有意会性和离散分布性的特征。知识的意会性是指知识的不可完全表达性，它意味着企业知识是通过特定实践获得的，并且它的使用对企业内部环境具有高度的依赖性。知识的离散分布性是指企业知识不可能以集中的形式存在于单个头脑中，而只能处于特定情境中的个人或团队分散掌握。企业知识的意会性和离散分布性，决定了其难以转移性和不可模仿性，也决定了企业的异质性，因而也就构成竞争优势的源泉。基于知识的竞争优势也是可持续的，因为公司知道得越多，也就学得越多。

同时，公司具有高级的知识能够获得传统的资源和能力并以独特的方式进行协调和合并，为顾客提供比竞争对手更多的价值（彭罗斯，1980；罗默，1995；蒂斯艾，1997）。因此，通过提供高级的智力资源，组织能够理解如何比竞争对手更好地开发传统的资源，即使这些资源不是独有的。因此，知识被认为是最为重要的战略资源，知识的创造、获取、转移、储存、共享和使用能力是企业持续竞争最为重要的能力。从最广的价值假说看，进行知识管理能够增加组织竞争的基本能力。企业知识的来源既可以来自企业内部，也可以来自企业外部。知识联盟是从外部获取知识的一种有效方式。知识联盟不同于产品联盟，它强调的是通过结盟从其他机构获取专业化能力和潜藏性知识，或者和其他机构合作创造专业化能力和潜藏性知识。一般把技术转移分为实体转移、设计转移与能力转移三种。实体转移是机器设备和器件材料等的简单转移，这种方式就是知识成果而非知识本身的转移。设计转移主要是通过技术进行的转移，如通过设计蓝图、配方、书籍等。能力转移主要是通过科学知识和专业技能进行的转移。这三种方式中，能力转移是最高级的，而能力转移只有通过知识联盟和组织学习才能获得。知识联盟有助于一个公司学习另一个公司的专业能力；有助于两个公司的专业能力优势互补，创造新的交叉知识。核心能力实质上就是知识和能力的组合，而知识和能力的载体是组织中的人，因此，对知识联盟的管理重点在于对联盟的人力资源管理和组织学习的管理。

戴维·J. 蒂斯认为，公司的本质是创造、转移、组装、整合和开发知识资产（Knowledge assets）。知识资产支持着能力，能力依次支持公司提供给市场的产品。[①] 由公司的智力资本构成知识基础，认为是组织中员工的所有有形的和无形的知识、经验和技能。有关公司内知识创造的一系列的战略选择构成了公司知识战略，为公司智力资本开发和创造竞争优势提供了指南（Bierly and Chakrabarti，1996；Zack，1999）。日本学者野中郁次郎认为，在现代激烈竞争的背景中，竞争优势的一个确定资源就是知识，成功的企业在于创造新的知识，并在企业内迅速扩散新知识。这就是以知识为基础的企业理论的基本观点。尽管企业知识理论还没有形成完整的理论框架，但它对企业的基本特征和行为提出了全新的解释，并试图对主流企业理论没有解释的问题给予说明。该理论的基本思想是，在充分肯定知识对企业价值的基础上，通过创造一种环境让每位职员能获取、共享、使用组织内部和外部的知识和信息以形成个人知识，并支持、鼓励个人将知识应用、整合到组织的产品和服务中去，以最终提高企业创新能力和对市场的反应能力。

六、协同理论

协同学由赫尔曼·哈肯（Hermann Haken）于 20 世纪 70 年代创立，哈肯

---

① David J. Teece. Capturing Value from Known Assets: the New Economy, Markets for Know - how, And Intangible Assets. *California Management Review*, 1998, 40, 3.

认为协同学研究系统从无序到有序转变的规律和特征，是一门跨越自然科学和社会科学的横断科学。它研究系统中子系统之间怎样合作以产生宏观尺度上的空间结构、时间结构或功能结构即"自组织"，既处理确定问题又处理随机过程。协同学处理由许多子系统组成的系统，不同系统的子系统可以是性质十分不同的，特别是这些结构以自组织的方式出现。

协同（Synergy）在管理学中最初出现于 H. 伊戈尔·安索夫（H. Igor Ansoff, 1965）所写的《公司战略》中，就是企业整体的价值大于各部分价值的总和，协同公式 2 + 2 = 5 很好地表达了这一理念。安索夫认为，战略管理中的协同效应是一种联合作用的效应，是企业获得的大于由部分资源独立创造的总和的联合回报效果。安索夫提出的战略协同理论，阐述了基于协同理念的战略如何作为纽带连接公司多元化业务，从而使公司更充分地利用现有优势开拓新的发展空间。协同这一基本理念在随后的岁月中表现出了惊人的生命力。战略管理借用协同一词的本意在于强调在战略中应体现出来的系统的整体性特征，即系统的组分之间相互作用、相互激发而产生的整体效应、结构效应或结构增值，单个组分或组分的总和不能产生这种效应。他确立了协同的经济学含义，即为什么企业整体的价值有可能大于各部分价值之和。[①]

弘之伊丹（Hiroyuki Itami）对协同进行了比较严格的界定，把安索夫的协同概念分解成"互补效应"和"协同效应"两部分，在《启动隐形资产》（*Mobilizing In Invisible Assets*）一书提出协同是一种发挥资源最大效能的方法，并把资源分为实体资源和隐性资源。实体资源是指诸如生产设备等资产。隐性资源则是一种无形资源，可能是商标、客户认知度或者技术专长、企业文化。弘之伊丹认为，这种隐性资源才真正是公司竞争优势不竭的源泉，这种是公司所独有的，是买不到的，但却可以以不同的方式为公司的所有企业服务，这些资源也可以按照新的方式进行组合或应用，从而提高公司的发展潜力。弘之伊丹的协同效应是经营实体资源的互补效应和基于隐性资源的协同效应的组合，并提出资源的动态匹配。这里的隐性资源很大部分与本书所论述的智力资源是相一致的。

---

① ［英］安德鲁·坎贝尔、凯瑟琳·萨姆斯·卢克斯著，任通海、龙大伟译：《战略协同》第二版，机械工业出版社 2000 年版，第 3 页。

第四章 人力资本是智力资本构成的核心

增强组织资源构成了战略管理文献的重要主题。近年来尽管在明确技能和能力方面取得了相当的进步，研究智力资本的满意的框架仍然缺乏。从斯威比（1997，1998）、卡普兰和诺顿（1992）、埃德文森和莫尔（1997）的研究构架看，我们认为他们的智力资本的能力维度是与约里克（Ulrich，1998）一脉相承的。人力资本在智力资本总量中占有最大比例，在本质上还构成另两种资本的源泉。企业所有的智力资本最初都是以人力资本的形式进入企业的，组织资本和关系资本只不过是企业在长期经营过程中由人力资本创造或是人力资本沉淀固化而形成的产物。当企业从以人为中心的组织发展到以流程为中心的组织（可以参见第六章第一节的论述）时，尽管人力资本从表面上看其重要性减少点，但在一定程度上还是受制于人力资本。从智力资本形成的机理来看，要素在企业内部形成智力资本的积累，人力资本的投入和激励是最好的选择，因此讲人力资本是构成智力资本的核心。

第一节 人力资本理论的研究

经济合作与发展组织（1999）定义智力资本为"公司两类无形资产的经济价值"，即组织资本和人力资本。组织资本是指如公司所拥有的软件系统、销售网络和供应链（Petty and Guthrie，2000）。根据人力资本理论，我们关注和详细阐述智力资本中的基于人力资源的这部分。人力资本在理论与实践方面都具有很好的根基，能够推广和运用到智力资本的分析中，为智力资本的理论构筑坚固平台。

一、人力资本理论的出现和微观经济背景分析

约里克（1998）认为智力资本是能力与忠诚的乘积，认为忠诚于企业目标的有技能的员工是公司最为重要的资产。他所认为的智力资本其实就是高级

人力资本。国内的许多研究者也有相似的论述，如芮明杰（2002）[1]，就与约里克（1998）的观点一致。奎恩等（1996）用一个特殊的案例来检验智力资本的各构成之间是相互补充的。这带来了人力资本分析的新维度。即使没有产生根本的变革，但这种方法论通过运用资本的术语显示了高程度的互补性。

　　许多研究表明资源的稀缺性或独特性对公司绩效有影响（Barney，1991；Castrogiovanni，1991；Grant，1991；Mahoney，1995；Nahapiet and Ghoshal，1998；Pfeffer and Salancik，1978；Tsai and Ghoshal，1998）。例如，巴尼（1991）认为当公司的资产、能力或流程拥有特殊属性时，组织具有竞争优势。也就是说，当资产、能力或流程是稀缺、有价值、难以复制和很少有替代品时，这就表明是竞争优势的关键资源。

　　然而，价值创造的构成底线是组织具有把公司使用的或多或少独特的有形和无形资产组合的能力。尽管很多公司宣称"员工是我们最重要的资产"，但是多数公司却没有付诸行动。在知识和客户关系日益重要的时代，集公司的知识、工艺技术、创造力和经验于一身的人力资本逐步显示出其重要性。在人力资本理论框架内发展智力资本的概念似乎有丰富的理论提炼。

　　经济学家总是关注个人的素质对生产效率的影响。17世纪，威廉·配第是我们知道的第一位强调劳动质量的差异性的经济学家，并认为在统计过程中"工人的价值"应包括在财富的计量中，也就是后来称为人力资本。在《国富论》中，亚当·斯密（Adam Smith，1776）花了很大的篇幅来论述工人的知识和技能对生产流程和产出质量的影响，还认为工资应该由工人为获得完成工作任务所需要的技能而在时间、精力和金钱上的花费所决定。在分析工资的决定时，他清楚地阐述教育和学习是对人的投资。他认为有技能的工人比没有技能的工人具有更高的效率，前者的高工资是有技能的工人投资的结果。斯密的观点产生了深远的影响，他的直觉是人力资本理论家研究的基础。但不是斯密本人，也不是在一个多世纪后提出"所有的资本最有价值的是投资到人本身"的马歇尔（1890）最早使用人力资本这个术语。

　　在19世纪末20世纪初，美国著名经济学家 I. 费希尔（I. Fisher）提出，任何可以带来收入的财产都是资本的观点。他对资本的这种重新定义和扩展，为现代人力资本概念的出现，在理论上铺平了道路。费希尔的资本理论构筑了20世纪后期的现代人力资本理论的基础。他认为，"短暂贮存的财富叫资本，

---

　　① 可以参见芮明杰、郭玉林《智力资本激励的制度安排》，《中国工业经济》2002年第2期。他们认为对智力资本的激励就是对高级人力资本的激励。

通过一段时间的服务流称为收入"（费希尔，1906）。他所定义的资本和收入是"全包含"的关系，费希尔在资本理论家之间引起了很大的争论，主要是在货币商品的本质是作为物质、金钱方面、耐用性和重复使用等方面。他强调储存的所有类型在产生服务时都是资本，并且明确表示包括人。

在20世纪末期，舒尔茨（Theodore W. Schultz）和雅各布·明塞尔（Jacob Mincer）出于不同的目的（前者从宏观经济，后者从微观经济）各自独立地详细阐述人力资本理论，两者都是根据费希尔的资本理论。他们认为人力资本是与传统的具有经济和生产率特征的资本相似的独立的资本。资本理论经过多年的发展成为相当一致的理论框架，有一整套的工具和概念可以运用于人力资本。这就对宏观经济和微观经济现象的解释更为有力和令人信服。

由于资本理论的建立和有影响的经济学家的参与，人力资本理论在20世纪60年代获得了很快发展。人力资本理论强调个体作为投资者的重要性，个体投资于教育和培训以获得未来收益。因此，人力资本被认为是像实物和金融资产一样的资产。明塞尔（1989）认为，人力资本在经济增长过程中扮演着双重角色：通过教育和培训对技能的储存，是作为最终产出的产品合作的生产效率因素；另一方面是能够被积累和作为创新之源，是知识的储存，是经济增长的基本因素。从上述两个角度就可以通过人力资本理论来解释无形资产的概念。1992年获得诺贝尔经济学奖的芝加哥大学教授贝克尔强调人的智力、知识、技能和健康状况对经济发展的关键作用。人力资本的研究增加了从个人和社会两个层次对人的行为的理解。早期的研究主题是评估不同的人力资本的投资回报。人力资本在解析个人之间收入的不同和解析国家和地区增长和发展的原因起重要的作用。人力资本理论已经扩展到其他的经济和社会科学理论的研究中，并显示出强有力的活力，为其他研究项目的研究做出了更为令人可信和更为接近现实的贡献。在劳动市场内外的人的偏好和活动对人的智力和体力有着重要的影响，因此人的生产效率与有效性就作为经济因素。个人和团体的行为很大部分是由嵌入的人力资本的质量所决定。

二、人力资本

工业企业，尤其是在高科技企业中，企业赖以运作、生存和发展的"知识基"根植于企业的人力资本。人力资本不仅与企业绩效成正相关关系，而且是企业生存、发展的决定因素，是关系到企业长期持久的竞争优势的最为根本的决定因素。

人力资本简单的经典划分是根据其天生的特征和后天学习来区分的。人力资本可分为人的特征（个人特征和其他心理特征，包括智能，这些大多是不能更改的）和技能（与工作相关的技能和能力，这些是可以改变的）。已经被研究的主要的人格因素有五大方面（情绪的稳定、外向、经验的公开、认可和认真、控制）。

马金斯基（Muchinsky，2003）总结了与人力资本相关的个人因素和组织行为的范围之间的关系，研究表明，个人因素与成功的组织领导、工作满意度、组织公民行为、团队绩效、工作激励、迎接挑战的能力和管理压力有关。他认为，成功的领导关系与外向和认同相关，工作满意与情绪稳定和外向有关；团队工作绩效与情绪稳定和外向有关；工作激励与认真有关；迎接挑战的能力与适应能力（或经验的开发）有关；管理压力与控制有关。除个人特征外，改善（学习能力）的个人特征也与以上所列出的组织行为有关。例如，个人间技能与成功的领导关系和团队绩效有关。

在过去的十年中，情商（Goleman，1995；Salovey and Mayer，1990）引起了组织心理学家的兴趣。情商是指认知和管理自己和其他人情绪的能力。这种能力的提高现在还不是很清楚，希望未来能对这个问题进行进一步的研究。关于情商的研究引起争论，支持者认为情商对职业成功起到潜在有力的关键影响，必须与以前的智力构成进行区分。

知识经济中的人力资本有别于以前的人力资本定义。朱迪·麦格雷戈（Judy McGregor）等人用"灰姑娘"（Cinderella）来形容从工业社会的劳动力到新经济时代人力资本的变化。他们认为，人力资本包括劳动力市场更宽泛的人力资源因素和对个人能力的更加专业化的要求（表现在知识、技能、管理者素质和被管理者的个人素质上）。他们还指出，传统的人力资源结构和功能还在区分"软"的和"硬"的人力资源管理，这已经显得不合时宜，工作的现代化要求新的人力资本定义。重新思考人力资本的传统概念、理论发展和新模型的建立受到以下因素的影响：确定的人选、技能短缺和专业化等外部环境、工业的灵活性以及雇用关系问题。麦格雷戈等人认为，新经济中的人力资本模型应该体现现代社会经济和文化的内容，应该考虑：①劳动力市场的动态变化；②企业盈利无论在"新"经济还是在"旧"经济中都是核心问题；③不得不考虑"新"经济和"旧"经济的模糊边界。在此基础上，麦格雷戈等人提出了新经济中的人力资本的过渡模型（见图4-1），并从对新经济中工人所需要的能力引出了管理者相应能力也要发生相应变化的结论①。

---

① Judy McGregor, David Tweed, Richard Pech. Human Capital in the New Economy：Devilps Bargain？[J]．*Journal of Intellectual Capital*，2004，5，（1）．

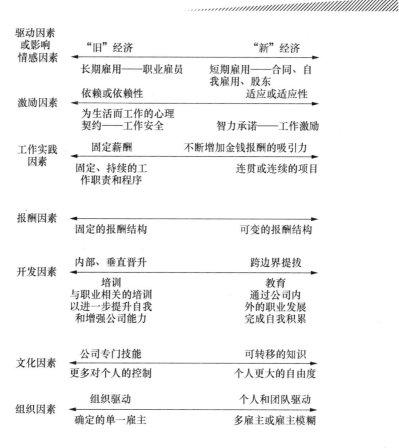

驱动因素或影响情感因素	"旧"经济	"新"经济
	长期雇用——职业雇员	短期雇用——合同、自我雇用、股东
激励因素	依赖或依赖性	适应或适应性
	为生活而工作的心理契约——工作安全	智力承诺——工作激励
工作实践因素	固定薪酬	不断增加金钱报酬的吸引力
	固定、持续的工作职责和程序	连贯或连续的项目
报酬因素	固定的报酬结构	可变的报酬结构
开发因素	内部、垂直晋升	跨边界提拔
	培训与职业相关的培训以进一步提升自我和增强公司能力	教育通过公司内外的职业发展完成自我积累
文化因素	公司专门技能	可转移的知识
	更多对个人的控制	个人更大的自由度
组织因素	组织驱动	个人和团队驱动
	确定的单一雇主	多雇主或雇主模糊

图 4 - 1　新经济中人力资本的转移模型

资料来源：Judy McGregor, David Tweed, Richard Pech. Human Capital in the New Economy：Devilps Bargain? ［J］. *Journal of Intellectual Capital*, 2004, 5（1）：153.

苏哈·R. 埃齐迪恩认为，人力资本已经超出了传统的知识、技能和能力，而是包括与工作成绩不直接相关的能力，其中包括经验、社会技能以及在其他方面的价值、信仰和态度。另外，人力资本不再由组织拥有，以天为基础雇用，并评估它的价值，员工已经成为"自由代理人"，在一个项目驱动的环境中工作，从一个雇主转移到另一个雇主，并且对自己的学习承担主要的、持续的责任。人力资本的定位重新引导人力资源转向合作，强调在知识经济中合作的本质。为了强调人力资本定位，人力资源需要对人力资本进行投资，保持工作的弹性并杠杆性地使用人力资源，以便于组织目标的满足。根据知识经济的特点，埃齐迪恩提出了人力资源更好地与知识经济相适应的四个原则：人力资本定位、提供知识便利者、关系建立者和快速部署的专家。

企业员工是投资者而不是企业资产。托马斯·斯图尔特认为，在知识经济中，人们既不是员工也不是"资产"。将员工不是看做资产，而是看做投资者可能更准确和有用。股东在公司中投入钱，而员工投入时间、精力和智力，员工和股东一样都付出了机会成本，他们投资的是资本——他们个人的人力资本、他们所知道的东西、所有他们能做的事情。因为员工是投资者，因此他们的投资要取得回报。比如，微软公司的很多员工更多地从他们的股票溢价中得到补偿，而不是工资，从而引出很多问题：这些员工是工人还是资本家；对工资的特别刺激性支付的意义；个人的人力资本和公司人力资本的区别；公司如何才能使自己和他们的投资者都赚钱。①

三、人力资本理论的原理

运用标准的生产函数框架来分析生产率，可以采用单个工人的边际生产率，假定等于工资，是三种投入的函数。L是每人每小时完成的数量，H是很多种类和数量的人力资本商品的集合，C是由其他能力（对个人生产效率有正或负影响的）如动机、忍耐力和心理等与个人相关的个性。这些特征有赖于人的本性和教育，这就构成人力资本的基本层面，即人学会了什么，在没有增加任何人力资本他们如何做，例如，学校义务教育和正常的孩童时期。C的构成对L和H的效率和生产率有影响。C的很大部分可以通过人力资本的投资来得到修正和提高。工人在一定时间的生产价值是由其人力资本的数量和质量（h_1，h_2，h_3，$\cdots$，h_n）以及能力（c_1，c_2，c_3，$\cdots$，c_n）特征的相互影响相互作用所决定，这两者都对L有强有力的影响。以公式表示如下：

$$MP = F [L, (H, C)]$$
$$H = (h_1, h_2, h_3, \cdots, h_n)$$
$$C = (c_1, c_2, c_3, \cdots, c_n)$$

人力资本理论认为，是对人自身的投资，是通过不同类型的人力资本商品如正规的教育和生产的知识和信息的积累来贮存通用的无形的人力资本潜在地增加个人的市场和非市场的生产率。人力资本的收入可以简单地表述为下面的公式。人力资本的净现收入（E）等于其基本收入加上从人力资本投资所得的总回报（R）减去成本（K）。

$$E = B + R - K$$

---

① Thomas Stewart. The Human Capital is't in the Knowledge Economy [J]. *Directorship*, 2002, 28, (4): 4.

理性的投资者会投资在这一点就是边际回报等于边际成本，也就是说，人力资本增加的积累不会导致随后的收入的净增加。因为成本和回报是在不同时候产生的。理性投资者就会把反映他的资本的时间和成本进行合理的折现率与现在的现金流进行比较。这就要运用"人力资本的收入函数"（明塞尔，1974）来对个人职业生涯的全部收入与投资的人力资本的成本进行比较。更为重要的是，许多成本和投资构成的非金钱和非市场产生了投资者评估时以事实来计算，这样资本的边际产出就会被认为减少是资本的存储增加。这就是标准的教科书运用新古典经济学的竞争均衡的条件，资本越多，资本对产出的增加额外单位越少。理性的投资者会投资在这一点就是边际回报等于边际成本。面对一些投资选择，投资者个人一般趋向选择高投资回报的，这样就能够增加自身的特殊的人力资本商品的存储。自亚当·斯密之后，无形的手在资本主义制度下起作用。当资本在地区、国家和部门之间自由流动时，在整个经济体制中所有资本（一般人力和其他类型的资本）投资回报趋向均等。理性投资者将考虑所有的（真实）投资的类型，要估计各种资本投资的回报预期。在充分信息经济下，一般认为所有的资本投资回报在资本市场上都趋向均衡（不同的投资的真实回报率是相等的）。

这些机制也影响到人力资本的投资者。年轻的投资者首先是积累通用的人力资本，常常是正规教育，因为这是学习特殊技能的起点，通用的人力资本减少了投资的风险和投资回报率低或负的可能性（Nerdrum，1999）。然后，投资者再选择更为专业的投资，如各种形式的在职培训，进行特殊的智力和人力资本的积累。

第二节　人力资本、组织资本和关系资本三者的相互关系

在探讨企业创造价值之源时，人力资源管理者认为人是第一位，人力资源是企业竞争优势之源；市场营销人员认为他们是实现企业价值的主体；经营管理者认为组织机构的良好运转为组织创造财富。人们都是从单一思维的立场考虑问题，而智力资本管理正是从系统思维角度，提出企业价值的创造是人力资本、组织资本和关系资本之间相互作用共同创造价值。

一、企业智力资本的个人函数

布劳格（Blaug，1976）把人力资本分为六类即正规教育、在职培训、工作搜寻、信息获取、迁移和改进健康。这种分类是根据人力资本是如何形成和维护来划分的，没有考虑劳动市场以及劳动市场如何影响企业的投资者的生产

效率。这是由于，理论的一般性的原因，再是投资者是假定投资会产生高的收益，因此认为通过经济机制就自然获得收益。

事实上，智力资本是正规教育和非正式的在职培训的结果。因此，在传统的人力资本中是看不到的。企业的绩效是整体显示出来，但是，在很大部分是体现为个人的边际生产率，因此，试图在人力资本的基础上增加组织资本和关系资本。

$$MP = F\left[L, (HC, OC, CC, C)\right]$$
$$HC = (hc_1, hc_2, hc_3, \cdots, hc_n)$$
$$OC = (oc_1, oc_2, oc_3, \cdots, oc_n)$$
$$CC = (cc_1, cc_2, cc_3, \cdots, cc_n)$$
$$C = (c_1, c_2, c_3, c_4, \cdots, c_5)$$

这样一个人的工作效率就可以定义为他的工作的小时数，个人的人力资本、组织资本和关系资本之间的相互作用。

二、智力资本三者构成之间的相互作用分析

我们在研究人力资本时，常常忽视人力资本的许多类型的重要经济特征常常是相互补充的。人力资本理论的互补性很少得以清楚地考虑。然而，对应任何资本物品来说，最为重要的是，因为可替代的资本替代其他类型的资本，为了生产需要其他的资本物品的投入来生产。因此，可替代资本的投资减少了可替代资本商品的需求和投资，因此资本的可替代性和互补性程度是对其他类型资本的需求的决定因素，就更有经济价值。事实上，互补性问题没有引起更多的注意并不是意味着其不重要。约里克（1998）认为互补性是智力资本的重要特性。以前在这个问题上缺少兴趣主要是因为人力资本商品大多是无形的，很难表明和定量。在实践中，常常出现相互矛盾的现象，例如，"拥有的学历"与"在某一职位有多少年的从业经验"、"大学毕业多少年"。其他资本商品之间的定性关系是很复杂的，人力资本的拥有者和投资者的目的也各种各样。因此可以表示为：

$$MP = \beta_1 L + \beta_2 (L \cdot HC) + \beta_3 (L \cdot OC) + \beta_4 (L \cdot EC) +$$
$$\beta_5 (L \cdot C) + \beta_6 (HC \cdot OC) + \beta_7 (OC \cdot CC) +$$
$$\beta_8 (HC \cdot CC) + \beta_9 (L \cdot HC \cdot OC \cdot CC \cdot C)$$

L 与 HC、CC、OC、C 之间相互作用，并且所有这些成分都是相互作用的，投入的要素的相乘带来更多的外部性。智力资本的互补性是其主要特征，是因为与其他单一的资本相比更为有力，因此对其拥有者则更为重要。在一个组织中，通常存在一个智力资本的门槛水平（threshold level）问题。如果某一资本没有达到这个门槛，就可能阻止智力资本的其他组成的生产效率，因此投

资者的效率就低。下式表明智力资本三构成的互补关系。智力资本的生产效率是由三者的相互作用所决定。

$$MP_{ic} = \alpha ic_1 \cdot \alpha_2 ic_2, \cdots, \alpha_n ic_n$$
$$IC_i = \theta hc_i \cdot \theta_2 oc_i \cdot \theta_3 cc_i$$
$$ic_1 \geq ic_1^*, \quad ic_2 \geq ic_2^*, \cdots, \quad ic_n \geq ic_n^*$$

上式表明，投资者必须在量和质方面拥有一定的智力资本要素。Nerdrum（1999）讨论了资本商品的不同类型之间互补性问题以解析宏观和微观的经济现象。基于 Griliches 的实证研究所提出有技能和专家的劳动比低级劳动力更基于互补性，不同类型的人力资本之间的互补性能增加智力资本的构成的规模和程度。如个人拥有的正规教育越多，从在职培训中就能获得更多的价值。

人力资本是指企业员工的知识水平、经验以及为客户解决问题的业务能力，同时还包括员工知识更新、共享公司的知识和经验的能力。即学习的能力，以及员工对公司和工作的态度等。人力资本是企业中每个人优秀品质和能力的总和。一方面，由于人是知识的载体，知识价值的实现必须通过人的行为活动才能完成，因此企业应该通过适当的激励机制使员工潜力得以最大限度发挥，使其头脑中的隐性知识得以显性化，从而成为公司的价值源泉，只有员工自愿把自己的智力资本投入到日常业务时，公司才能真正获得成功。另一方面，企业的结构资本和市场资本是员工智力劳动的结晶。由于人力资本具有随人员的流动而流失的特点，因此，知识管理的关键作用之一是使人才资本转化为企业的结构资本和市场资本。

组织资本是由人，具体地讲，是由人力资本创造的，但同时也是关系资本互动的结果，其目的是为了获得和记录那些显性和隐性知识。组织资本也是支持人力资本的"基础设施"或"知识平台"，如企业的组织结构、制度规范、企业文化、信息技术系统、组织结构形式、企业形象、知识产权等。结构性资本还包括一整套的企业特有的能力与系统，如企业促进创新的能力、提高和创造自身价值的能力，以及使得员工学习知识的时间缩短并更快、更容易和更有效的共享公司的知识和经验的能力。微软公司（Microsoft）和英特尔公司（Intel）的价值不仅在于它们的高智力员工及其拥有的知识，也在于它们根据知识企业的要求建立的激励制度并由此形成的创新能力。事实上，组织资本提供了鼓励人力资本去创造和利用其知识的环境。组织资本是在脱离人力资本后仍然保持不变的公司成分。

关系资本是指市场营销渠道、营销网络、公司信誉及长期客户关系等。在智力资本向市场价值转化过程中，企业的经营性资本起着桥梁与催化作用，关系资本是人力资本、组织资本发挥作用的主要条件，是公司（企业）创造市场价值的重要途径。关系资本常常是公司的市场价值远远大于其账面价值的原因。如可口可乐公司，品牌效应使其市场价值达到其净资产的 24 倍多。

在智力资本的三个组成部分中，人力资本是核心，是企业价值实现和增值的重要基础，是智力资本创造价值之源；结构资本的作用是为激励人力资本创造知识并发挥知识的增值作用提供环境支持，也就是智力资本实现价值转化的平台；关系资本的作用就是保证人力资本和组织资本的有效互动和匹配所创造出的知识的价值实现，没有强有力的关系资本，没有必要的营销网络和相应的顾客忠诚，即便是具有价值的知识，也难以走向市场，实现其价值。智力资本通过人力资本、组织资本、关系资本的相互作用，共同整合以推动企业发展，成为企业获得竞争优势的重要因素，也是未来创造收益的实际推动力。公司的可持续发展能力来自于智力资本，而不是传统的财务资本。

结构资本和客户资本之间存在互动关系，客户资本可以看做是结构资本的外延和扩张，结构资本在一定程度上决定或影响关系资本的形成①。

需要指出的是，大多数的智力资本要素无法单独发挥作用，必须与其他要素结合，相互合作，才能创造企业效益。由于这种特点，智力资本的很多要素无法单独确认，其创造未来经济收益的能力也因为受其他因素的影响而包含很大的不确定性。正因为如此，财务会计受传统会计确认和计量方法的限制，对智力资本价值的反映是相当有限的，而且对于大部分智力资本要素，很难取得其历史成本，如自创商誉、长期客户关系等；有些要素即使能确定历史成本，但远不能反映其真实价值，如产品商标。同时，智力资本中多数要素无法用货币指标计量，有些即使以货币表示，也不能产生任何与决策相关的信息。如有关人才资源的定价，不管是成本模型，还是价值模型，因其包含太多的假设而变得不实用。因而智力资本的主要价值几乎都在财务报告之外。

智力资本是三者的有机统一，而不是简单叠加，智力或知识资源只有通过三者的相互作用才能创造价值。它们的彼此分开和不联系，就可能失去意义、重要性和价值。查尔斯·阿姆斯特朗和休伯特·圣欧吉合作，建立了智力资本的三个构成之间的相互作用从而创造了价值的一个动态模式，运用维恩图（Venn Diagram）表示为三个相互交叠的圆形。如图 4 - 2 所示。

---

　① Nick Bontis. Intellectual Capital：An Exploratory Study that Develops Measures and Models ［J］. *Management Decision*，1999，Vol. 36，（2）：63 - 76.

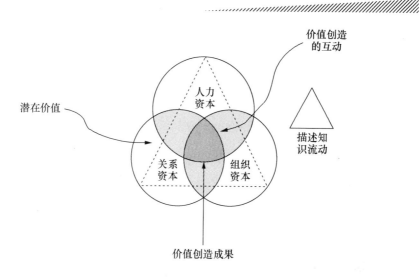

图 4－2 智力资本三者之间通过相互作用共同创造价值

企业是一个这样的团体，在发展中超越了公司，成为一个由员工、客户、经销商、工程师、股东等组成的庞大的团体，团体内的每一成员都创造价值，包括组织的财务资本、有形资产和无形资产。

如图 4－2 所示，三种资本重合的部分创造了企业的价值，价值创造中的各种关系产生于企业的三种资本之间的相互作用。虚线表示通过知识流动进行智力资本的过程管理，最大限度地增进三类资本的相互关系以增强组织的"价值创造"的空间，表现价值创造的重叠部分。价值创造的过程来源于员工、客户、产品和创造价值的服务之间的高度相关联的产物。当人力资本、组织资本和关系资本之间进行有效的互动时，企业创造的价值和财务业绩才会得到提高。

（一）组织资本与人力资本的互动

人力资本作用的发挥程度不但取决于人际网络层次的个体和群体知识相互作用，而且还与组织网络层次和组织间网络层次因素的结合有关。个人存在于组织群体之中，处于组织特定结构的一定位置。正式组织中一定的职位就与组织的资源、权力相联系，也就规定了这些职位之间的关系和信息传送的渠道。处在一定职位的个人人力资本就与该职位赋予的权力、知识和信息相联系，从而也决定个体的人力资本的发展前途。职位与组织流程中的相应环节相结合决定了个人人力资本的用途和地位。组织资本为人力资本的价值实现提供了机会，也就是为个人的知识、才能的发挥提供场所和氛围，组织的制度和文化系统则也影响个人的行为。个人的能力再强也需要通过组织的结构或者流程才能进入组织的核心知识和技能，将个人能力和组织资源结合，通过组织资本杠杆作用来实现人力资本的增值。人力资本与组织资本的结合过程形成了人力资本和组织资本之间的价值转化机制。对人力资本专用性投资形成了人力资本对组织核心知识和技术的知识嵌入，以及人力资本对组织的结构嵌入。对人力资本专用性的投资使得群体和团队的专业技能和知识增加，协作性增强，可以降低学习曲线①，与此同时，这种投资可以有效地增强组织的结构和流程效率。人力资本与组织资本相结合使得人力资本成为组织核心知识和技术的重要来源，这很大部分是组织学习的过程，就涉及知识流在组织与个人之间的流动的过程。当员工将数据库或者生产工具等形式的组织资本用于满足客户的需要时，才为企业创造了价值。

（二）组织资本与关系资本的互动

组织网络和组织间网络的联系使得组织资本和关系资本结合起来。组织网络一般由客户关系管理系统、信息系统、供应链关系和公共关系等系统构成。如信息系统是通过供应商和客户关系等不同利益相关者之间的信息交换，形成企业的供应链体系、客户关系管理体系和人力资源管理体系之间的相互连接，为这些系统和生产价值链和创新价值链的结合构建了信息和知识交换的平台。当组织资本以培训的形式促进了客户的学习，使客户能够更好地使用产品或服务时，企业的资本价值就会增加。如一些企业以"解决方案"为导向而不是以"产品为导向"。

（三）人力资本与关系资本的互动

组织间关系往往是通过组织相应流程环节的个体和利益相关者接触展开的。越是高素质的人才越能理解利益相关者的需求，可以在交换过程中采取有效率的方式协调客户、供应商和伙伴之间的关系。个体人力资本的增加，可以提高组织系统的运行效率，增进组织和利益相关者的交换关系中的服务和产品的价值，提高组织的关系资本。组织中的个人往往具有组织的标记，特别是在中国这种重视组织的社会中更是如此，组织为个人提供了社会生活的平台，个人通过组织在与社会的接触中，扩展了自己的关系网络和社交范围。当员工直接与客户合作，为客户解决问题和满足他们的需要时，企业资本就会增

---

① 学习曲线最早产生于第二次世界大战时的飞机制造业，由美国学者怀特（T. P. Wright）等人在 20 世纪 30 年代提出，他发现生产每架飞机所需要的直接劳动时间随着飞机累积数量的增加很有规律地减少。

加。如果员工有责任感和以客户为中心的服务观，同时与客户和供应商有一致的目标，就很容易成功。如果没有满足客户的需要或没有达到客户的期望要求，员工应及时端正态度，不断地提高自己的能力，学会更好地与客户交往，这样，不仅能满足客户的需求，而且还能在与客户共同创新的过程中提升自己的能力。

组织资本和关系资本都是与企业的人力资本的发展和人力资本所蕴藏的知识有密切的联系。舒勒（2000）认为，"如果把人力资本的重要性放在个人的特性上，这就可能会导致一种极不平衡的情况出现，即过分强调个人的技能和能力的获得而忽视了另一方面，知识是存在于一个复杂的社会关系网络里"。[①]企业的运作需要这三个要素的流动和相互影响，同时我们应该看到，组织中还存在一些无形资源还没有创造价值，我们称之为组织的"潜在价值"，管理者和经理层要努力开发这种潜在的价值创造能力以满足客户的需要或者创造出新的需要。关键是人与要素之间的互动决定了价值的创造。

尽管笔者设想提出发展一个组织的潜能的一个概念性的评述，由于传统的人力资本理论没有考虑嵌入在智力资本中的潜在特殊因素，因此也就拓展了人力资本的理论，把人力资本放进一个更大的概念也就是智力资本的概念内，而不是相反，使企业价值创造理论有一个更广的架构。在未来的研究过程中就是要试图评估这些测评方法与组织绩效的关系，还要研究智力资本三者构成的乘数效应和相互之间的依赖性。

三、战略人力资源管理中的智力资本

怀特、邓福德（Dunford）和斯奈尔（2001）提出战略和战略人力资源管理的整合模型图（见图4-3）。人力资本贮存是由人、社会和组织构成，它拓展了传统人力资源集中于仅注意人而忽视去探讨存在于公司内部的较好流程和体系。SHRM文献中的"行为"概念为公司内的知识流，即知识的创造、转移和整合。随着信息和知识在公司竞争优势中扮演着越来越重要的角色，"知识管理"行为也日益重要。通过知识流公司能保持和增加智力资本的贮存。在模型的右边是核心能力，是战略管理研究所关注的主要方面，核心能力来自公司知识贮存（嵌入在人与系统中的人、社会、组织资本的结合）和通过创造、转移和整合的知识流而形成有价值、稀缺、难以模仿和组织的竞争优势。这为开发具有核心竞争能力的人提供了框架，通过对公司知识的贮存和流动的管理把人的管理系统和核心能力之间建立联系。

---

① ［英］迈克尔·阿姆斯特朗：《战略化人力资源管理》，华夏出版社2004年版，第51页。

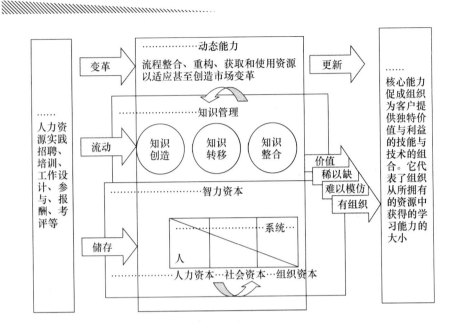

图 4 - 3   战略和战略人力资源管理的整合模型图

动态能力的构建阐述了随着时代的变革，劳动力和核心能力之间的相互作用，组织必须为维持竞争优势进行不断的能力更新。动态能力需要组织和人不断提升能力。通过人力资源管理来推动组织的知识的贮存和流动，促使公司能够不断地更新自己的核心能力。该模型提供了一个较好的理论框架，而不是简单地寻求战略与战略人力资源管理研究者之间的合作。

第五章　企业智力资本开发

爱德华·德·波诺提出，通过换位思考的方法来搭建智力资本扩张的平台，从而提出六项思考帽：白色、红色、黑色、黄色、绿色、蓝色思考帽的方法。智力资本开发就是组织通过开发所必要的环境和条件（如信息技术、培训和教育等）来推动智力资本流在组织中进行知识的创造和传播过程，使组织知识螺旋不断地向前延伸。笔者认为企业智力资本开发主要包括知识积累、知识共享和知识创造三个方面（见图5－1）。三者的相互作用、相互影响，共同构成了开发企业的智力资本。当然，智力资本的开发涉及信息通讯技术的运用和思想指导方法的实践，本书侧重后者的研究。

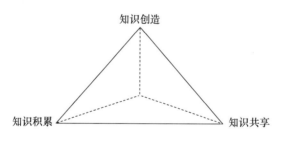

图5－1　企业智力资本开发

　　智力资本开发是企业通过创造开放的、合作的、重视学习的企业文化的基础上，使知识在组织分享、获取和沟通、学习创造出新知识，从而为企业创造出价值。

　　个体和企业组织的发展都涉及智力资本。当个体主要是通过知识的积累和共享来实现知识的创新发展其个人智力资本时，智力资本也在企业组织层面上得到积累（体现为智力资本的存量和流量的增加）。企业组织的智力资本以显性知识的深度和广度表现出来。这时，知识已经从个体的、隐性的领域转移到企业组织的显性领域，但其中的过程是通过知识积累、知识共享和知识创新在管理的实践最终产生。

第一节 知识积累

组织经济学、组织战略理论和组织管理理论的发展都证明，组织的中心任务是积累组织知识，组织知识的积累是组织获取竞争优势的关键。因而，研究组织知识积累有其现实意义。

一、知识积累机制

知识积累是组织作为一个有机系统，是在持续创新（包括持续技术创新和持续制度创新）过程中所获得的一种寓于组织之中的知识的持续递增过程，它的实现需要组织的持续学习。[①] 这里的知识，就是有价值的信息，是一种包含了结构化的经验、价值观、关联信息以及专家见解等要素流动态的混合物。

知识积累可以分为员工个人知识积累和组织知识积累。知识积累机制既包括将组织中现有的显性知识编码化，也包括发掘员工头脑中的隐性知识，使其转化为可编码的显性知识，或者实现隐性知识的共享。对于隐性知识和显性知识的区别，可以通过骑自行车的例子来表达。我们能将骑自行车的技术的解释编成一本手册吗？这可能是很难的，因为对骑车技术的理解只可意会，不可言传，骑自行车的技术很大部分是通过个人的实践和摸索来掌握。由于显性知识容易沟通和共享，因此也极易被竞争对手学到。对于组织来说，显性知识显然不可能形成持续的竞争优势。构成组织核心能力的知识基是建立在隐性知识基础上的，所以知识管理的核心内涵是发掘员工头脑中的隐性知识。本节主要是从员工个人的角度探讨知识积累，组织知识积累将在知识创造中有所涉及。

员工的知识可以被形象地比喻为一座漂浮在海面上的冰山，露出海面的可见部分为员工的显性知识，而沉入海水中的不可见部分为员工的隐性知识。显然，对于冰山来说，其露出水面的部分只是其体积的很小一部分。同样，员工的隐性知识也远远大于其显性知识。而且，在冰山的附近，透过海水还可以看到海平面下冰山浸入海水中的一小部分，这一部分相当于能够被转化为显性知识的隐性知识，这些能够被转化的隐性知识也仅仅是员工全部隐性知识的一小部分（见图 5-2）。

发掘员工头脑中的隐性知识有两种模式：一种模式是员工自己将一部分隐性知识清楚地表达出来，转变成显性知识，经过组合过程将其系统化后，通过某种技术平台（如网络、程序、出版物等）与组织的其他成员进行知识共享；

---

① 刘伟、向刚：《组织持续创新过程：从知识累积到持续学习的新视角》，《经济问题探索》2003年第8期。

另一种模式是员工的隐性知识首先通过社会化过程将其传递给组织的其他成员，然后经过外在化和组合过程将其显性化。在后一种模式中，最终实现隐性知识的显性化也仅仅是传递出来的隐性知识的一小部分，而大部分隐性知识经过社会化过程后，只是变成了其他员工的隐性知识，而无法实现显性化（见图 5－3）。[①] 可见，第一种模式传递的隐性知识非常有限，通过第二种模式能够将隐性知识显性化的也仍然是冰山一角，大量的隐性知识必须通过社会化的过程通过面对面地传递。因此，组织中知识管理的中心任务：一是提供必要的技术条件，鼓励员工自己将其所拥有的隐性知识显性化，或者经社会化后进一步显性化，然后经过组合转化为系统化的显性知识，通过某种技术平台实现显性知识共享。二是创造必要的组织环境，促进面对面的隐性知识共享。

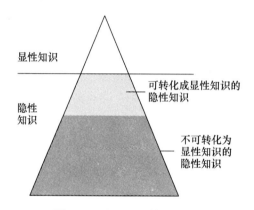

图 5－2　员工知识的"冰山"

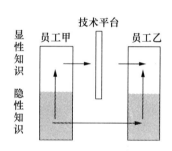

图 5－3　知识积累过程的两种模式

二、个人知识积累的方式

员工终身学习可由知识资源化层级来积累知识，具体而言，知识累积是个人有意愿去"处处留心"学习。对员工来说，可以分为向同事学习、向外学习、向客户（上、下游工作伙伴）学习，而学习的机制又可分正式和非正式。范雷契（Fahnrich，1997）认为，知识积累是在与客户互动的过程中获得，这是仅限于"知识产品化"的知识累积。个人知识积累的方式与机制如表 5－1 所示。

积累是成功与成才的基础和必备的前提。一个人只有不断地学习前人、他人的知识、经验，积累和构建自己的知识结构，并结合自身实践来提升自己的能力，才能发展知识和取得成果。

---

① 王润良、郭秀敏、郑晓齐：《知识管理的维度与策略》，《中国软科学》2001 年第 6 期。

表 5 - 1　　　　　　　　　　　个人知识积累的方式与机制

方式 ＼ 机制	正式	非正式
向同事学习		
向外学习		
向客户学习		

　　知识积累的过程就是"学"与"思"的过程。孔子说："学而不思则罔，思而不学则殆。""学"是关于知识、经验、技能、情报信息的积累。我们从学生时代就在进行知识学习、经验积累的同时，还应重视对所学知识的思考。不断对感官所感知（即阅读到）的内容进行分析、辨别、综合，并与头脑中原有的知识以及待解决的问题相联系、相结合。通过阅读、思考，会产生许多新的想法，得到许多新的启示，进而激发出许多创造性思维的灵感火花，随同新输入的知识、经验等一并存入大脑中。同时，思考过程也是将相关的知识单元、文献资料进行选择、再现、重组，使之相对地更加有序化的过程，它使得主体对积累的内容有了更为深刻更进一步认识和理解，极大地提高了积累的质量。

　　学习是知识积累的前提，知识积累反过来促进进一步的学习，持续学习是进行知识积累的保障。要实现组织的持续学习，就需要建立有效的持续学习机制，维持这种学习过程的连续性以及保持学习强度。

　　特定组织（或产业）作为一个自组织系统通过对创新的应用与发展，其能力会逐步提高，从而推动组织知识不断地发展。组织知识累积中的学习过程包括"干中学"和"用中学"。"干中学"主要体现为组织在创新和生产实践中，通过不断探索和学习来获得新的知识、积累新的经验，从而增加组织的知识存量。"用中学"则体现为组织在对外部技术的使用中不断地理解其功能特性，掌握相关的知识，从而形成相应的知识累积。从"干中学"和"用中学"中所累积的知识、技能、经验等，可以成为组织进一步创新的基础，进一步的创新又可以形成新的知识累积。从长期看，组织知识的累积是持续创新的结果，同时又表现为一个动态的持续学习过程。组织学习的一个战略意义就是让模仿变得愈发困难，从而带来竞争优势。

　　组织持续学习是知识累积最重要的实现途径，并决定组织发展的轨迹和方向。只有当组织具有较高的学习效率，且形成了有效的学习机制时，生产要素才能有较高的使用效率。

通过知识的积累，形成组织的各种有效机制，激励组织成员不断学习。如果没有持续学习导致的知识存量的累积，就不可能有组织制度的变更和创新，也就难以为组织提供创新的动力和激励。

组织学习对创新过程中知识累积的影响表现在：一是组织创新的速度是学习速度的函数，二者之间存在着被称为"学习曲线"的关系。二是组织中现有知识存量对组织创新活动起着重大影响。如果知识存量增长，就会促进创新活动的进一步活跃。如果知识存量减少（或停止增长），那么创新活动就会萎缩。三是组织学习的导向和内容的差异形成不同的组织成规和组织文化。组织文化对创新的发动者（组织者）和追随者（员工）的创新意识产生重要影响，决定着创新的动力、强度和持续性。

三、知识积累的社会学习周期

根据博伊索特（Boisot，1995，1998），信息产品的效用和稀缺性也就是其价值能够用三个维度来表示：编码、抽象和扩散，并用信息空间（I - Space）来描述三者之间的关系（见图5-4）。

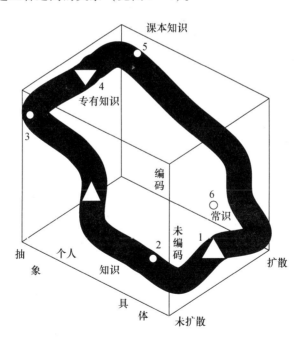

图5-4　社会学习周期

SLC步骤：1. 扫描；2. 问题解决；3. 抽象；4. 扩散；5. 吸收；6. 影响。

资料来源：博伊索特，1998年。

　　编码过程以其具一般性的表达方式，创造了有助于对现象进行分类的感性和理性的范畴。一旦这些范畴被创造出来，把现象归属于各类范畴的行为就被称为译码。译码进行得越快，疑问越少，编码过程就更有效应，用得越广泛。不能被编码的知识常常认为是隐性知识〔波兰尼（Polanyi），1966〕，因此是个人的和特定背景的，很难形式化和与其他人共享。数据的转移是费成本和困难的。相反，编码知识是显性知识能够用文字、数字和符号来表达，因此更容易与人共享。

　　抽象能够独立起作用，与编码前后相续。编码赋予现象以形式，抽象赋予现象以结构。如果说编码是通过使我们可以把经验数据分成各种类别，从而使我们得以节约数据处理资源，那么抽象则是通过使我们在完成某项特定任务时所需要的类别数最小化，从而使我们得以进一步实现数据处理上的节约。因而，抽象是通过梳理与我们的意图有关的现象的潜在结构来发挥作用。抽象的概念知识或基础知识具有更为广泛的运用性。

　　信息商品的可扩散性是指特定的一群数据处理主体的有效性。这些主体可能包括客户、竞争者、联盟伙伴、政府代理等。可扩散性确定了数据和信息的使用性，但并不测度数据和信息被采用情况，信息也许被广泛的扩散开来，但是却没有被使用。信息产品的编码和抽象越高，则可扩散性就越大。

　　博伊索特把数据领域的信息空间进行拓展，认为知识作为数据处理特征的职能能够存在于数据领域，随着时间的推移，知识通过学习得到改变。例如，高个性化的隐性知识在发起人的控制下也许更容易结构化，转为专有知识。同样，明显的专有知识可以转为常识和公共知识，再转为高度个人的私有知识，这是个人相同的体验但基于独有的历史通过不同的认知过滤形成。这种知识在信息空间的动态演化是顺时针前后相续的过程，博伊索特称之为社会学习循环。

　　社会学习周期（social learning cycle，SLC）或过程反映了知识的创造、分布和被一个特定人吸收，有效地表现了其学习过程这一事实。① 社会学习周期有两个性质截然不同的极端——价值创造和价值提取阶段，每一阶段可以分为三个连续的组成部分。

表 5－2　　　　　　　　　　　社会学习周期阶段

| 阶段Ⅰ——价值创造： | 1. 扫描； | 2. 解决问题； | 3. 抽象 |
| 阶段Ⅱ——价值提起： | 4. 扩散； | 5. 吸收； | 6. 影响 |

----

　　① 马克斯·H. 布瓦索：《认识组织、制度和文化的一种框架》，上海译文出版社2000年版，第262页。

（1）扫描：在一般可以获得但通常是模糊不清的数据（也就是微弱的信号）中，识别威胁与机会。通过扫描这些数据使之成为独特或特异性的见解。当数据的编码和抽象程度较高时，扫描就非常迅速；而当数据未被编码且属于特定语境时，扫描就会非常缓慢而且漫无目标。

（2）解决问题：就是赋予深刻见解以结构和一致性（就是编码）的过程。在这个阶段上，这些见解会被赋予明确的形态，而且最初与之相关联的许多不确定的东西会被消除。

（3）抽象：把新近编码的见解的适用性推广到范围广阔的各种情形。包括把它们简化为最本质的特征，就是使之形成概念。解决问题和抽象常常是协同一道发挥作用。

（4）扩散：和目标总体分享新创造出来的深刻见解。与未编码的和属于特定语境的数据相比，编码充分的抽象数据扩散到大规模的总体，在技术上存在较少问题。只有发送者和接受者事先就共享了语境才能加速未编码的具体数据的扩散。

（5）吸收：以"干中学"或"用中学"的方式，把新编码的见解应用于各种不同的情形。随着时间的推移，这种已编码的见解渐渐地获得了某种语境，也就是未编码经验的外缘区域，有助于指导它们在特定情况下的应用。

（6）形成影响：将抽象知识嵌入到具体的惯例中。这种嵌入可以发生在人工制品、技术准则或组织规则，或者是行为模式之中。吸收和影响常常是协同发挥作用的。

第二节　知识共享

企业的知识创新过程恰恰离不开知识共享这个环节。在日本学者野中郁次郎所著的 *The Knowledge Creating Company* 一书中，他把知识共享作为知识创新的首要阶段。他认为一个组织本身并不能创造知识，只有将员工所拥有的知识财富在集体中经过共享、讨论、分析之后，才能激发组织知识创新能力。在组织创新过程中最为关键的一个因素便是组织内部成员的知识共享。

然而，企业知识管理并非易事。正如《智力资本——组织新财富》的作者斯图尔特所说："确定企业智力资本，实施企业知识管理犹如徒手捉鱼——可以感觉到，但努力的目标却难以捉摸。"在书中，他强调了知识共享的重要性，认为知识管理的实施在于建立激励雇员参与知识共享的机制，激发企业创新能力和集体创造力。尽管对于企业来说，管理无形的智力资本不同于对其他有形资产的管理，是一种新的挑战，但是仍有不少企业还是在实施知识管理。

劳伦斯·普鲁萨克（L. Prusak），指出，唯一能给一个组织带来竞争优势的就是知道如何利用所拥有的知识和快速获取新知识。知识是一种设定经验、价值、连贯信息和专家见识的流动混合体，它可以为估量和吸收新的经验与信息提供框架。知识在人的头脑中产生，并在其中得到运用。在组织内，知识管理就是为组织实现显性知识和隐性知识共享提供新的途径，一般是指研究组织如何创造、保留和共享知识［阿尔戈特（Argote），1999；休伯，1999］。组织知识管理的核心是知识共享，知识共享构造出组织的知识优势。知识共享的研究，一个组织通过自身和其他组织获取知识的方法，作为一个从技术转移和创新的广泛和深入的研究领域出现，将来在战略管理方面也越来越多地出现，并且知识共享的研究也逐渐转向组织学习的视角。事实上，管理实践和理论研究认为成功的知识共享涉及拓展学习的过程而不是简单的沟通过程。

影响成功的知识共享有五个主要方面，包括发送者与接受者之间的关系、知识的形成与分布、接受者的学习素质、发送者的知识共享能力和引起知识共享的环境。笔者认为，应该评估知识共享的三种类型。第一，知识的形成和分布分析十分重要，因为它能够影响共享过程的类型。第二，部门合作的类型、规则和管理实践对评估是重要的，因为能够改变、克服和适应部门之间的不同行为和部门之间的知识和资源流。第三，使用特殊的知识共享活动是很重要的，因为各部门寻求有利于自身知识共享的方法。

思想是更为有价值的人力资本和非人力资本成果的关键投入［罗默（1993）和阿罗（1999）］认为，国家和公司必须对新思想开放，新思想有多种来源，如果他们取得了经济发展和增长就会明白思想是发散的。新思想之间的相互接受和竞争使组织和国家保持创新而不是如熊彼特（Schumpeter，1942）所说的"创造性破坏"之后的破坏，这些新思想的广泛扩散会形成安德森（Anderson，1996）所认为的用 know why（系统理解和培训本能）替代 know what（认知知识）和 know how（高级技能）的开发。但是，追求新思想是有成本的，如受组织的知识搜寻和知识交换成本的限制，承担从长期来看能够获利的知识使用的转移风险［阿特金森和斯蒂格利茨（Atkinson & Stiglitz），1969］。因此，检查知识管理职能的责任是必须平衡在知识共享活动中存在的成本和收益。

事实上，较好地运用公司网络中的知识开发能力的重要性已经出现。精简人员失败的例子也表明知识损失的成本。授权和全球化创造了本地知识潜在地运用到其他地方的可能，信息技术使个人能够不断地增加不同的知识［布雷斯曼、伯金肖和诺贝尔（Bresman，Birkinshaw & Nobel），1999]。再者，一些组织活动的基础就是在部门与外在的伙伴和客户之间进行知识共享。

一、知识共享的研究概述

知识共享研究最初来源于技术转移和创新的相关文献。该领域的研究主要集中在解释不同国家通过技术开发来促进经济增长的成功与失败。一些理论家认为，物质资本和人力资本的高投资率促使国家创新和经济的增长（杨，1993；金和劳，1994；克鲁格曼，1994），"同化理论家"则认为企业家精神、有效的学习和创新是分开的，也同样是影响发展的重要变量（OECD，1971；弗里曼，1982；金和纳尔逊，2000）。以上两种方法有利于理解思想共享的重要性。

成功的知识共享是公司掌握和投入全新的实际产品设计、制造流程和组织设计，组织可以通过动态的学习过程来持续地与顾客或供应商进行主动的创新或创造 [纳尔逊，（1993）]。也就是说，知识沟通是重要的，即通过流程来进行知识共享，以决定知识学习是否会发生，知识共享过程是否会成功。

Sagafi – nejad（1990）认为，影响知识转移的有转移技术的特征、转移发生的活动和模式、转移中的组织层面（诸如东道国的发展水平和技术吸引能力，也为国家能力的构建提供重要的指导）四个变量束，并提出了外在环境因素如何影响知识共享活动的许多深入见解的。

微观层次的研究是组织如何最好完成跨国技术转移。早期的研究发现较大的知识共享经验是与低转移成本相联系的（Mansfield，Romeo & Wagner，1979；Teece，1976）。其他的研究还关注跨国公司创新转移到子公司的速度（Mansfield & Romeo，1980；Davidson，1980）。

知识共享也是战略管理研究的重点，知识是组织拥有的最具有战略性的资源（Grant，1996），是价值创造的重要来源（Nonaka，1991；Spender & Grant，1996；Teece，Pisano & Shuen，1997）。事实上，在许多行业，已经表明在公司网络中较好地使用知识的开发能力的重要性，显示出最好的转移实践能够获得潜在的利益。

知识共享有两个重要的理论视角。罗杰（Roger，1983）对技术创新的早期和后来的采用者进行了调查，Szulanski（1996）对在组织内的最佳实践转移进行了研究。还有许多研究者应用沟通理论（Shannon & Weaver，1949）来检验影响知识转移困难的因素，根据其理论，知识转移是信息在一定情景下从发送者到接收者之间的联系。由于信息的特征或者情景限制一定数量的知识的有效转移。组织学习理论对这一领域进行了重点研究，成功的知识转移被认为是需要学习的相互作用的过程，而不仅仅是一系列沟通过程（Szulanski，2000）。

随着技术转移和创新研究，战略管理学者已经明确了影响知识转移的许多变量，注意到在隐性和嵌入方面知识共享的本质（Zander，1991；Szulanski，1996，Dinur，Inkpen & Hamilton，1998；Dixon，2000），部门之间关系联系的强度（Hansen，1999）、接收者的学习思维能力（Yeung，Ulrich，Nason & von Glinow，1999）和所采取的转移活动（Dinur，et al.，1998；Davenport & Prusak，1998）。总之，这些研究和发现包括技术转移和创新方面，下面还要进行更深一步的探讨。

二、 知识共享的情景

为了全面的考察知识共享的条件，根据在共享过程中的情景，分别从发出者、接收者、两者之间的关系以及过程中的环境进行分析（见图5-5）。

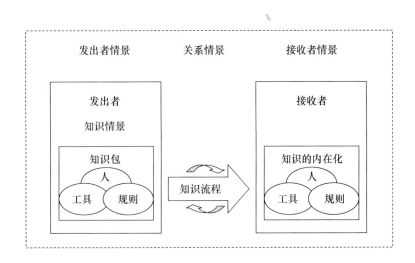

图 5-5   知识共享的五个情景

（一）关系情景

关系情景包括产生部门之间不同距离的因素，主要有五个关键关系因素：部门之间的组织距离，是基于通过进行转移的控制模式；在发出者与接收者之间的有空间距离；体制安排；知识素质和关系。

1. 组织距离

研究发现团队嵌入非同寻常的关系，如特许权、供应链、联合、战略联盟和网络能够比外部人员更为有效地共享知识。McEvily & Zaheer（1998）在对227个小制造商参与的培训、设备机器的操作示范的调查中发现，参与能增强公司能力。Uzzi（1996）也发现在一个网络中的公司比独立的公司有更多的隐性知识流动。

许多文献认为，嵌入到网络中能够增强社会结点的密度（Tichy, Tushman & Frombrun, 1979；Tushman, 1977），能够创造知识和经验共享的更多机会和发展诚信（Granovetter, 1985）。在特许专卖、供应链和网络中，合作和沟通的激励也越大，同时在组织间竞争通常很小，组织的相互信任也比没有嵌入的程度要高（阿尔戈特，1999）。再者，团体之间的结构安排服务于资产流向、两部门之间相互作用的广度和深度以及合作的激励（Baughn, Denekamp, Stevens & Osborn, 1997）。这些有关跨组织的知识共享的发现和结论同样与组织内部的知识共享相关。例如，伯金肖和莫里森（Birkinshaw & Morrison, 1995）发现，使用支持跨边界的购并活动和知识共享的组织结构比缺少这种组织联系的公司更具有创新性。其他研究者强调管理控制（如决策权赋予给子公司经理的程度）如何影响知识流（Gupta & Govindarajan, 1991）和支持知识共享可能采取的活动类型（Stopford & Wells, 1972；Brooke & Remmers, 1978；Anderson & Gatignon, 1986；Geringer & Hebert, 1989；Killing, 1982；Kim & Hwang, 1992；Schaan, 1993）。管理控制是指组织制度和程序，就是一个实体使用权力、权威和官僚机制、文化和非正式机制来影响其他实体的行为和产出。管理控制的建立提供了子公司经理有限的决策自主性和与总部很少的沟通，知识流和支持有效的知识共享的相关活动同样也受到限制。布雷斯曼、伯金肖和诺贝尔（1999）认为在组织兼并的情况下，是与社会社团的概念一致的，个人在认定自己属于一个团队时，更愿意参与知识交换。

总之，组织距离的研究认为社会联系的强度、自由的沟通、管理控制的一致性和发出者与接收者之间的信任程度将增强部门间相互作用的程度。因此，组织距离的视角影响所期望的知识内在化的接收能力。

2. 空间距离

团体之间的空间距离能够影响知识共享的难度、时间要求和满足面对面沟通的费用。早期研究经济聚集的学者认为组织在城市集中其经济活动是为获得正的外部性，例如从其他公司获得知识的溢出效应（马歇尔，1916；雅各布，

1969）。

正如马歇尔（1920）对国家的比较分析认为，经济活动常常带来地区知识的丰富。惠勒（Wheeler，2001）注意到城市能以低的搜寻成本获得显著的回报。加尔布雷思（1990）发现在组织转移知识到较远的部门时，嵌入知识的技术转移是较慢的。莱斯特和麦凯布（Lester & McCabe，1993）发现，在原子能反应堆运作相关的知识的转移过程中与离反应堆远的地方相比在同一地方就较快。阿萨内修和奈伊（Athanassiou & Nigh，2000）在研究高层管理团队知识的转移时发现，经理面临的战略性的重要问题更可能是通过会议面对面地来处理。达顿和斯塔巴克（Dutton & Starbuck，1979）发现在采用计算机模拟技术的会议比文件、手册和回信更为有效。达文波特和普鲁萨克（1998）认为，有时，如果各方聚集在一起，知识转移更为有效。

潜在的逻辑是嵌入地区或团队关系的社会资本有利于知识的转移。证据表明，涉及人们的相互作用的共享机制比仅仅涉及文件的交换更好（Allen，1977；Berry & Broadbent，1984，1987；Galbraith，1990），因为知识常常需要采取新的情景以便能有效的使用（Leonard－Barton，1988）。在技术转移的实证研究方面，哈坎森和诺贝尔（Hakanson & Nobel，1998）发现，即使是很贫乏的口头知识能够通过个人的接触、指示和师徒关系进行转移。其他人也认为，成功的知识共享需要团队之间建立明确和归属的感情（布雷斯曼等，1999）。随着与技术相关的知识的转移，复杂和偶然模糊惯例的转移也需要在接受之后进行重建和适应（Attewell，1992；Kogut & Zander，1992）。事实上，Saxenian（1990）认为，雇员的相互作用是支持硅谷出现和波士顿路128成为重要的创新聚集的重要机制。研究显示，空间距离影响知识共享的成功，如果各方能共享一个共同目的，那么这种影响也许会很少。

3. 制度距离

柯斯托娃（Kostova，1999）认为，制度距离是指在两个团队所面对制度环境之间存在一定程度的认知差距。实证研究认为，管理层的战略导向能够改变那种按照机会和威胁对竞争对手进行分类的情况，这种导向产生于管理者不同的教育背景或者组织运作的不同制度环境中（Tyler & Steensma，1998；Hitt，Dacin，Tyler & Park，1997）。在跨国公司方面，技术转移的研究者调查了国家之间在特定的国家制度环境结构方面技术的占有和溢出。例如，阿尔梅达（Almeida，1996）发现，组织利用外国工厂来提升本国比较弱的技术能力。曼斯菲尔德（Mansfield，1988）检验了日本所表现出的对其他国家开发的技术的超级模仿能力，特别是在创新的成本和速度方面，发现日本公司的工程师与工人之间的紧密合作关系，并且很少对产品前期的推介进行投资是其快速有效的使用外部技术的关键因素。一些研究者对美日公司的隐性知识转移进行研究，发现不同国家制度结构的不同导致公司之间的沟通也不同（Spencer，2000）。阿普尔亚德（Appleyard，1996）也发现知识产权和行业的雇用制度影响知识转移活动。柯斯托娃（1999）认为，由于知识是方法和价值的基础，知识转移的成功首先是由方法和价值的可转移能力所决定，其次才是知识的可转移性。他还认为国家之间知识转移的障碍主要有：国家的不同的制度特征；反映国家制度环境的组织实践；这些跨越边界的组织实践与接受国家的制度环境的不匹配都可能阻碍知识转移。

4. 知识距离

知识距离是指在知识基础方面，发出者和接收者之间存在的差距。哈默（1991）发现，当在发出者与接收者之间的知识差距还没有达到接收者不能认知的程度时，知识学习应该增强。接收者如果与发出者之间存在巨大的知识差距就很少可能吸收发出者的知识。他提出关系吸引能力的概念，就是从组织层面转移到关系层面，也就是说，组织吸引能力尽管集中在大量与知识相联系的研究，但是不适合于处理组织吸引知识能力的问题。接收者与发出者之间的知识相关是很重要的。迪纳（Dinur，1998）等人也认为双方需要一致的知识也有利于知识转移，在环境、文化、战略、决策制定、组织结构和技术方面新的背景与知识的本质情景一致的程度越高，那么，知识内在化的困难程度就越少。野中郁次郎和竹内（1995）强调专家的知识越丰富或者交叉有利于知识转移。哈默（1991）得出结论：“如果部门之间的技能差距越大，学习就越不可能。”

有时，接收者应忘记一些现存的知识来避免出现“核心刚度”（Leonard - Barton，1992），如果组织的知识不适当，那么这些知识也许限制了学习甚至鼓励无效的学习。伦纳德 - 巴顿（Leonard - Barton，1995）研究了为什么核心能力容易转化为核心刚度，以及创建核心能力知识的活动如何阻碍了知识的流动。[①]

总之，部门间知识交叉太少或者相对知识接收者来说要共享的知识太多，对于知识转移来说，部门之间知识的距离能够影响接收者共享知识内在化的能力。

---

① 多罗西·伦纳德·巴顿：《知识与创新》，新华出版社 2001 年版，第 38—69 页。

（二）关系距离

关系距离是指发出者和接收者在一起工作经验的时间长度和质量。研究指出，几个与关系相关的因素影响知识共享的成功。蔡尔德和罗田德里格斯（Child & Rodrigues，1996）对跨国合资企业的知识转移的研究发现，当各方具有相同的社会身份时，知识转移比较容易。

战略相似的发出者和接收者也影响知识转移。达尔（Darr，1994）在研究比萨特许权的知识转移中发现，有相似的成本竞争或者产品差异化战略的公司之间的知识转移有很大的成功。波雷斯和托马斯（Porac & Thomas，1994）在研究零售组织时发现，相似的组织比不相似的组织更可能相互监督和仿效。莱和斯洛克姆（Lei & Slocum，1992）认为，在合作关系中缺少转移知识的经验也会导致转移的困难。西莫宁（Simonin，1997）采取实证分析的方法支持了合作知识共享的经验有利于合作能力开发的假设。各方之间的经验深度、接收者的动机对转移的难度有影响，因为在发出者表现为"无耐心的激情"将导致转移的困难。

知识共享的知识内容主要有知识的显性与知识的嵌入。知识的显性，是指知识的易表达性或能清楚地表示出来，高度的隐性知识是很难表述的，它的获得是通过经验（波兰尼，1966），而显性知识是以正式的、系统的语言转移的。波兰尼认为，个人所知比他能表述的多得多。这些个人不能表述的、直觉的知识，被认为是隐性知识，隐性知识是很难沟通的，并且深深嵌入到行动和特殊的背景中，是持续的"知晓"活动（野中郁次郎，1994）。相反，个体也有可以表述、能写出的知识（如专利、计算机程序）。因此，知识的主要区别是显性和隐性。

波兰尼（1962）认为知识的隐性维度是指与显性维度相互补充，还认为隐性知识能够被自身拥有，显性知识必须依靠隐性的理解和运用，因此所有的知识既是隐性的又是扎根于隐性知识的，完全的显性知识是不用思考的，许多研究者沿着这种隐性和显性的划分发展知识的分类方法（如 Winter，1987；Anderson，1983；Ryle，1949；Kogut & Zander，1992；Hedlund，1994；Nonaka & Takeuchi，1995）。英克彭和迪纳（Inkpen & Dinur，1998）认为知识的隐性和显性的区分不应是二分法，应该还存在中间地带。在偏向显性方面，知识以特定的产品和流程进行编码；在偏向隐性方面，知识存在于个体的认知和经验以及组织的惯例中。

信息和沟通技术的使用带来内在分散的团队的合作，技术在有效转移编码知识的过程中是有效的，但是不能转移敏感的信息、感情、直觉和非语言的沟通，然而这些是影响知识最终运用的重要因素。

知识的第二个方面就是强调它的嵌入性，知识的嵌入性是与知识的复杂性概念相一致的（Dixon，2000）。对于接收者来说，有多少知识成分和相关的网络（如人、工具和规则）需要转移、吸收和采用，对于其他接收者则需要接收者所具有的知识的运用。在许多情况下，组织知识的重要构成嵌入在人之中。最为简单的是，知识的嵌入需要不同部门之间员工的知识共享，需要知识的运用。嵌入在人之间的知识可以通过一系列的知识转移活动来提取和共享隐性知识。

知识也嵌入在产品、工具或技术中（Argote & Ingram，2000）。嵌入技术的知识转移，包括在公司之间的转移、公司内部。这些转移从多层的视角进行研究（Zhao & Reisman，1992），包括国家制度结构的角色，进化模式的影响或知识开发的"技术生活循环"，技术复杂性的影响。

除了嵌入在人、工具和技术之中，知识也嵌入在任务和惯例中。惯例是指组织构建的形式、规则、流程、协定、战略和软技术，以及通过它们进行运作。惯例的转移是复杂的，因为惯例是非显性嵌入在潜意识的结构，这使转移很困难。

知识嵌入的最终地方是多层成分和亚网络的复杂构成。包含知识的人与规则的网络关注于谁擅长完成什么任务（Argote & Ingram，2000）。这种知识是嵌入惯例的知识的接收者，使这些接收者领会到如何重新构筑和采用原知识。规则是很容易转移，知道谁善于使用惯例的知识，这些惯例需要时间来开发。对于这个问题，许多组织试图把知道谁知道什么编码到组织中，如通过开发专家指南或知识黄页（Davenport & Prusak，1998；Yeung et al.，1999；Dixon，2000），这样就能接受组织的智力资本（斯图尔特，1997；斯威比，1997）。再者，有关如何最好使用惯例工具的知识在有效和高效的重构和有效地使用流程也是重要的。蒂斯（2000）认为，由于组织知识是嵌入到流程、程序、惯例和结构中，这些知识不能以个人束的形式转移到组织中。科格特和赞德尔（Kogut & Zander，1992）也认为，我们知道雇用新工人并不是改变公司的技能，一般认为公司的能力存在于组织原则，这些原则是由工人之间的关系、团队之内和之间的关系以及组织之间的关系构成的。

在知识嵌入其他网络中的转移方面，研究发现团体中的每一个人对其他成员的经验公开能够增加团体绩效。这是因为，这些知识允许团体采取头脑风暴法使团队成员能够开发出新思想和讨论不同的问题，这样做能避免团队做出次优决策，团队也能在跨职能部门和文化界限共享信息以提供论坛（Lipnack &

Stamps，1993），能够传递必要的分散的信息、背景和价值观（杰克逊，1992）。莫兰（Moreland，1999）研究证实，团队成员的经验培训产生了较好的团队绩效，团队关于成员经验知识的分离（通过员工的再安置和轮岗）破坏了团队的绩效。

总之，知识的显性和隐性的不同程度，是由于嵌入了不同的组织成分。一般认为，影响转移的难易和内在化取得的程度是基于特殊的知识的转移。研究显示，新知识应用到组织，需要新组织和社会知识的开发（Attewell，1992），需要在团队内通过讲故事来完成［布朗（Brown）和杜格特（Duguid，1991）］。

知识共享存在潜在的障碍，但是知识的显性和知识的嵌入被认为是影响知识共享成功的重要因素。

（三）接收者情景

先前的研究在接受情景中包括接收者动机（Szulansik，1996）、吸收和学习能力（Lyles & Salk，1996）、倾向（Hamel，1991）、知识经验（Hackman，1969）、合作经验（Simonin，1997）、保留能力（Druckman & Bjork，1991）和学习文化（Davenport & Prusak，1998），这些内容在本质上是相互关联的。

一般来说，组织的学习文化有利于组织学习，许多研究者特别强调知识的内在化（Aubrey & Cohen，1995；Argyris，1991；Fiol & Lyles，1985；Davenport & Prusak，1998）。在组织内会形成授权的责任，承受创造性的失败，提供一定的时间来实现新想法，知识的转移的程度似乎就更高（Davenport & Prusak，1998）。另一方面，如果学习不是很重要，那么就需要人去思考和讨论，学习团队的出现，这也许会牺牲效率（斯图尔特，1996）。在一些组织中存在"非此地发明"综合征①会阻碍接收者接收外部的知识（Katz & Allen，1982；Hayes & Clark，1985）。

（四）发出者情景

杨（Yeung）等（1999）认为，发出者的学习文化也是影响知识转移成功的重要因素，这是因为有能力的发出者通过提高接收者学习特定的知识的水平来管理知识共享活动，就像大学教授通过板书、朗读来促进学生的学习。有能力的发出者也能够帮助接收者克服杨等（1999）所认为的"学习的无能"。有能力的发出者通过扩大接收者的思维，来提高接收者的组织学习能力，路径依

---

① 这是指一个稳定的团队认为唯有它们才拥有某一领域的知识，因而拒绝接受任何来自外界的新思想的倾向。

赖、分类安排被认为是做事的有效方法［阿吉里斯（Argyris），1990］。

然而，其他两个接收变量也影响转移的成功，包括发出者与接收者的信用（阿罗，1971）和发出者完成转移的战略导向（哈默，1991）。知识内在化需要使接收者明白知识共享的价值。如果发出者被认为是缺少信用，那么知识在接收者眼中就也许没有价值，因此影响共享过程的产出。信用的忽视没有考虑到知识共享的接收者的背景。也就是说，没有考虑在一定的背景下特定知识内容的运用，只是考虑到影响知识共享过程的因素和活动，而没有考虑知识共享的内容。

（五）　环境情景

知识共享产生的企业家精神、学习和创新的环境能够在许多方面影响合作和知识共享的过程（金和纳尔逊，2000）。在迅速变化的技术环境下，企业更为寻求标杆研究、直接沟通（Appleyard，1996；von Hippel，1988）。研究者发现，个人的移动、关键行业结构对一定地区内与技术相关的知识的流动有贡献（Almeida & Kogut，1999）。

许多与经济、文化、政治、制度环境相关的因素显著影响知识分享，战略管理的文献主要关注关系背景，组织层和环境层变量影响组织绩效，通过组织的战略适应，这两个变量结合起来了。在知识共享领域，经济、文化、政治和制度环境变量需要检查决定影响微观变量层面所扮演的角色。也就是说，一套完整的因素检测要求考虑两部门之间资源共享的更广一点的环境，这些因素能造成部门（关系内容）之间的距离，使知识平衡和分析更具有挑战性（知识内容），或对部门间的动机和目的产生影响（资源和接收者的内容）。

（六）　评估方面

由于知识共享是在组织内和组织间发生的组织学习的一部分，一般的评估问题是关于知识共享双方在哪种程度有利于组织的学习？通过文献研究综合分析，认为成功的知识共享需要使用三类独立的知识共享活动，一是主评估知识的形成和嵌入；二是建立一个意在协调各方、减少差距及解决问题的管理机构；三是注重于转移知识。

以上这些知识共享活动是相互依赖的，因为知识的评估与管理需要的是改变各方之间出现的差距和问题，并努力把期望的知识用于实践。每项活动都是重要的，而组织也许应该应用适当的管理结构（如确定一个报告关系）。进行知识共享应遵循的原则有语境、期望驱动的理解、句法与语义学和抽象化。

总之，成功的知识共享需要集中于特定知识的转移。相反，许多要采取的活动需要注重于把现存和潜在的问题联系起来，要检查知识的形成和定位以确保完全转移。也就是说，知识共享的活动如文件交换、报告、工作轮换是重要的，在决定知识共享的最终结果方面，克服阻碍和消除破坏知识内在化的因素也是同样重要，我们也可以通过建立和管理适当的管理结构以利于知识的转移。

三、知识共享与企业文化建设

克服所有知识共享的障碍是一个不切实际的愿望。但是，关键是如何营造出员工个人把知识共享视为他的兴趣。知识共享不但使现有知识更具有生产性，还有助于新知识创造。信息用得越多，开发创造的信息也就越多。在知识共享中，最为重要的是从隐性知识到显性知识和从显性知识到隐性知识的转化。企业层次拥有的隐性知识既不能脱离企业中个体或群体的隐性知识而独立存在，又不是个体隐性知识和群体隐性知识的简单相加，而是在对员工个体、群体和企业外部获取的各种知识有效转化、整合的基础上形成的，它表现出单个个体或群体所无法具有的知识特质，其主要特点是表现为只有企业层次才具有的企业文化、价值体系、企业惯例、共同目标等，它也包括能被企业层次所掌握的诀窍、经验以及协作能力等。这些是难以清晰说明，但却发挥着重要作用，其中最重要的是企业文化，它不但提供了凝聚企业员工的内聚力，更重要的是形成了员工所共有的价值体系。

（一）知识共享中的三大障碍

1. 信用体系的缺乏

知识转化的基础不是金钱，而是信用。信用就是"相信"或者"信任"。达文波特认为，相互信任是知识交易的灵魂。对于一个机构来说，知识共享和交流的回报是互惠的，在你困难的时候我帮助你，在我需要你的时候你会助我一臂之力，当这种理念成为企业的文化时，所有的员工都愿意贡献自己的知识，大家都有收益。但是，要建立人与人之间的信用体系需要三个条件：一是信用必须是具体的，人们能看到因为分享知识而获得的荣誉。二是信用必须全面彻底，如果部分知识市场中没有信用，整个组织的知识共享就会降低效能。三是信用必须领导以身作则，组织中的信用有从上至下发展的趋势，领导层的行为将成为公司行为的模仿的对象。

2. 文化中的利己主义

知识共享是一种利他主义的行为，但这种行为并不带有普遍性。组织文化氛围对利他和利己主义的激励都会对员工的行为产生影响，如何在组织中形成知识共享比知识囤积更加物有所值的氛围很重要，同时知识共享不仅使众人受益，而且个人也能得到好处时，那么知识共享的机制就容易建立。对于知识的拥有者来说，要保住知识的最佳办法不是进行垄断，而是要在已有的知识基础上进行创新和发展。

3. 知识垄断

知识垄断是指人们为了保护个人利益通过控制知识的传播和扩散来限制知识进入公共领域。更糟糕的是，许多人认为囤积知识可以扩大权力，这种逻辑对个人也许有利，但会对企业极为不利。出于为维护自己的竞争优势或者期望自己的知识在将来可能给自身带来收益的考虑，人们不愿把自己的隐性知识显性化。但是，在信息时代，知识垄断的难度不断增大，复制和扩散知识的成本也不断降低。由于知识的时效性和环境相关性，知识的垄断可能会使知识贬值，从而对拥有者和使用者都不利，因此，知识垄断不是保护自身利益的最好方法。同时知识具有外部性，知识的创新不但会带来个人的收益，也会带来社会收益。知识的创新能给企业创造巨大的收益，企业就会加大对知识的产生的投入或采取激励的方式以鼓励员工的知识显性化；或是创造更好的工作环境以利于新知识的传播与使用。

（二）形成有利于知识共享的企业文化

在知识管理中，文化至少与技术并重。没有哪一种技术本身可以替代文化的作用，而文化常常被忽视。有些公司在知识管理中毫无收益，其原因是其文化不合适。可以形象地说，技术可以把马拉到河边，但技术不能让马喝水。要克服这三方面的障碍，关键是要建立形成一种有利于知识共享的文化氛围。在公司实施一项知识管理方案，也就是说，在建立一种文化的同时，要建立一些系统来保证公司现有的各种大量的知识可以为需要使用它们的雇员在任何时间和地点所共有。这是件难办的事。由于我们已经有了能够对任何时间和地点的要求做出反应的计算系统，困难并不是来自这些系统的前景是否乐观。从文化前景来看，知识管理系统中存在的难点是如何使人们相信，共有知识不仅对公司有益处，而且对他们自己也一样有益。

一些公司已经把共同拥有当做其文化的一部分。拥有积极主动和被赋予权力雇员的公司已经在共享权力及同担责任和义务。那些与雇员们共同拥有股票的公司正在与他们分享胜利的果实。那些与雇员们分享利润的公司在公司盈利之际正在分配酬金。其他类型的公司不与雇员共同分享。创立者们持有所有的股份或者只在家庭成员之间分股，而不是在雇员之间。利润只分派给股东们，而不给没有股份的雇员们。经理们甚至不让雇员决定最细小的事情，更糟的是，他们自己回避承担责任，因为一个等级森严的权力制度确保了首席执行官负责在公司做出的每一个决定。从法律角度看，首席执行官永远是负责人，然而我们也期望受到他们雇用和奖赏并且让能力强的员工能够担负起责任。

当我们考虑共同拥有型公司的本质时，借用一种衡量尺度是有帮助的。我们可以根据公司特征把企业文化分为权力—距离型和赋予权力型两种（见图5-6）。

文化	权力—距离型	←→	赋予权力型
领导类型	权威型	←→	参与型
	地位		共有
	服从		融入
	控制		友谊

图5-6　知识共享与企业文化

1. "权力—距离型"文化

权力—距离型文化是指在机构的上层和下层人员之间存在着权力和距离。这种类型的文化特征通常包括等级和监督式的管理。这是一种被严格控制的文化。革新或是开拓新领域的精神得不到鼓励。思考一下在权力—距离型文化中什么激发个人与他或她的同事交流知识是件令人感兴趣的事。如果这种压制型文化的标准是掌握权力的人与下级保持一定距离，那么如果知识是权力，个人为保持这种权力把知识据为己有就是正常的。因此，在这样的文化中，我们有必要找到一种鼓励个人交流知识的新方法。在知识管理领域的许多工作者建议，解决这个问题的方法是给予交流知识的雇员一定报酬。从逻辑上讲，运用这种方法的尺度很难测量和控制。除此之外，这样做可能会鼓励个人与公司的这种文化标准决裂并起来反对它。可是，这样的个人往往最终会被拥护这种文化的多数人所驱逐。解决这一问题的唯一方法是改变所有雇员的态度，这样多数人就不会反对少数人。如果这个目标实现了，这种文化将朝着赋予权力型文化发展，因为由此产生的文化蕴涵着共有因素。文化中存在的一个问题是它的作用之一是保护公司不受外来的影响。这种行为的潜在代价是每年用于每位需要改变行为雇员的费用占预算的10%以上。因此，就权力—距离型文化而论，实行知识管理的预兆不是很乐观。

2. 赋予权力型文化

雇员被赋予权力的文化倾向于使人们共享权力、共担责任、共同决策，等等。在已经拥有共有和引进知识文化的机构中，共同的哲学观比那些在一般情况下共有任何东西的机构中更有可能形成。

但是，也有这一规则的例外情况。其实，这两种文化之间的差异并不明显。例如，一家管理系统是彻头彻尾的权力—距离型的大型工程公司，除非在纸上的签名符合公司董事们的手迹，否则什么事也办不成。在这种机构中，一般会认为对引进任何打乱这种权力—距离型统治的知识都会有巨大的阻力。但是在这样一家公司装配一个知识管理先驱系统时，却发现当事情关系到技术知识、专门技术和技能方面时，工程师们非常愿意与机构中的任何人交流他们掌握的关于任何题目的知识。这反映出工程界的优秀的一面。这一长处也被体现在这样的公司中并且与权力—距离型文化共存。从工程师的角度看，他们希望拥有可以解决问题的尽可能好的知识，并且希望知道机构中的关键性人才在哪儿。所以，在这儿得到的教训是不要急于对企业文化下草率的结论。我们要注意知识需要在机构中交流的原因，以及那些将从知识交流中分享人和受益人的态度。

（三）以建设为主体的知识共享型文化

1. 创造知识共享的文化机制

创造一个重视知识和有效共享知识的文化是在实践中最困难的挑战，毕竟文化超越了企业。成功企业则鼓励员工寻找、共享和创造知识，这就要求企业致力于培养我们所说的知识拉动力，一种扎根于员工内心、愿意成为企业智力资源的一部分的渴求。仅仅创造数据库或虚拟团队空间是远远不够的，因为有些员工不愿意使用其他部门创造出的知识。成功企业倾向于建立明确的目标，迫使员工接触超越他们自身所有的知识，从而形成知识拉动力。在这样的企业里，为了提高达到目标的可能性，员工不会因避开"不是本部门创造的"知识而浪费资源，而会积极使用所有可以获得的资源，包括企业的知识库。成功企业还使用物质和其他激励措施，来奖励那些主动从企业内部和外部获取知识和将自己的知识贡献给企业知识库的员工。将激励措施与员工可以影响但不能完全靠自己的力量实现的目标相联系，这就迫使员工在更广阔的范围里寻找和贡献知识。这些企业并没有局限于考核个人业绩，而是确保让激励措施来维持一系列目标的平衡，这些目标中也包括员工在直接所属部门之外的其他部门取得的业绩情况。因为当员工的利益受到企业其他部门业绩的影响时，企业实际上是鼓励他们抛弃"谁拥有知识就是拥有权力"的思维定式，他们就可能开始共享知识。诸如影响很大、奖金价值很高的研究竞赛等方式，则是更直接的鼓励知识共享的措施。

2. 创建在知识共享的个体之间互动的文化氛围

托马斯·达文波特和劳伦斯·普鲁萨克的研究表明，在以下四种条件下企业员工乐于与他人共享自己的知识。

（1）互惠。每个人的时间和精力都是有限的，如果员工确信同事会向自己提供有价值的知识作为回报，他会向同事提供自己拥有的知识。

（2）名声。知识的卖方通常想被他人当做拥有有价值的知识和经验并且乐于与他人共享的人，如果经常提供他人缺乏的知识而使本人在企业中的地位得到提高，员工会乐于将自己的知识与同事共享，这种名望是无形的，但却能带来有形的收益，例如，工作的稳定性、薪水的提高等。

（3）无私的心态。出于个人兴趣，员工认为某一领域的知识话题十分有趣，很想向同事介绍并进行讨论。对某些员工来说，知识共享可能是乐于助人的行为，是其高贵品格的反映。

（4）信任。知识市场建立在"信用"的基础上，信任是知识交换的核心，是决定知识市场能否良好运转的最重要因素，企业必须让员工看到知识共享带来的益处，这样他们才会乐于共享自己的知识。

3. 创建以人为本的企业文化

隐性知识是以员工为基础的，所以应从人本的角度出发，建立有利于知识共享的企业文化氛围，由文化驱动知识的共享和创新。例如，通过不定期召开小范围的员工交流会，鼓励不固定的员工协作关系来促成企业家庭式的信息交流气氛；鼓励员工的非工作接触关系等具体方法，来创立开放、灵活、共享的环境。例如，金山公司提倡"一起努力，成果分享"的企业精神，还有一些公司建立了布置随意的咖啡屋以鼓励员工之间的不经意会面，使员工在非常轻松的环境中解决问题和共享知识。

知识共享还要求组织内部成员具有学习精神和合作精神。谈到学习，西方有人称之为 SIS（即 steal ideas shamelessly），认为不仅可以从组织内部学习知识，还可以从外部获取知识，如顾客、供应商、经销商甚至竞争对手。当然，知识共享一般是互动的过程，相互学习的过程。彼得·圣吉的《第五项修炼》中的学习型组织所强调的学习则是指一种团体学习。团体学习通过"深度会谈"和"讨论"来进行团体交流，有益于组织内部达成共识，也是一种知识共享的过程。野中郁次郎提到了学习型组织和知识型组织具有相似的特点，两者都强调要不断地学习，重视组织中成员的相互信任和合作精神，但他认为学习型组织理论有所欠缺。如彼得·圣吉在阐述学习的重要性中并未说明由于知识不断发展才构成学习，没有分析在组织中如何开展团队学习，如何才能达到组织内部知识共享。

显性知识的共享是通过信息技术和交流媒介来实现的，这比较容易想象。隐性知识的共享则较模糊，它更加强调隐性学习或者人与人之间的交流。可以

用《第五项修炼》中的共同愿景来加以解释。共同愿景的建立就是隐性知识
共享的结果。所谓共同愿景，是指组织中人们所共同持有的意向或景象，是一
种能够鼓舞人心、朝共同目标前进的组织全体成员内心的意愿。比如，百事可
乐的愿景明确地指向打败可口可乐，企业借助共同愿景取得了巨大的成功。彼
得·圣吉在《第五项修炼》中写道："共同愿景是人们心中一股令人深受感召
的力量。刚开始时可能只是被一个想法所激发，然而一旦发展成感召一群人的
支持时，就不再是个抽象的东西，人们开始把它看成是具体存在的。"共同愿
景的建立来源于个人愿景的共享。组织中首先鼓励发展个人的愿景，通过成员
之间的交流，寻找共同的愿景。当该愿景被越来越多的人所共享时，便形成了
一种感染力和强大的驱动力，使组织朝着共同的目标迈进。隐性知识的共享尽
管比较困难和不具有确定性，但一旦达到，便会产生巨大的效力。

第三节　知识创造

在农业社会中，知识创新大多只是在随意、偶然的机会中发生，而并非事
先组织计划好，是非系统性的行为；在工业社会中，知识创新逐渐从个体的行
为转化为团体的行为，从最初的个体发明家（如发明了蒸汽机的瓦特）慢慢
演变为企业研发部门；在知识社会中，知识创新应该是企业行为，所倡导的是
组织层次上的知识创新，要求企业全体员工积极参与企业知识创新成为重要的
生产要素。

一、创造知识的 Spiral – SECI 过程

知识创造是一个充满矛盾与统一的辩证思维过程，如宏观与微观、静态与
动态、抽象与具体、情感与逻辑等。我们常常取显性和隐性来描述知识这一矛
盾统一体，即将企业的知识资产分为显性（explicit）和隐性（tacit）两种类
型。显性知识可以通过书面和系统化的语言表示出来，并且以诸如数据、科学
公式、说明书、手册等形式在组织中共享，它可以比较容易地处理、传递与存
储。隐性知识是比较个性化的，并难以形成固定的形式。例如，个人的主观认
识、感觉与预感便属于隐性知识，隐性知识深深地植根于企业的行动、承诺、
建议、价值观和情感中，它体现在身体和精神的双重感知之中，隐性知识很难
与他人进行交流。

日本科学技术高等学院（JAIST）的野中郁次郎和竹内弘高教授等人认
为，新知识产生于显性知识和隐性知识的相互转换过程中，他们提出了知识转
化的 SECI 模型（参见本书第三章第一节）。但是，这种模型的一个局限就是

它建立的基础是一系列案例分析，因而对整个过程的看法过于理想化。然而我们认为，SECI 过程没有考虑到企业知识以及知识创造活动的动态特性。因此，在 SECI 过程的基础上，针对企业知识的特点以及知识创造的动态特征，我们用螺旋 SECI 过程（以下称为 Spiral－SECI 过程）来描述企业知识的创造机理。

　　如图 5－7 所示，Spiral－SECI 过程认为，企业通过显性知识和隐性知识的相互作用来创造新的知识，同 SECI 过程相同，Spiral－SECI 也有四种知识创造过程，并且每一种过程的知识创造过程都有其不同的特点与组成因素。

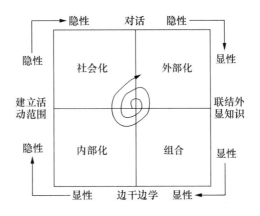

图 5－7　知识创造的 SECI 过程

　　资料来源：野中郁次郎、竹内弘高：《创新求胜——智价企业论》，（台北）远流出版公司 2000 年版，第 93 页。

二、Spiral－SECI 过程的四种知识创造过程

（一）社会化过程

　　由于新知识往往起源于个人，所以社会化是知识创造和传播的起点。社会化是个人间共享隐性知识的过程，在这个过程中，隐性知识通过观察、模仿和亲身实践等形式得以传递，学徒制就是个人间共享隐性知识的典型形式。尽管隐性知识难于以固定的形式存在，并且与特定的时间、地点和事物联系在一起，但通过共享隐性知识却可以创造新的隐性知识。例如，同处于企业某一环境之中，下级可以感知并学习到上级领导的优秀行为作风；而在传统的手工业企业中，经过师傅的示范和教授，徒弟则可以学到工作中至关重要的隐性知识；企业也可以通过与顾客和供应商的相互作用过程来获取和利用他们的隐性知识。此外，社会化也可以发生在企业之外，例如，在某些非正式会议、会谈

以及其他活动中，诸如对企业环境的认识、个人思维过程、相互信任等隐性知识都可以被共享或者创造。然而我们必须记住，社会化过程的一个重要特点是，隐性知识不是由制度手册或者教科书等显性知识创造出来的。

社会化过程的知识创造与积聚需要企业管理者做好以下工作：

（1）积极积聚隐性知识。在这一方面，管理者应不间断地保持与销售和生产一线的联系，及时地获取前沿信息；与顾客和供应商共享经验，与竞争对手进行积极的对话；与外部专家和中介机构保持紧密的联系。

（2）善于收集企业外的社会隐性知识。通过对外部环境（政治、经济、社会、技术）的熟识，管理者可以增强自身经验，从日常的社会生活中为企业的发展战略寻找新思路。

（3）善于发现企业内的隐性知识。在企业的各个角落里经常会散布着一些不为人们所注意但对企业有很大价值的隐性知识，例如，某个员工的优秀经验、某个部门的好传统等。管理者应善于发现这些对企业发展有很大帮助的隐性知识。

（4）加强企业内隐性知识的管理。对于已经发现的隐性知识或者隐性知识的载体，管理者应加强管理。例如，当发现某个员工具有对企业非常有价值的隐性知识时，管理者应当以最为适当的方式留住该员工并使其乐意贡献其才华；当发现企业范围的隐性知识（如价值观、优良传统、工作氛围等）很有价值时，管理者应当倡导整个企业来保护和发扬这种隐性知识。

（5）促进隐性知识的传递与共享。管理者应创造一种工作环境使人人都意识到隐性知识的所在，并且经常通过高层会议、中层会议、员工大会、企业培训、优秀员工报告等方式传递与共享隐性知识。

（二）外部化过程

外部化过程是对隐性知识的清楚表述，并将其转化成别人容易理解的形式，这个过程依赖于类比、隐喻和假设，倾听和深度会谈（dialogue）是推动隐性知识向显性知识转化的重要工具。由于显性知识可以借助通信、网络、出版物等先进技术和媒体进行传播，因此将隐性知识显性化是促进隐性知识大量传播的关键性步骤。在企业活动中，掌握隐性知识的团体或者个人通过社会过程将隐性知识显性化，这样，显性知识就很容易与其他人一起共享，并且成为新知识的基础。在新产品开发中，员工通过所掌握的隐性知识从而创造出新产品、新工艺、新概念等就是外部化过程创造新的显性知识的一个典型事例。

外部化的另外一个例子是质量控制手册的制订过程，该过程便是将人们在企业实践中摸索出来的有关质量控制的隐性知识或经验显性化，使参与生产制造流程的每一位员工能够监控产品质量。隐性知识成功地转化为显性知识要依靠比喻、类推、模型等思维方式和机器设备等工作器具的运用。

为促进外部化的知识创造过程，企业管理者应做好以下工作：

（1）对于员工的发明创造予以鼓励，树立模范榜样。

（2）创新企业工作的方法。企业原有的工作方法可能不利于员工隐性知识的显性化，通过创新企业的工作方法可以激发员工的灵感，促进他们所掌握的隐性知识转化为显性知识。

（3）管理者应推进企业内的创新性对话，诱导员工进行创新性思维。通过头脑风暴、务虚会议等形式，可以给员工一个运用他们隐性知识的广阔空间，从而使隐性知识显性化。

（三）组合过程

组合过程又称综合化过程，是将零碎的显性知识进一步系统化和复杂化的过程。经过社会化和外在化过程，员工头脑中的显性知识还是一些零碎的知识，还没有变成格式化的语言。将这些零碎的知识组合起来，并用专业语言表述出来，这就完成了组合的过程。在组合的过程中，个人知识转化为组织知识，电视会议、电话、E - mail 等是组合的有效工具。

当企业的财务部门从其他各个部门收集会计信息，并在一定的环境下将其编制成一份会计报表时，从合成不同方面的显性知识这一角度来说，该报表便是一个新的显性知识；而企业规章制度的制定过程同样包含了从各个部门收集显性的意见信息，然后形成一个完整的手册的形式。从另一个方面来讲，组合过程同样包括概念的细分，将某一概念（例如企业的战略愿景）细分为许多可供操作的业务和产品，概念也可以创造系统性的显性知识。

组合过程的知识创造所必需的企业管理工作有：

（1）显性知识的吸收与集成。企业高层管理者应专注于战略计划和战略计划的运作，因为在企业战略制定和实施过程中需要吸收和集成来自各方面的显性知识，这是高层管理者制定企业发展战略的充分必要条件。企业可以通过利用公开文献、计算机模拟和预测来使用内部和外部的显性知识。

（2）显性知识的合成处理。通过收集所有的企业管理数据和技术信息，将这些显性知识组合成能满足某一特定需求的显性知识，也就是将单纯的数据和信息转变为有价值的显性知识。

（3）促进显性知识的传播。只有将必要的显性知识传递给每一位员工，员工才能够充分利用自己的隐性技能发掘出对企业有价值的显性知识。

（四）内部化过程

内部化意味着新创造的显性知识（组织知识）又转化为组织中其他成员的隐性知识。经过组合过程，新知识得以在组织成员间传播。组织中的成员接收了这些新知识后，可以将其用到工作中去，并创造出新的隐性知识。团体工作（team working）、干中学（learning by doing）和工作中培训（on - the - job training）等都是实现新知识内化的有效方法。如产品概念、制造流程等显性知识必须在企业实践中转变为个人的隐性知识；在企业的培训活动中，员工通过阅读有关企业或个人的手册、文件可以使显性知识转变为自己的隐性知识，或者说扩充了他们的隐性知识库。显性知识被内部化后，它以思维方法和技术的形式存在于员工的隐性知识库中，并且当员工个人的隐性知识通过社会化与其他人共享时，新一轮知识创造螺旋便开始了。

企业可以在以下两个方面来促进显性知识的内部化：

（1）吸收社会知识与个人经验。企业应鼓励员工扩大其现有的知识库，通过对外界显性知识的学习来提高个人的工作能力。要在企业中形成稳定的可供推广的价值理念，并通过各种各样的企业活动将企业的价值观传递给全体员工。

（2）推动员工积极参与企业的模拟与试验活动。企业的实践活动中往往隐藏着一些规律（例如员工的偏好与需求、工作流程与制度），应该通过组织员工进行试验、模拟等真实活动来帮助个人与企业发现和掌握这些规律，从而为企业创造价值。

三、知识创造螺旋

个人的隐性知识经过社会化、外在化、结合和内化四个阶段，实现了个人之间、个人与组织之间知识的传递，并最终又产生了新的隐性知识。在这个过程中，知识的转化、传递和创造是一个动态的、递进的过程，因此被野中郁次郎称作知识螺旋。当个人的隐性知识完成一次知识螺旋运动、转化为新的隐性知识后，新的知识螺旋运动又开始了。此外，还应该注意，知识转换过程是一个不断变化的螺旋过程，而不是一个静态的圆。在此动态过程中，显性知识和隐性知识相互作用创造了新的知识，如图5-8所示。该新知识在原有的知识基础上向纵向和横向不停地扩展，同时也有可能是收缩，或者是收缩与扩展的组合，所以企业的知识创造过程是一个永不停息的自我更新过程。在知识创造的螺旋过程中，知识实现了自我的超越，新创造的知识越过了其原有的边界。具体表现在：新知识超越了自身和其他知识的边界、内部和外部的边界、过去和现在的时空。例如，在社会化过程中，隐性知识需要与他人共享；在外部化过程中，员工个人知识被运用到企业中；在组合过程中，外部化所创造的新知识以数字和模拟的形式传递到创造它的小组边界之外；在内部化过程中，员工个人获取了企业内某小组或其他个人所有的知识库。

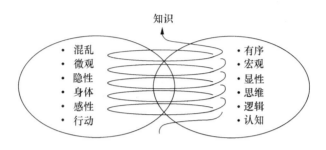

图 5 - 8   知识创造螺旋

资料来源：Ikujiro Nonaka, Ryoko Toyama, Noboru Konno. SECI, Ba and Leadership：A Unified Model of Dynamic Knowledge Creation ［J］. *Long Range Planning*, 2000, (33)：6。

螺旋式的知识创造是通过两个表面上相互矛盾的概念如混乱和有序、微观与宏观、部分和整体、身体和思维、自身与他人、演绎和感应、创造与控制。野中郁次郎等（2000）认为知识创造过程最为重要的关键是辩证思维，是矛盾的超越与协同。

四、知识场（Ba）

日本杰出的哲学家 Nishida Kitaro 创造出力场（Ba）的概念，把力场界定为共享的行为情景，知识在这一情境中得以分享、创造和利用。在创造过程中，知识场的生成和再生为个人知识转换和知识的螺旋式上升提供能量和场所，并决定了知识创造的特性。知识场是一个时空的连接（nexus）并超越时空，具有一种此时此地的品质，知识场是实体空间（physical，如办公场所）、虚拟空间（virtual，如 E - mail、电子会议、网上聊天室）和心智空间（mental，如共同分享的经验、观点、理想等）的统一体，强调场内各个组成部分之间的互动，并具有复杂的结构和不断变化的性质。与 SECI 过程相对应，根据场内参与主体（个人或集体）以及媒介（面对面或虚拟）的不同，知识场可以有四个类型：启动（originating）的场（个人之间面对面的互动）、对话（dialoguing）的场（集体之间面对面的互动）、系统化（systemizing）的场（集体之间虚拟的互动）和实践（exercising）的场（个人之间虚拟的互动）。每个知识场都分别为 SECI 过程的不同部分提供了相应的环境和氛围，促进不同知识的转换过程的完成。知识场存在于各个不同的知识创造层次上，较低层次的知识场通过相互连接形成更高一级的知识场。个人形成团队的知识场，进而形成企业的知识场，而企业间环境则成为企业的知识场，不同知识创造层次上的组织互动放大了知识创造过程。力场的概念得到延伸，包括了行动者和结构间的相互依赖及互动。

五、知识资本的创造机制

知识资本创造是协同作用的终极体现。根据日本学者野中郁次郎和竹内弘高提出的"群体知识创造"理论，可以建立知识资本的创造螺旋模型。如图5-9所示，模型的纵向是认识论维度，即将知识资本分成显性和隐性两类。知识资本创造的关键在于这两类知识资本的转化和运用。[①] 转化模式主要有社会化模式、内部化模式、组合化模式和外部化模式四种。当隐性知识资本和显性知识资本按照四种模式相互作用，从较低水平动态地上升到较高水平时，就形成了图5-9中所示的螺旋。模型的横向维度是从实体论的角度系统分成个体、群体、单个组织、组织之间四个层次。知识资本创造就是在这些层次的共同作用下实现的，这四个层次的知识资本作用程度和范围依次递增（图5-9中从左至右四个不同区域的扩展范围逐渐增加）。

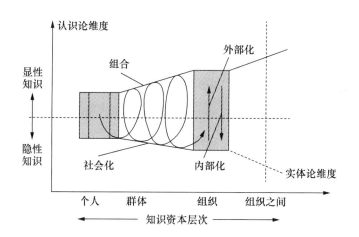

图5-9　知识资本创造螺旋模型

资料来源：野中郁次郎、竹内弘高：《创新求胜——智价企业论》，（台北）远流出版公司2000年版，第96页。

---

① Ikujiro Nonaka, Ryoko Toyama, Noboru Konno. SECI , Ba and Leadership : A Unified Model of Dynamic Knowledge Creation ［J］. *Long Range Planning* , 2000, （33）：pp. 5 - 34.

　　个人的隐性知识经过社会化、外在化、结合和内化四个阶段，实现了个人之间、个人与组织之间知识的传递，并最终又产生了新的隐性知识。在这个过程中，知识的转化、传递和创造是一个动态的、递进的过程，因此被野中郁次郎称作知识螺旋。当个人的隐性知识完成一次知识螺旋运动、转化为新的隐性知识后，新的知识螺旋运动又开始了。

　　野中郁次郎认为日本公司有特别丰富的隐性知识，根据的是在职培训、员工自治、长期雇用制以及内部分享经验的文化趋势。与此相对照，西方的公司更可能通过手册和详尽的分析使工作实践和技巧明显化。他说："问题在于，当每件事都是明确无疑，那么创造和差异的空间就很有限了。"

　　笔者引用《知识创造型公司》中以松下电器公司发明第一台家用烤面包机为例，来说明隐性知识和显性知识相互转化的螺旋。尽管不断努力，开发小组还是不能达到烤制面包的一流专业水平。最后，一个小组成员到大阪找最好的面包师当学徒。通过在大师旁边不断观察揉面和烤制面包的过程，他才逐渐明白缺乏什么。揉搓生面团时要将其缠绕，这是产生截然不同风味的一个步骤。他能够明确表述出这一隐性知识（面包师本人并没有自觉意识到增加的缠绕的动作），最后由松下电器公司的工程师成功地将其加入到面包机的设计中。结果产品大获成功，使一个先前在成熟产品市场上靠价格竞争的部门又恢复了活力。松下电器公司能够将原则内化，使产品获得成功，并且将那些知识应用于其他产品和其他部门。总结日本一些成功公司的经验，野中郁次郎提出了推动知识螺旋的五个要求：

　　（1）组织意图。在公司的战略构想中确定的组织意图，必须足够激励人心，成为公司内聚力的核心价值。

　　（2）自治。所有的员工都必须得到信赖，独立地工作。源于个人的观念也能同样被团队所接受，最终得到组织的认同，寻求革新的团队应能够追随他们的预感，或者说尤其在这些与传统智慧相对应的时候。

　　（3）波动和创造性无序。波动是经常对外部环境变化的反应。创造性无序是领导人有意识造成的一种感觉或激励，目的是刺激突破生产、过程或预先的想法而付出超常努力。

　　（4）过剩。在这里过剩是指有意推动信息和管理职责的重复。在理论上，这种重复将信息传播得更广，并且加速知识的创造过程。

　　（5）要求多样化。目标是为可得性、多样性和信息共享的最优化创造条件。如具有多种经验的小组成员可以最好地进行创新。

　　哈佛大学的多罗西·莱奥纳多-巴顿（Dorothy Leonard – Barton）描述了建

立和维持创新源以作为知识源泉的过程，她提到："最有用的源泉是持续的、可靠的，而且水质很纯，因为从这样的水源中出来的水流能够滋养周围的生物系统。"同样，公司内部和公司之间的合适知识流有利于公司发展和获得竞争优势的能力。

第四节　从自组织理论视角看智力资本的开发

自组织理论是由耗散结构理论、协同学及超循环理论组成的一个整体，是研究系统自组织过程的机制、规律和形式的科学，它强调从世界的本身去研究世界，因而自组织理论研究的是世界进化机制问题。人类社会在自己探索的不断地进行试错式演化过程中，也正在证明自组织演化优于被组织演化方式。例如，经过近百年的经济演化，几经反复，市场经济已经被证明优于计划经济，而前者的思想方法基本上是自组织，而后者的思想基本上是被组织。本书所指智力资本的开发是从一个组织的角度来阐述智力资本的创造、捕捉和利用，并试图从现代科学的最新进展中寻求一些启示，认为在知识经济时代，通过人们的自组织能为企业带来丰富的智力资产。

一、自组织理论的形成和发展

普利高津（I. Prigogine）1969年提出的耗散结构理论是建立在对热力学第二定律的研究基础之上的。他把宏观系统分为三种：一是孤立系统，它跟其周围的环境不产生信息和物质的交换；二是封闭系统，它只与环境交换信息；三是开放系统，它与环境交换信息和物质。耗散结构理论探讨一个系统在何种条件下才能够从无序走向有序，并出现一种新的、稳定的、内部充满活力的结构。耗散结构理论揭示，当一个系统处于开放状态，在该系统从平衡态到近平衡态，再到远离平衡态的演化过程中，当达到远离平衡态的非线性区时，一旦系统的某个参量的变化达到一定的阈值，通过涨落，该系统就可能发生突变（即非平衡相变），由原来的无序混乱状态转变为一种时间、空间或功能有序的新状态。这种在远离平衡区形成的、新的稳定的、宏观有序结构，需要不断与外界进行物质、能量和信息的交换，并保持一定稳定性，且不因外界微小扰动而消失，此即为耗散结构。系统这种能够自行产生的组织性和相干性，被称为自组织现象。因此，耗散结构理论又被称为非平衡系统的自组织理论。耗散结构理论回答了在什么条件下，新的结构和新型的组织能够自发地形成，但对到底是怎样形成的却仅仅是初步探索，对这个问题的进一步研究，便产生了协同学理论。

　　"协同学"的创始人哈肯（H. Haken）在 1976 年第一次提出"自组织"概念，同时比较清晰地比较了"自组织"和"组织"的概念差别。他用了一个通俗的例子解析了两者的区别。他说，比如说有一群工人，"如果每个工人都是在工头发出的外部命令下按完全确定的方式行动，我们称之为组织，更为严格一点，称之为有组织的行为"，"如果没有外部命令，而是靠某种相互默契，工人们协同工作，各尽职责来生产产品，我们就把这种过程称为自组织"。[①] 他还对自组织系统下了一个明确的定义：如果系统在获得空间的、时间的或功能的结构过程中，没有外界的特定干预，我们便说系统是自组织的。这里的"特定"一词是指那种结构和功能并非外界强加系统的，而且外界是以非特定的方式作用于系统的。这是自然或客观事物自身自主地组织化、有序化和系统化的运动过程。这一过程具有三个明显的特征：一是它是一个反熵（熵出自希腊文，意为发展）过程，是一个组织化、有序化提高的过程，在这一过程中具有充分自组织性和有序性的时空结构和功能行为，从混沌状态中或从某种组织化有序水平较低的形态中产生出来；二是它是一个具有内在目的性和调节性的自发过程，自我完成的过程；三是新结构的产生或新结构的出现由少数几个序参量所主宰，序参量是决定系统有序化程度的宏观参量，是表示系统整体运动过程的状态参量。自组织的运行机制由运动性质机制、自稳机制、突现机制及评价机制四种基本机制的综合作用构成。其中突现机制是自组织运动中主要的核心机制，它是系统从低水平向高水平升级的直接过程，其主要表现为协同学的系统发展进化的质变过程和超循环理论的多样系统不断综合的过程两种形式。自组织运动来自这四种机制的相互作用，其中任何一种单独的机制，或缺少任何一种机制的作用，都不可能完成自组织过程。协同学较耗散结构理论更进一步指出，一个系统从无序向有序转化的关键并不在于热力学平衡还是不平衡，也不在于离平衡态有多远，而在于只要是一个由大量子系统构成的系统，在一定条件下，它的子系统之间通过非线性的相互作用就能够产生协同现象和相干效应，这个系统在宏观上就能够产生时间结构、空间结构或时空结构，形成一定的自组织功能结构，表现出新的有序状态。

　　如果说协同学是研究物理世界的自组织现象，然后把它推广到生物界和社会领域中的理论，那么，几乎与协同学同时产生的"超循环"理论则是直接从生物领域入手来研究非平衡系统的自组织的问题的。所谓的超循环，就是较

---

　　① Haken H. Synergetics, and Introduction: Nonequilibrium Phase Transitions and Self - Organization in Physics, Chemistry, and Biology. Springer - Verlag, Ⅲ, 1981, 191.

高等级的循环，或者是循环组成的循环，超循环理论的中心思想是要说明在生命起源和发展的化学阶段和生物学进化阶段之间，有一个分子的自组织阶段。在这个进化阶段中，形成了今日人们所发现的具有统一的遗传密码的细胞结构。这种统一的遗传密码的形成并不在于它是进化过程中的唯一可以进行的选择，而是在这一阶段形成一种超循环式的组织，这种组织具有"一旦建立就永存下去"的选择机制。

自组织理论的出现和发展，使系统科学的研究大大地前进了一步。但自组织理论本身是处在不断完善和发展过程中，关于自组织的临界状态以及自组织过程控制等问题的研究并未得到令人满意的结果；用自组织理论系统地研究社会经济系统更是有待进一步发展。

二、用自组织理论指导智力资本的开发

（一）企业的环境的变化

对具有非线形的复杂系统的研究，使得人们深刻地认识到在这类复杂系统中那引人注目的自组织系统及其特征。与企业的外在变化迅速的市场环境相适应的自组织就更为需要。

在高速变化的国际大环境下，企业要获得并保持领导地位，需要采用一整套创新、开发和应用知识的周密战略。这样做的原因显而易见。在产品和服务的价值中，来自于物质资源和体力劳动的有形资源的比例正加速减少，而越来越多地源于创造智力财富和知识的无形的资源。靠监督和逼迫是得不到创新理念的。因此，知识时代的组织需要一种能够保持竞争力的，可以产生、获得和应用智力资本的管理过程。

因此，在知识社会中自愿合作是获取长期竞争优势的基础。表面看来获取这种优势似乎很容易，但实际上却极其困难。本质上说，高度发展的合作关系具备自我维持和相互促进的特点。这种关系需要长时间地培养，因此，不会像技术、软件或其他孤立环节和方法那样容易被别的企业抄袭。《财富》杂志主编杰弗里·科尔文就曾指出："人正成为我们最重要的资源。实质上，企业信息技术化程度越高，员工素质的高低就越显得重要。"

另一个使智力资本难以模仿的原因是无法通过增加金钱激励来控制或影响智力资本。真正的亲密关系只存在于高度信任和利他主义的社会环境中。不幸的是，这些特点在多数组织中并不存在，取而代之的是当今盛行的竞争的定位和管理下属的权力。知识时代里，竞争会严重影响生产效率。这一点正如金和莫伯内描述的那样："知识是锁在人脑中的资源，这与土地、劳动力和资本等传统生产要素是大不相同的。创造和分享知识是一种无形活动，既无法监督，

也不能强迫人们这样去做。只有当人们心甘情愿合作时，才能创造和分享知识。"

我们要摒弃等级式的机器管理过程。这种管理过程过去对那些在非全球化的相对稳定的环境中，大量雇用教育水平相对较低的员工或新移民的大型企业来说，确实起到了不小的作用。但是，我们必须跟上时代发展，接纳全新的理念来面对未来。应该清楚，如果我们希望企业能够不断创新并能充分发挥成员的智慧，就不应该用对待机器的态度来对待有生命的体系。应该看到了像全面质量管理、授权或团队这样的管理理念，还是有价值并值得借鉴的。但在传统环境下，这些理念最终还是沦为等级制度的牺牲品。

（二）隐性知识的转移主要依靠自组织实现

自组织系统无需外界指令而能自行组织、自行创生、自行演化，即自主从无序走向有序。显性知识是已经被编码，并以讲座、数据库、文件、文章、书籍等形式贮存起来。接触这些载体的人们，可以将其解读出来并应用到实际工作中。显性知识最便利的收集方法便是使用互联网。显性知识是易于传播（易于识别）并易于为人应用，除去那种妥善保护好的商业绝密或专利，显性知识不会给公司带来很大的竞争优势。但是，隐性或孤立的知识，比显性知识模糊。我们知道，隐性知识只有通过第一手经验或与知识更丰富的人共同工作，才能获得。隐性知识主要指个人的观念和抽象概念。与显性知识不同的是，隐性知识不能记录在文献、数据库、书籍或档案中，只能通过口头交流进行共享，这决定了隐性知识很难传播开来。

隐性知识和显性知识之间相互转化，是一个永无休止的循环过程。隐性知识产生出来并被保存下来，然后在人与人的交流过程中得以应用，这样隐性知识就转化成显性知识了。显性知识又激发出更多的隐性知识。这个过程周而复始，永无止境。只有通过自发组织，才能产生出隐性知识，靠强迫或抄袭是得不到隐性知识的。隐性知识才是竞争优势的最终源头。以下这些过程（不限于此）能够支持隐性知识的产生和共享：正在进行中的项目；试验；定期检查反思；经常联络沟通；开发并保持与专家、客户、供货商以及政府部门等之间的非正式的联络或关系。

野中和竹内用隐喻说明隐性知识显性化的机制是通过员工的自主性来达到。让员工享有自主权，组织往往可以获得意想不到的机会。富有原创性的观念将从具有自主性的个人身上释放出来，扩散到小组之间，并成为组织的观念。就知识创造的观点来看，由于这个系统符合自组织所必备的"最低关键规格"的原则，这类组织在寻找和联想信息时能维持较高的弹性。

根据耗散结构理论，组织要不断吸收外部的物资、信息和知识，作为一个组织的智力资本开发主体的人力资本，企业员工的头脑一定要保持开放，也就是要与周围环境即自然界或社会的广泛接触，吸纳各种有用的信息和知识。组织头脑的开放性还反映在对组织中已有知识的不满足和对已有结论的不满意，因而时刻准备接纳并且主动地去搜集新的知识与信息。这也和耗散结构理论所揭示的新的有序结构（体现为不同于原有的新设想、新思路）的发生机理相契合。员工头脑的开放还和保持强烈的好奇心与创新意识的培养有着密切的联系。当开放的头脑因接受外界的新知识和信息时，就会和头脑中已经储存的知识形成对照，二者之间存在的差别，既会使人产生一种因吸收了新的知识与信息而带来的愉悦心情，同时也会激起一股弥补这种差别的创造冲动，即产生创造的意识与欲望。而有无这种创造意识，是能否进入创造状态并进而调动所有智力与创造力发挥的各种心理因素的前提条件。

需要指出的是，有志从事创造活动的人在吸纳知识时要十分注意异质知识的补充，这有利于固有知识系统的失稳，这样就为产生新的设想或思路提供了条件。一般来说，同类的知识、相同的观点积累得越多，传统的系统就越稳固，新的思想就越难以产生。耗散结构理论中所谓"非平衡是有序之源"，可以解释为什么长期从事单一领域研究的人，其创造力反而下降，而一些重大的科学理论或技术发明反而出自不同领域的科学家或非专业人士之手。在其他条件相同的情况下，具有多样性知识和经验的人，比只有一种知识和经验的人，更容易产生新的设想和独创的见解。因此，在智力资本的开发过程中，要不断地引进新的思想、新的人才以及知识产权资产。

（三）智力资本开发的组织形式应符合自组织理论的要求

组织创新的高级形式是自组织，自组织的经济系统具有良好的动力性能和良好的平衡性能。从组织结构上看，总裁直到基层员工的多层"金字塔"组织将逐渐倒塌瓦解。代之而起的是以总裁和公司内执行董事为中心，并与外聘董事、员工、顾客、股东、交易对象相结合的伙伴群体。团队组织成员之间不存在上下级领导关系，只有核心与外围，没有中层干部的伙伴群体，没有高中低级之分，都是各有所长的专家，这种变化符合自组织理论的要求。管理层次太多，冗官、冗员太多，企业主管的意见与基层、现场的情况都无法迅速传达到需要者手中，而且使信息和意见在传递中失效或失真。过去，这种从上至下的线性作用关系，使企业系统很难发生变化和产生协同效应。随着改革的深入，我国企业所面对的环境，所接受的信息都将更加复杂，为了寻求新的平衡，非线性作用机制必然产生。这种扁平的柔性组织结构，就是企业内部非线性关系的一种表现形式，将使企业成为一种富有生命力、充满智慧的组织，信息将充分流动，企业员工将自我调动，发挥自己最大的能力和创造性，从而使企业这个系统整体效率更高、更灵活，对外部环境的适应能力也更强。

这里要谈的实现自组织的组织形式有利于智力资本的开发的新形式就是超文本型组织（Hypertext Organizations），该组织形式是由乔治·S.达伊（George，Day）首先提出。超文本组织是一个开发的系统，符合自组织理论的要求，它能促使组织的外部的消费者和其他公司、组织产生持续和机动性知识互动，能收集客户对新产品的反应，发现消费者需要的新趋势。

超文本是计算机的用语，超文本的一个文本可以通过一个文本获得其他文本的更多内容，并使内容扩充。超文本组织是通过信息技术，使信息共享更加方便，在组织内部有相互联系的各个层次，能够有效地加工各种各样的思想。组织的顶层是一个项目团队层面（process – team layer），在这里有多个团队分别管理着水平型的业务流程，或者从事知识的创新活动。要执行某项任务，组成的团队成员是从不同的职能部门或地区调集，完成任务后，他们就返回原来的职能部门。组织中间层是按功能进行结构化的商业系统层面（business – system layer）。主要是开发必要的专业知识以支持职能层战略，并为职能层团队提供人才的储备，也能为从事远程工作并为职能性专业知识的共享创造机会，这样使得所有团队之间的学习成为可能。组织的根基是知识基础层面（knowledge – base layer），沉淀了组织长年累积的知识，包括体现在企业的远景和文化的隐性知识和在信息系统的显性知识。当外部环境发生变化时，超文本组织的成员，可以随时从一个层次向另一个层次进行移动，出入不同的组织环境。但是，在一个确定的时点上，一个成员只能隶属于一个层次，这与矩阵式组织中可以隶属于两个职能单元是完全不同的。[①]

（四）营造适宜智力资本开发的自组织企业文化氛围

组织的凝聚力、协调及控制可以通过制度、纪律等"刚性连接件"产生，但是不如共同的价值观、信念、行为准则这些"内部黏结剂"更有效。为增强企业系统内部的协同作用，提高企业的凝聚力，就需要建设适合自身发展的优秀企业文化。优秀的企业文化是体现人本主义管理思想的一种管理方法，是企业在长期生产经营活动中形成的以全体成员共同价值观为基础的思想观念和行为观念的总和，是能使各部分协调一致的传统。通过抓企业文化，使企业摆

---

① 野中郁次郎、竹内弘高：《创新求胜——智价企业论》，（台北）远流出版公司2000年版，第226—232页。

脱困境，走出低谷，持续发展，在竞争中长期立于不败之地，是许多企业的实践所证明了的有效办法，也是企业文化功能的表现。建立自组织的企业文化能使企业员工之间、员工与企业之间增强凝聚力，产生"有劲往一个方向上使"的结果，增加企业各要素之间的协同，尽可能减小内耗，对外界的负熵流进行充分整合，从而使系统进入自组织状态。

与外企和民营企业相比，我国的国有企业依然存在平均主义和论资排辈现象，这两种现象的存在，严重地压抑了人的积极性和创造性的发挥，滋长了懒惰的作风。许多寻求自身发展和自我价值实现的员工纷纷跳槽到外企和民营企业。企业原有的高级人才留不住，外面的高级人才又吸引不来，失去人才储备和支持的国有企业发展缓慢，举步维艰。从自组织理论看，这种论资排辈和平均主义现象增加了员工对企业的不满，使企业系统无法产生协同作用，内耗巨大，从而产生了大量的熵增，使企业系统向无序的方向发展。企业如果要向有序的方向发展，就要引进足够的负熵流，抵消内部产生的熵增。从人力资本的角度来说，就是要不断地引进优秀的员工。例如，可以通过薪酬这一外部因素来激活这个系统，产生协同效应。优秀的薪酬政策应该是对外具有竞争性，对内具有公平性，同时符合公司的实际情况和战略目标，只有这样，才能激励员工发挥自己的最大潜能，一个不完善的薪酬设计体系不但不能激励员工，反而促使员工离开企业或消极怠工。

第五节　智力资本开发的新方法：E – Learning

在以全球化、信息化、知识化、网络化为基础的知识经济时代，企业更为关注如何通过创造知识、扩散知识与利用知识来获得竞争优势。在艰难和迅速变革的时代，组织越来越坚信组织的竞争优势最终差异和根源在于其人力资本。公司经理逐渐认识到决定公司命运的是员工迅速利用信息的能力和学习适应不断变化的商业环境所必需的技能。前所未有的成本和竞争压力的加剧，许多组织开始寻找和采取新的培训方法，这样 E – Learning 成为在电子商务之后的又一道靓丽的风景线。

知识管理使传统企业管理理念受到冲击，要求企业拥有大批能及时更新知识的员工。知识更新的加快也使终身学习成为必要，员工必须不断地接受继续教育或在职培训，以适应知识经济发展的需要，而要使员工的知识和技能持续更新，企业必须实施有效的员工培训。一方面，传统的、面对面培训方式，因其耗费资源、需受训对象集中或脱产、培训内容更新慢、及时跟踪难以及管理机制等问题，已经不能满足员工培训需求与适应变化迅速的竞争环境；另一方面，现代通信技术和网络技术的发展使新型的员工培训方式成为可能，从而使 E – Learning 应运而生。所谓 E – Learning 即为在线学习，是指在由通信技术、微电脑技术、计算机技术、人工智能、网络技术和多媒体技术等所构成的电子环境中进行学习，是基于技术的学习，企业的 E – Learning 是通过深入到企业内部的互联网络为企业员工提供个性化、没有时间与地域限制的持续教育的培训方式，其教学内容是已经规划的、关系到企业未来的、关系到员工当前工作业绩及未来职业发展目标的革新性教程。E – Learning 概念一般包含三个主要部分：以多种媒体格式表现的内容；学习过程的管理环境；以及由学习者、内容开发者和专家组成的网络化社区。在当今快节奏的文化氛围中，各种机构都能够利用 E – Learning 让工作团队把这些变化转变为竞争优势。E – Learning 改变了企业的培训和开发实践。因此，E – Learning 是人类社会进入 21 世纪后发生的重要变化之一，它标志着人类学习方式、知识传播和知识创造的新纪元的到来。

据统计，作为 E – Learning 的发源地美国，通过网络学习的人数正以每年 300% 以上的速度增长。1999 年，已经有超过 7000 万美国人通过 E – Learning 方式获得知识和工作技能、技巧，超过 60% 的企业通过 E – Learning 方式进行员工的培训和继续教育。权威的 Taylor Nelson Sofresd 对北美的市场调查表明，有 94% 的机构认识到 E – Learning 的重要性，有 85% 的公司准备继续增加对 E – Learning 的投入，而 54% 的公司已经或预备应用 E – Learning 来学习职业与商务技能，雇员在 1000 人以上的公司 62.7% 都实施了 E – Learning。[①]

一、E – Learning 的三阶段分析

从知识管理的意义、运作方式来谈在不同层次的 E – Learning 环境中如何进行知识创造、分享。学习型组织是构筑在个人的自我学习及对知识的搜索、分类、表达基础上，而将个人的自我学习融入组织体系，也就是知识管理。组织的知识管理除了积极地将员工的学习整合外，还要不断的开创员工学习的机会与意愿，这样才能让生产、采购、研发等活动创造价值。

基本上，教育随着时代变迁及科技应用，可分成几个阶段：从电脑硬件科技发展方面，可以分为批次作业（batch）、同时间作业（timeshare）、个人电脑（personal computer）、工作站（workstation）和笔记本电脑（notebook）。从

---

① Forrester Research. Online Training Needs a New Course. Research Report, 2000, [EB/01]. http://www.forrester.com/ER/Report Interviews/o, 1338, 10060, FF. html.

电脑软件科技发展方面，可分为系统软件、个人软件、网络软件。而在信息技术发展条件下，教育科技也有不同的发展阶段：在信息技术未发展前，可分黑板时期、投影片时期、影印时期和录像带时期。在电脑普及后，可分为电脑与TV结合时期、多媒体时期和网络应用时期。随着科技的变迁，教师角色由演讲者转成知识表达者、教练、学习者的伙伴，而学生角色由听者转成观察者、演出者、学习者。老师与学生的互动变迁，学生由记忆知识者转成信息处理者、分析批判者、问题解决者，换句话说，学生是由做正确解答者转成原理和原则的应用者、知识整合者、知识创造者（见图5-10）。

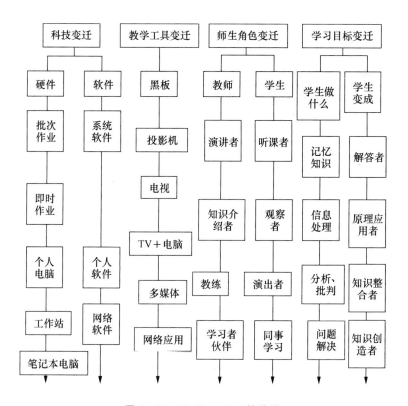

图 5 – 10 E – Learning 的演进

从另一个角度而言，越早采用多媒体及网络教学者，则学习者与教学者就能越快成为学习的伙伴，通过培养问题解决能力，进而转化成知识整合与创造者。因此，E - Learning 将成为知识管理中最重要的措施，如何让 E - Learning 协助学习者进行知识整合与创造，是未来智力资本开发的重要方法。

（一）第一阶段知识管理系统中的 E – Learning

按照网络学习的环境，学习者需要学习资料，以便自我学习或与他人在线上交谈学习。这些资料包括企业报告、通知、专题演讲讲稿、市场信息、教育训练讲义等。这些内容经过收集、整理（分类），有的送给学习者，有的是由学习者选择、处理（进行知识加工），最后整合到学习者的知识库。这一类的知识管理系统，主要功能是由知识构建者，按其认知根据知识或关键字分类，以作为知识使用者搜寻。或将企业网页联结到企业外网页以帮助学习者扩充学习资源，或者联结到政府机构的公告文件或学术团体的网站，其 E – Learning 的过程如图 5 – 11 所示。

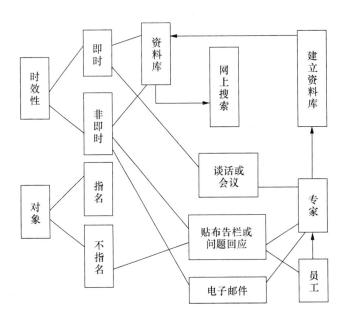

图 5 – 11　知识管理（基本模式）网络功能与应用

凯利、拉姆和惠特尔（Kelly，Lam &Whittle，1996）曾构建了网络知识分享的机制，包含即时与非即时互动和指定对象与不指定对象的互动。而电脑本身提供的互动有网上搜寻、谈话或会议以及贴布告栏、相互 E—Learning。如此可以提供学习者资料检索、问题回答及问题解决策略建议，并在资料库加入学习经历、学习互动状况，这是 E – Learning 应有的机制。在这个基本过程中，提倡学习者与教学者互动对话，可能是产生知识创造的功能的最好方法。帕尔克（Palk，1975）认为这种对话机能可以从学习者视角与教学者角度来进行分析，学习者接收到或提供学习主题的描述说明。再由教学者提供或接收到学习主题的说明。换句话说，在 E – Learning 环境中各学习伙伴来做问与答。进一步而言，学习者可以接收问题解决的策略、过程，反之教学者也可以示范或筛选问题解决的策略或过程，从而产生所谓学习对话。如此，不断的学习对话，就是 E – Learning 的最基本学习方式（见图 5 – 12）。

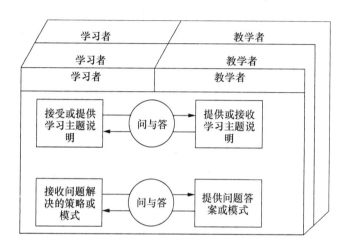

图 5 – 12　帕尔克学习对话过程

资料来源：Palk G.，*Convention*，*Cognition and Learning*［M］．London：Elserier，1975.

（二）第二阶段 E – Learning

在第一阶段 E – Learning 基础上再进一步加入能力评估用来诊断员工所必要能力的水平，提出"员工成长课程建议"，并提供网上课程或企业外课程让员工进行研修，解释、讨论或澄清概念。职能评估因为产业的不同要建立测验题库，必须找出工作要求，来做知识需求分析，这个工作本身复杂度很高。通常必须请工作分析专家来探索或说明工作中所需要的知识，在确定知识内涵的基础上，再进一步设计题库，才能作为知识管理的工具，这也是知识收集、整理、分配的过程。其功能比单纯的将企业生产、采购、研发、人事等手册及演讲资料提供给学习者，更具有鼓励或强制学习的益处。所谓强制学习，即是按能力确定后，教学者与学习者建立契约，在 E – Learning 的环境中，学习者按契约的要求进行学习。

在此阶段，E – Learning 环境应该可以提升学习者与教学者的互动功能。比如，学习方法与应用时机；学习资源的引导；规划学习进度及课程选择；监督与修正学习的进度或方向。换句话说，教学者可扮演学习者的教练或导师

［斯科特和菲利浦斯（Scott & Phillips），2000］①。E - Learning 教练可以将学习者的学习活动来构建历程档案让学习者自我查询或与其学习对话来提供以上四种互动。学习辅导若能以契约学习的概念来进行，E - Learning 的效果才会显著。在这种 E - Learning 中的契约学习，大约有下列几个步骤（Petre，Carsuel，Price & Thomas，2000）：①作业时间表的设定（如2—3 天）。②要解决或讨论的问题的设定或主题的设定。③学习者交作业或解决问题的报告。④教学者对作业或报告进行开放讨论，并提供讨论的重点或做摘要。⑤依前面所提四项互动功能做辅导。这样的 E - Learning 过程可能做以下工作：①保密功能（确认企业 ID、个人 ID 与保密）。②个人网页（依个人需要，与企业内外做知识分享或报告）。③培育计划（企业按阶层、职位分别提供知识分享的内容）。④测验中心（网站提供各种与企业生产、经营有关所需要知识的题库）。⑤检索（提供企业知识库检索）。⑥信息看板（让员工知道公司活动的布告栏）。⑦管理汇报（检讨网络学习应用状况及修正）。

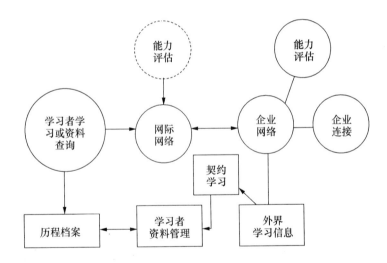

图 5 - 13　第二阶段 E - Learning 建制

资料来源：Petre M.，CarsuellL，Price B.，eds. Innovation in Large - scale Supported Distance teaching Transformation for the Internet，not Just Translation. In：M. E. Isenstadt，T. Vincent，eds. *The Knowledge Web*. London：Kogan Page，2000。

---

① Scott P.，Phillips M.. Developing Web - based Student Support System：Telling Student Stories on the Internet. In：M. Eisenstadt，T. Vincent，eds. *The Knowledge Web*. London：Kogan Page，2000.

（三）第三阶段 E – Learning

第二阶段 E – Learning 过程，从传达到知识的选择及编辑，尚未能做知识的连接或创造价值（Roehler & Cantlon，1997）。如果对电脑学习，没有立即性的需求，加上没有多样化或多种渠道进行学习，会失去学习的热忱。朗沃斯（Longworth，1999）认为要维系学习热忱，必须让学习者有动脑（reflect）的机会或知识的自我发现，就必须对一些在网络学习者失去方向、失去热忱时，要适当的给予提醒。教师在协助初学者时扮演桥梁作用，以帮助学习者认知转换以顺利达成。这种桥梁是暂时性的，如果学习者已经学会或掌握要领，这种桥梁就可以除去。通常知识程度越趋近者，就越能起到有效的桥梁作用，称为趋近区作用（proximal zone）（Vygotsky，1978）。换句话说，生手可以通过专家的经验分享或对话，重新解释与自己经验相似及相益处，而建构新的概念（Daley，1999）。这样网络就提供生手与专家分享知识的平台。而如果网络系统本身就有专家会预测生手学习中的困难，就要给予协助，则所谓 E – Learning 不仅是从职能评估到推荐学习材料，可以即时对错误预测做出解释，并做一些认知桥梁。通常教学是由教师对所要教的原理、作用或概念做解释，使得学习者可以获得新概念或知识。但有些目标概念对学习者而言，会因预备知识不够或错误，很难掌握目标概念，因而必须通过协助。如教小孩溜冰时，脚要站成丁字形，太小年纪可能不如告诉他们站成耐克（Nike）商标的形状，这和小孩已有概念相关，容易辨识，亦即是第一种桥梁（Sumner & Taylor，2000）。另外，有些和具体经验相关，容易辨识。如介绍轮轴的功能，以脚踏车为例来感受及认知轮轴的原理，是第二种桥梁。还有一些作用原理、概念，可以通过图像或剖面图来了解，如汽车引擎作用，以剖面图模拟解释作用顺序与限向，这是第三种桥梁，也是在网络上可以发挥的。第三种桥梁作用，E – Learning 环境中的知识特征可以依其具象化的效果不同来呈现，以协助学习者理解知识。所谓不同特征，可以分知识条列化、知识图表化（如雷达图、表格）、知识图形化（如树状图、网状图）和知识具象化。越具象就越能帮助生手了解这些概念（见图5 – 14）。

第三阶段的 E – Learning，网站必须能：①找出学生的学习型态、IQ 及 EQ 能力（如冲突处理）；②找出学习者个人过去学习表现（如成绩、态度）及错误过程来；③选择个人要学习的内容及进度；④选择辅助学习的方式（如教导式、游戏式、模拟式或练习式）；⑤诊断学习的表现及协助方式（如：离线专家指导或线上专家指导）；⑥管理个人学习历程（Portfolio），作为下个单元学习计划的基础。E – Learning除结合以上六个功能外,系统必须能统计学习

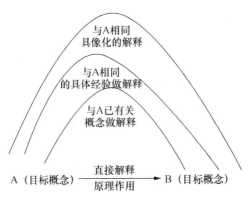

图 5 - 14　认知的桥梁作用

资料来源：Sumner T g, Taylor J.. Media Integration through Meta - learning Environments. In：M Eisenstadt，T Vincent，eds. The Knowledge Web：Learning and Collaborating on the net. London：Kogan Page，2000.

者学习能力进行适应性测验与教学。适应性学习系统基本上必须先建立转换性知识库，将最基本的知识先呈现给学习者，学习者在问与答的过程中，给予一定的学习内容或进度后，立即做能力检定。以学习者所犯的错误比率，来定位出学习能力。根据这个学习能力，回馈到转换性知识库中，选出及呈现新的学习单元或类似单元（错误率高者适用），如此周而复始的适应性学习，可以减少学者不必要的困扰，并在网络上乐此不疲地学习。这种适应性学习的关系如图 5 - 15（Procter & Dutta，1995）。

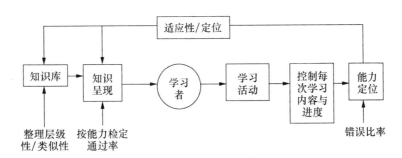

图 5 - 15　E - Learning 适应性学习系统

二、E - Learning 的优势

从技术上来说，E - Learning 能够实现传统的教学方式中大部分的交互功能。尽管在某些方面还需要更多的改进，例如整个社会的网络基础设施（宽

带等），但毋庸置疑的是，低于传统教学方式数倍成本的 E - Learning 确实能够让更多的人以更高的效率学习和掌握飞速发展的经济时代的技术技能。无论对于哪一类机构，E - Learning 都将发挥巨大的作用，达到极高的投入回报率。E - Learning 具备了大量传统学习所不具备的特征，让学习成为新的世纪中最具有开放性的社会活动。这些特征为不同的机构提供了利益，从学习的效率、投入和效果上都产生了巨大的变革，可以看到发展中的 E - Learning 已经具备了以下优势：

（一）灵活、便捷

员工可以在任何时间、任何地点进行 E - Learning。互联网已经在概念上为任何机构任何人提供了实现一个学习培训目标的方案。技术上的一些障碍，例如，访问网络、标准基础设施以及宽带，已经不再是问题。互联网的发展、企业网络容量的增加和桌面电脑速度的加快的趋势将使全球各地的人们能够每天 24 小时，每周 7 天进行学习。企业将能够把培训或其他关键信息快速高效地投递到全世界的任何场所，雇员也能够在任何方便的时候访问这些培训资源，无论是在家中还是在办公室里。

（二）通过消除空间障碍，切实降低成本

不管现在表现如何，E - Learning 是传送教学（训练）或信息最具有效益的方式。通过技术实现的学习方案，不仅可以大大扩大受众的数量，而且能够免去或大幅度减低对课堂及教学基础设施的需求所导致的费用，对 E - Learning 来说，最大的好处是消除了把教师和学生聚集在一起的费用和不便。根据试验和统计，电子形式的内容替代基于讲师方式能够节省 50%—70% 的费用。选择 E - Learning 的方式还能够让一些课程分解为短小的片断，然后分成多天或多个星期让学生学习。对企业来说，这种方式能够避免整天的培训造成的工作损失。据《商业周刊》报道："IBM 预估每 100 万个上课日转换成在线学习，可以省下 40 万美元。在 1999 年，公司节省 1.2 亿美元。"

（三）递送周期短，并能及时获取最新的信息

假设有 1000 人需要训练，每次 30 人参加 5 天的教室课程，由一位讲师主讲，得费时 8 个月才能培训完。而通常的情况是当一半的人受训完后，就要修改内容，修改的幅度之大可能得让上过课的人再回来接受培训，或者公司又有新的任务，使后半部的人根本就不用受训。基于网络集中方式的课程能够让教师随时更新其内容，而且更新后所有的学生就能够立即访问到最新的和一致的信息。课程信息还能够在任何培训需要之前就能够访问到，避免了只在课堂上学习一次然后很容易遗忘的问题。

（四）具有针对性，通过个性化的学习达到更高的保持力

电子学习为学习风格的个性化提供了更大的空间，实际上电子学习提供了跟踪学习者能力水平的机制。员工可以根据自己的实际情况安排培训的内容和培训的进度，并且可以反复学习。因为学生能够根据自己的需要定制学习内容，也就能够控制自己的学习过程和更好地理解学习材料。相对于以教师为中心的学习过程，学习曲线可以加速 60%。内容以"块"的形式投放，能够达到更高的持久性。

（五）提高了学习者之间的协作和交互能力

研究表明，基于在线方式的学习能够让学生更加深入地进行讨论和介入。电子学习能够利用教学和通信技术实现多种互动和协作环境，如果有专家和员工进入相同的环境，那么学习效果甚至比传统的一个小课堂的互动效果还要好。在线的互动方式可以提供聊天室、测试练习、电子邮件、公告栏、案例分析、情景描述、示范、讨论组、教师指导、提示、指南、常见问题解答以及练习向导等工具。另外一项研究发现，在线学生比传统方式更愿意进行相互交流。学生在网络上学习时产生的群体效应，比教师带领的方式更加主动。

现在，人们必须学习比以往更多的东西，尤其对于跨国性、跨区域性的机构，传统的基于培训教室方式的学习成本非常高，而且令人难以控制。就算员工有时间参加所有的课程或讲座，并能够阅读所有相关的资料保持所在领域的及时更新，学习的成本也会不可预测。企业在线学习的使命就是为员工提供时效性非常强，成本又非常合算的培训项目，从而创造出积极主动而且富有经验的忠诚员工。据统计，仅仅美国每年企业投入在员工培训上的费用就高达 600 亿美元，而 E – Learning 估计可以为企业节省约 30% 的费用，而且可以提高 40% 的培训效果（以达到相同效果的时间进行比较）。

三、E – Learning 的局限性

与传统的培训相比，E – Learning 的局限性有：

（一）人性化沟通的缺乏

网络人为地拉大了人与人之间的距离，为直接的情感交流设置了障碍。缺乏员工间、讲师与员工之间的情感交流、情绪沟通，学习的效果可能大打折扣，教育研究表明，在团队里人们可以学得更好、更快。

（二）实践功能薄弱

要真正获得和掌握知识、技术，仅仅通过 E – Learning 的讲解还不够，必须亲自参与练习，在现实环境中运用。对于人类的一些深层的力量的培养也缺乏，如"意志"、"忠诚"、"奉献"、"合作"等，也非 E – Learning 所长。

（三）教学内容的传输受到阻隔

传统的培训是讲师完全可以控制的学习环境——随时需要重新安排和变更，有许多因素影响教学的状况如讲师的努力和个人的能力、技巧、适应教学的环境和提供的课件。但在 E – Learning 情况下，由于与被培训者的网络的隔离，这种变更就可能产生关键内容的阻隔。

（四）学习的内容容易被重复

在学习的内容上，国内比较缺乏高质量、多媒体互动的 E – Learning 课件和平台，不同的界面，重复注册，没有标准的软件，还有很多在线课程的不同格式。这样不仅不易管理，而且耗费很大，结果是在公司内难以建立良好的沟通体系，信息传递极其不顺畅。

四、企业在实施 E – Learning 中应注意的问题

（一）公司的规模和工作地的集中情况

需要 E – Learning 的组织具有一些共性，如公司规模较大或分公司较多而且地点分散，员工没有条件进行固定学习或需要随时随地更新知识，有相当大的培训量等。据调查，实施 E – Learning 的企业中，83% 的企业员工达千人以上，而中小企业更可能适合外包，或小规模试用某些课件。

（二）员工的素质

这主要包括员工的计算机知识的掌握程度和员工的自我学习能力两个方面。目前国内实施 E – Learning 的企业以电脑、保险金融、通信等网络化程度较高的行业的企业较多。

（三）适度课堂教学

在迈向技术化学习的运动中，人与人之间的互动和分享可能面临危机，如果 E – Learning 没有人性的因素，即人们不再有机会面对面地一起工作，我们也许会不要这种技术，不要因为泼洗澡水而把婴儿一起泼出去，那是舍本逐末，因此，在技术世界里，我们还须保持以人为本的学习本质。期望通过技术给企业带来乌托邦式的组织根本就是自欺欺人，在周全的学习架构下适度使用课堂，对公司的学习文化有重大意义。

（四）将学习直接融入到工作中

E – Learning 最重要的意义就是衔接工作与学习。最好的教学经验是学以致用。在企业里要奖励知识分享并处罚知识囤藏。公开发奖金给那些愿意贡献自己知识和专长的人。公司可以形成一种环境，把奉献自己知识和专长的人视为专家并"拥有"对该项知识的权利，当员工看到知识分享是生财之道时，会有更多的员工参与。

（五）提供完整的学习体系，而不仅仅是学习的机会

仅仅把课程通过在线传给员工就像家长把小孩送到学校一样。完整的学习体系是有计划地把不断更新的知识、技能、经验及时有效地传给员工。

（六）培养在线学习的文化

E – Learning 的随时随地地学习，看来很实际，但工作中常遭到或明或暗的阻力。这些阻力有的来自企业的第一线（难以把学习当工作）；有些来自主管（难以欣赏在线学习的价值）；有的来自培训机构自身（难以接受在线学习为正统的学习形式），为使在线学习在企业长期维持下去必须要有强势的企业文化。这不是简单地支持教室学习或 E – Learning 的气氛，而是全面拥抱学习，视之为公司上上下下的重要活动。真正学习型组织机构很快超过"何时"和"如何"学习这个层次，而着重将学习整合到企业文化中。

（七）加强知识产权的保护意识

E – Learning 牵涉到一系列的法律问题。E – Learning 实施的课件、自开发系统、软件等的版权问题时常出现。E – Learning 属于开放式的学习，资源的共享就产生知识版权的归属问题，如何保护开发者的知识产权，就必须有健全的法律条文进行规范，尽管法制的健全还要一些时间，但企业现在就要有这个意识。

第六章 企业智力资本的转移

智力资本在组织内部的转移对提升企业的核心竞争力无疑起到重要的作用，本章在分析以人为中心和以流程为中心的组织的基础上提出智力资本转移的九种方式，企业的生产方式转变中的智力资本转移及其变革方式的选择，从社会资本的视角分析智力资本的转移，并分析有利于智力资本转移的组织方式如实践社团，加强企业知识产权管理以确保智力资本发挥重要作用，最后，从人力资源管理的角度探讨了如何管理和开发智力资本。

第一节 智力资本转移模式

要对智力资本在企业内的转移进行研究，我们可以对当前的组织类型进行研究，主要关注以人为中心和以流程为中心的两类组织在公司内如何进行转移，以及企业如何采取相适应的对策。

一、公司的类型

（一）以人为中心的组织

以人为中心的组织（公司）主要依靠人与关系资源，只依靠一些金钱资源，但几乎很少涉及实物或结构资源，主要是集中在围绕有知识和能力的个人使用这些知识与能力形成与客户的个人关系并转移价值。公司雇用最优秀的员工（这些人就是主要的竞争优势）。其流程和程序是具有弹性，培训是通过非正式的师徒关系进行，因为通过一种隐性知识的复制来发生。产品或服务的质量可能因做这项工作的人的不同而不同。市场和销售也是基于个人，并且常常是个人的知名度和声誉的结果。组织的存活和繁荣主要来自于低固定成本和高边际利润率。收入一部分用于持续的与客户的关系，其他一些用于维持和开发员工的能力（见图6-1）。

（二）以流程为中心的组织

以流程为中心的公司与以人为中心的公司有相同的竞争空间，但以流程为中心的公司有不同的价值创造机制，这类公司强调的是结构资源而很少依靠员工个人的聪明才智。比如专业服务公司，与客户的关系显然是最为重要的。与

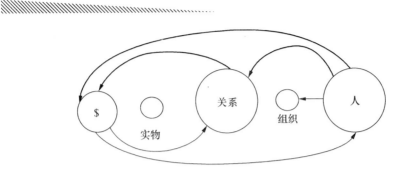

图 6 - 1　以人为中心的组织

注：图中，圆的大小反映资源的重要性；连接箭头反映一种类型的资源转移到
另一种类型的资源；箭头的粗细表示转移的重要程度。

以人为中心的组织相比较，该类型组织在人力资源创造价值方面就相对不重
要。但这并不意味着人是不重要的，只不过相对重要程度低。最佳人选是能有
效开发流程的人，而积极活动的这些人是很少有技能的人，其特征是组织而不
是人际关系，培训和招聘程序比以人为中心的组织更为正规。产品的质量更为
标准化，也具有更为系统的方法。有更多的编码和规则，与以人为中心的组织
相比，具有较高的固定成本和低的边际成本，效用比较高（见图 6 - 2）。

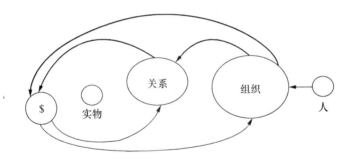

图 6 - 2　以流程为中心的组织

注：图中，圆的大小反映资源的重要性；连接箭头反映一种类型的资源转
移到另一种类型的资源；箭头的粗细表示转移的重要程度。

　　麦肯锡公司每年都有数以百计的工商管理硕士（MBA）加入，几乎同时
也有许多人离开公司。但是，公司却能一年一年完成高质量的工作，因为它的
核心能力更多的是其流程和价值观（即组织资本），而非其人力资源。①

<hr>

　　①　克莱顿·M. 克里斯腾森在 2001 年第 3/4 期《哈佛商业评论》中的《迎接破坏性变革的挑战》
一文提到。

很明显，两种组织有不同的资产和管理哲学。

二、企业智力资本的转移

知识资本的转移机制为知识资本的企业"内部化"转移提供了良好的制度安排。根据戴威比（1996）提出的 E—I—E 结构（即知识资本的个体能力、内部结构与外部结构），知识转移的途径主要有九种（见图 6 - 3）①。

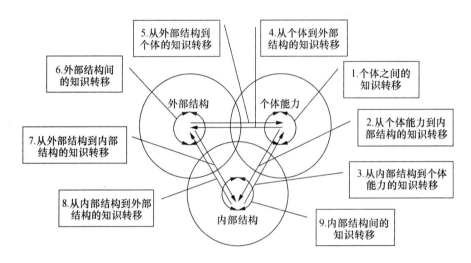

图 6 - 3　知识资本转移的九种途径

在许多组织中存在九种知识转移。因为管理缺少以知识为基础的理论的视角，因而缺少与组织战略相一致的合作。大多数组织存在着阻碍具有杠杆作用的组织惯例和文化。从个人的角度来看，如果知识共享的结果是失去职业机会、成为额外的工作和没有被认知，知识共享也许被认为是机会的失去。因此，许多良好的动机就会浪费或相互对立。

为知识共享而投资于高级的信息技术系统，如果组织的氛围是高度竞争的那就只是浪费金钱，只有垃圾才可能共享。鼓励员工竞争的报酬系统阻止了知识共享的努力。标准的缺乏和分类的不合理也减少了文件处理系统的价值。九种转移途径及其关键分别是：

① Karl - Erik Sveiby. A Knowledge - based Theory of the Firm to Guide in Strategy formulation ［J］. *Journal of Intellectual Capital*, 2001, 2（4）: 344 - 358.

（一）个体之间的知识转移

员工之间的知识转移关注的是组织内员工之间如何进行最好的沟通。这个战略问题是：如何提升组织内员工之间知识转移能力。最为重要的问题也许是组织内的诚信。如何使人们愿意分享他们所知道的东西？要回答这个问题就要集中于诚信的建设、促使团队活动、工作轮换等方法，使个体愿意与其他人共享他拥有的知识。

（二）从个体能力到内部结构的知识转移

20 世纪 90 年代大量投资到把能力转为数据库。其思想是在数据库中的信息将为整个组织所共享。事实上，这些数据软件的制造商是成功的，许多管理者认为这些方法就等同于"知识管理"。这个战略问题是：我们如何提升把个人拥有的能力转为系统、工具和模板？回答这个问题就把个体的能力和知识，尤其是隐性知识转化为能被整个组织共享的知识库，其关键是把个体活动集中于模板、过程和系统，从而更容易、更有效地共享。

（三）从内部结构到个体能力的知识转移

它是指通过使用系统、工具和模板来提高个体能力，其关键是改善系统的人机界面、模仿和交互式的电子学习环境。一旦能力嵌入到系统中，就需要其他的个人以同样的方式获得可以提高他们的行动能力，否则这种投资是一种浪费。其战略问题是：我们如何通过使用系统、工具和模板来提升个人的能力？例如，宜家（IKEA），一家瑞典家具公司使用定值模拟来加速大商场员工的信息。

（四）从个体到外部结构的知识转移

它是指把雇员的知识转移给客户、供应商和其他利益相关者，例如，帮助客户了解产品，减少烦琐的公务程序。知识转移从个体到外部结构关注的是组织的员工如何把他们的知识转移到外部世界。具有战略性的问题是：组织员工如何提高顾客、供应商和其他领域的相关能力？回答这个问题就要集中使员工帮助顾客学习产品的问题，举行生产座谈会和提升客户的教育水平。例如，美国咨询公司麦肯锡公司出版其研究成果和研究方法以提升公司的声誉。

（五）从外部结构到个体的知识转移

员工从顾客、供应商和社团的反馈学到许多东西，如思想、新经验、反馈和新技术知识。知识转移从外部结构转移到个人关注的是员工从外部结构如何学习。组织试图系统地获得这些知识，但这些知识是分散的，难于测量，因此不能整体地影响战略结构。这个战略问题是：组织的客户、供应商和其他利益相关者如何提升员工的能力？要回答这个问题就要创新机制和维持组织内外的人之间良好的人际关系。例如，在传统的以金钱为基础的销售和收入报告中增加知识的维度，使组织按照无形收入来计算（斯威比，1998）。在贝茨（Betz）实验室的员工不断地参与客户的质量管理团队以更好地理解客户的需要。

（六）外部结构之间的知识转移

它是指在组织的顾客、供应商和其他利益相关者之间架起桥梁，使他们能进行沟通并提高能力。顾客相互告知组织服务的内容是什么？从知识的视角对传统的顾客满意度调查增加可能活动的宽度，集中在客户的能力如何在外部结构的利益相关者之间进行转移。这个战略问题是：我们如何在客户、供应商和其他利益相关者之间进行对话来提高他们的能力？这个问题集中在伙伴和战略同盟，提升组织的形象和产品与服务的品牌净值，改善提供的质量和产品座谈会。例如，丹麦生物医药企业 Novo，积极投入建设本地社区来改善产品的形象。

（七）从外部结构到内部结构的知识转移

知识从外部结构转移到内部结构关注的是组织从外部世界获得什么样的知识和学习如何转变成为行动。这种战略问题是：来自顾客、供应商和其他利益相关者的能力如何来改善系统、工具、流程和产品？为回答这个问题产生了授权呼叫中心来解释客户的抱怨，建立联盟以产生新产品，如研发联盟等。例如，Frito - Lay，美国胶卷制造商使用销售部门来收集有关客户的数据。通过对这些资料的分析，把客户好的知识和竞争智力反馈给销售人员。

（八）从内部结构到外部结构的知识转移

它关注组织的系统、过程和产品如何用于改善客户、供应商等利益相关者的能力。这个战略问题是：组织的系统、工具、流程和生产如何改善客户、供应商和其他利益相关者的能力？回答这个问题要集中在使组织系统、工具和流程有效地服务客户、外部网络、产品跟踪、电子商务等。例如，安永会计事务所（Ernst Young）允许客户开发自己的税收和合法的数据库。里兹·卡尔顿（Ritz Carlton）以其服务而出名的旅馆连锁店，安装了具有全球相通的信息资料库。所有员工需要填写有关与客户相关的个人信息。这些资料与客户的简介贮存和打印出来给所有的员工以确保所有的客户都得到人性化的服务。

（九）内部结构之间的知识转移

内部结构是组织的支柱。关注如何有效集成组织的系统、工具、流程和生产等以及如何有效地整合？要回答这个问题就要集中在精简数据库、构建一体的 IT 系统、改善办公室的布置等。

三、企业生产方式转变中的智力资本转移

企业生产能力分为手工、大批量生产、工序强化和大批量按顾客要求定制，每一种生产能力都用于特定的时期、特定的市场上进行有效的竞争，最为重要的是，每种生产能力都与一种特定的、先决的方式与其他生产能力相关。只有经过每种形式的手工生产才能达到大批量生产方式；不进行大批量生产方式就不可能进行工序强化方式；如果没有工序强化方式的知识积累，要进行大批量按顾客要求定制也是不可能的。在图6-4中就存在着一种路径。

丰田公司向竞争者敞开大门，向他们展示出自己实际的经营活动的各个方面，但没有一个竞争者能够重复丰田公司的成功。这可能是因为改革性的变化是很难学到的，也只有艰苦的工作和对知识的管理才能创造和培养生产能力。问题的关键是要利用公司在以一种方式进行工作时所学到的东西去创造一种生产能力，并能够把这种生产能力运用到另一种工作方式中。比如，利用手工生产方式获得的隐性知识去创造大批量生产工作方式；或者，利用大批量生产方式下的实践知识，通过工序强化继续改进产品服务；或者，利用工序强化方式下的结构知识去创造大批量按客户要求定制所要求的工作方式。有四种生产能力，因此就有四种变革方式。

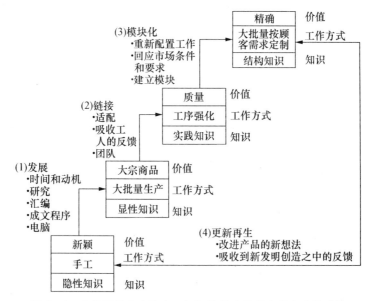

图6-4　企业四种生产能力、知识的转移及其变革方式的选择

资料来源：巴特·维克托、安德鲁·C. 博因顿：《创新的价值》，新华出版社2000年版，第143—150页。

（1）发展。在这个过程中，公司从手工获得大量生产的产品和工序想法。手工生产方式的隐性知识被认同和固化到组织的机制中。西方企业自19世纪80年代以来已经经历了发展阶段，在此次变革中使用的工具包括加工工程、时间和动作研究、自动化系统及其他工业和功能工程技术。

（2）链接。实践知识产生于大批量生产中，也为工序强化工作方式奠定基础。链接创造出经理可以不断提高的重叠的工序体制。在此过程中使用的工具有工序文件和绘图、建立团队、客户满意度测量系统、工艺改进工具以及质量职能的调度和小组讨论等技能。

（3）模块化。靠创造一个模块工序网络变革工作方式。通过网络可以对市场的需求做出快速反应，公司能够按客户的要求定制产品或服务来满足迅速变动的市场需求。公司利用模块化隔开在工序强化方式下发展起来的重叠工作能力，把它们组成一个由模块单位构成的动态网络，也只有在工序强化方式下开发出结构性知识后才能做到这一点。

（4）更新再生。将公司带回到手工方式，对公司生产能力的极限的洞察力，并利用这些洞察力指导发明创造的过程。这些洞察力可以产生于其他任何形式的工作方式之下。更新再生的结果是，根据新的想法产生新的生产能力，而这些想法产生于为满足市场期望变化所持续进行的工作中。

共同配置是指持续不断地按客户要求和需要定制出产品或服务，称这种价值为客户智能产品或服务。客户智能是在超越大批量按客户要求定制方式所提供的精确客户价值后的新一步。精确产品在一定的时期内能精确满足客户的需要。随着客户需要的变化，这样的产品或服务也随着变化。价值也智能化地一次又一次地与客户需要连接在一起。靠利用大批量按客户要求定制方式下开发出来的配置知识为客户创造智能产品。共同配置的生产能力是对组织、知识和技术的挑战。在共同配置下，没有最终完成的产品，也没有最终提供的服务。

企业生产方式大的转变是知识的不断积累、不断创新的过程，其实质就是智力资本的转移过程。

四、企业内实现智力资本的有效转移对策

通过上述对知识转移过程中的障碍分析，可以知道，知识转移障碍不仅由知识本身性质所致，而且是由知识主体、知识环境及其他各种因素的共同影响所导致。为提高企业知识转移效率，提出以下企业知识转移实践的对策及建议：

（一）完善企业的激励及考核系统

对于企业而言，知识管理工作的重点在于将组织成员的个体知识转化为组

织知识，再将组织知识转化为个体知识。这样一个反复的过程完成了知识的一个转移循环，实质上包括隐性知识的显性化、群化、融合及内化四个知识运动过程。在此过程中，知识动态发展，完成其转移、共享、创新过程，在价值形态上实现增值。作为最终产品的知识，具有一定的公共产品性质，但发展中的个人知识却由于其主体性而具有一定的私有产权性质，这两个特征形成了知识转移的重要障碍。因此，企业要想将知识与其主体实现剥离，就必须建立并不断完善企业的激励及考核系统。系统的建立要以对个人知识产权确认为基础，同时保障个体知识产权的实际收益权。另外，企业在重视员工个体激励的同时要重视团队激励。

（二）建立与企业战略协同发展的培训系统

培训过程本身就是知识转移的过程。但在企业设计其培训系统过程中，还应从企业发展战略、企业运营的技术需求、企业员工个人知识的丰富等角度及层次上设计、实施。其间重点关注企业共同愿景的灌输并获得认同，通过员工学习，调整并完善员工认知结构，从培训主体认知结构的趋同角度提高知识转移的兼容性。

（三）善用企业内部竞争机制，同时充分利用企业外部竞争环境

企业间的竞争是企业内知识转移的动力源泉，内部竞争却是影响企业知识能否实现有效转移的重要因素。有关试验表明，中等压力状况将有利于提高绩效。适当强度的内外竞争，有利于提高企业知识转移的效率。因此，如何合理使用企业内部竞争机制，并充分利用外部的竞争环境，是企业推动其知识转移，实现知识有效共享的重要途径。

（四）建立健全企业内部人员流动机制

知识转移的重要途径之一就是人员流动所带来的知识转移。建立健全企业内部人员流动机制，是知识有效转移的制度保障。

（五）建立并形成良好的企业文化，确立双赢甚至是多赢的文化理念

在形成受到员工认同的共同愿景基础上，推动知识运动，实现知识的"四化"——知识的内部化、外部化、综合化和社会化。这一推动力的原动力主要来自于企业高层管理或决策人员。

（六）重视员工人力资本的积累

加里·贝克尔的研究表明，越是具有较高人力资本积累基数的人，越具有对自身人力资本进行投资的愿望。具有强烈人力资本积累愿望的员工在知识共享方面必然具有较强烈的需求，这种需求将在客观上成为拉动企业知识转移的动力。

（七）建立并完善知识转移的技术支持系统

知识管理的信息化是现代企业实现知识有效转移的技术保证。

（八）构建适于知识及信息传递转移的组织机构

积极推动企业组织创新，主要创新目标是实现组织的扁平化及网络化。

（九）知识进化过程的规范化建设

知识进化过程必然涉及知识发展各阶段的形态及有效记录形式的选择，这个过程的规范化程度直接影响各个发展阶段知识的再用或创新的效率。因此，企业应当重视知识动态发展过程的规范化制度建设，这样才能将知识链上每个环节的价值发挥到最大限度。

综上所述，企业提高知识转移效率的具体工作主要可以从三个层次上进行，即知识转移基础性工作的开展与完善层次、知识转移技术支持系统的建设与完善层次、知识主体提供及共享知识动力提供或激励系统的建立与完善层次，其中，针对知识主体的知识供给激励与考核系统的建立与完善是实现企业知识有效转移的核心内容。

第二节　智力资本转移的社会资本视角

在经济全球化步伐不断加快的情况下，我国企业如何在全球市场赢得竞争力为大家所关注，我们可以通过挖掘企业的社会资本的潜力和杠杆企业的智力资本，利用"后发优势"来扬长避短，找准自身在世界市场的位置。企业不断增强信息和学习需求，迫切渴望变革，组织模式日益趋向扁平化，由客户、供应商、竞争对手组成的社会关系网络与组织的融合越来越紧密，这些都要求组织的领导者把社会资本建设成与众不同的组织能力。企业领导者的一个很重要的职责就是要根据在未来的环境中能够使组织走向成功的方式来构筑社会关系网络，成为社会资本的设计师，通过帮助别人建立社会资本，从而也帮助自己[①]。

彭罗斯最先从知识视角解释企业竞争优势，提出生产性服务和知识创造之间的互动过程促进企业的发展[②]；普拉哈拉德和哈梅尔认为企业核心能力实质上是"组织的积累性学识，特别是关于如何协调不同的生产技能和有机结合

---

① 韦恩·贝克：《社会资本制胜：如何挖掘个人与企业网络中的隐性资源》，上海交通大学出版社 2002 年版。

② Penrose, E. T. *The Theory of the Growth of the Firm*. Oxford University Press, 1995.

多种技术流派的学识"①；伦纳德－巴顿认为核心能力是一个系统，包括员工的技能、知识、管理系统和价值观四种形式的技术竞争力，是企业长期积累形成的知识，特别是难于模仿的隐性知识②。企业是一个知识的集合体，其知识的存量决定了企业资源的配置和创新能力，从而最终在产品及市场力量中体现出竞争优势，因此，知识才是企业竞争的优势。但并不是企业所有的资源、知识和技术能力都能形成独特的、持续的竞争优势，只有当它们同时符合能产生较高的价值、稀缺性、异质性、不可模仿性和难以替代性的标准时，才能成为企业的核心竞争力。

目前，社会资本的研究主要在社会理论与经济发展方面，在企业层次的深入扩展性研究还很少，通过社会资本对企业内部知识的管理，特别是隐性知识与显性知识以社会性内在转化的研究也不多见，本节试图通过社会资本对企业智力资本如何发挥杠杠作用来提升企业的核心竞争力进行探讨。

一、企业的社会资本发挥

"社会资本"一词最早出现在社会学研究中，随着社会资本理论的不断发展，已被广泛地用来解释许多社会现象和一个区域或国家的经济繁荣，而且，越来越多的专家和学者已经深刻地认识到，社会资本影响到人力资本和智力资本的开发。一般认为，社会资本应为一个广义的概念，包括所有的有利于以共同收益为目的的集体行动的规范和网络③。社会资本观拓展了人力资本理论个体化研究的视角，是新资本理论的一个重要发展，其实质是通过社会关系获得的资本。在这个理论中，资本是一种社会财产，它借助于行动者所在网络或所在群体中的联系和资源而起作用。

皮埃尔·布尔迪厄（Pierre Bourdieu）将社会资本定义为一种通过对"体制化关系网络"的占有而获取的实际的或潜在资源的集合体④。美国社会学家科尔曼认为，所谓社会资本，就是个人拥有的、表现为社会结构资源的资本财产，是由构成社会结构的要素组成，主要存在于人际关系的结构之中，并为结构内部的个人行动提供便利，其主要表现形式有义务和期望、信息网络、规范

①　Prahalad, C. K., Hamel, G. The Core Competence of the Organization. *Harvard Business Review*. 1990, (68): 79 - 91.

②　Leonard - Barton, D. *Wellsprings of Knowledge: Building and Sustaining the Sources of Innovation.* Boston: Harvard Business School Press, 1995.

③　李惠斌、杨雪冬：《社会资本与社会发展》，社会科学文献出版社 2000 年版。

④　皮埃尔·布尔迪厄：《文化资本与社会炼金术》，上海人民出版社 1997 年版。

和社会组织等①。林南（2001）认为，社会资本是通过社会关系获得的资本，其前提是期望在市场中得到回报的社会关系投资。利纳和范·巴伦（Leanna & van Buren）把社会资本定义为"集体目标的确定和相互信任，通过有利于集体行动成功的方法来创造价值"②。

社会资本理论的核心命题是关系网络构成了执行社会事务的有价值的资源，为其成员提供"集体共有的资本、相互的信任和相同的语言"，许多这种资本嵌入相互认同的网络中。尽管学者认同作为社会行为的资源关系的重要性，但是对社会资本还没有统一的定义。出于企业研究的实际目的，我们采用贝克的观点，认为社会资本是指人际和企业关系网络中以及通过人际和企业关系网络所能获得的资源，这些资源主要有信息、构思、商业契机、金融资本、权力与影响、情感支持、信任与合作，也就是指那些能够被企业所控制的，有利于企业实现其目标和实现目标活动的，嵌入于企业网络结构中显在的和潜在的资源集合。社会资本的较高的诚信可以减少机会主义的概率和监督成本，也就是减少交易成本③。

边燕杰（2000）④认为，企业的社会资本由两部分组成，即企业内部的社会资本与外部的社会资本。企业良好的社会资本可以培养人与人之间、部门与部门之间、企业与企业之间相互信任，降低企业之间和企业与其他经营主体之间的交易成本，尤其是搜寻和信息成本、讨价还价和决策成本、监控和执行成本，加速信息和知识等资源的流动，尤其是有利于隐性知识的转移，从而提高企业的创新能力。

二、企业的社会资本和智力资本的相互作用

不断增强的信息和学习需求，迫切渴望变革，组织模式的扁平化，由客户、供应商、竞争对手组成的社会关系网络与组织的融合越来越紧密，都要求组织的领导者把社会资本建设成为与众不同的组织能力。尽管许多领导者把注意力转向聪明的管理者、大战略、大规模，或者是选择恰当的行业以追求成功，这就有可能浪费大量的精力，侧重于不恰当的事务，最后还会忽略竞争优势的真正来源——即管理方式中的组织文化理念和能力，而这些资源更为重

---

① 詹姆斯·科尔曼：《社会理论的基础》（上），社会科学文献出版社1999年版。

② Burt，R. S. *Structural holes*：*The Social Structure of Competition*. Cambridge，MA：Harvard University Press，1992.

③ Putnam，R. D. The Prosperous Community：Social Capital and Public Life. *American Prospect*，1993. (13)：35－42.

④ 边燕杰、丘海雄：《企业的社会资本及其功效》，《中国社会科学》2000年第2期。

要。因为效仿或领会别人的管理制度及其所蕴涵的能力，比照抄别人的策略、技术或者全球地位更为困难。领导者的一个很重要的职责就是要根据在未来的环境中能够使组织走向成功的方式来构筑社会关系网络，成为社会资本的设计师，通过帮助别人建立社会资本，从而也帮助自己[①]。

（一）社会资本有利于提升个人的人力资本

"资本"两字强调社会资本像人力资本和金融资本一样都具有创造性，使我们能够创造价值、完成工作、达到目标。但是，"社会资本具有创造性"这种说法还有些保守，因为失去社会资本，根本没人能够取得成功，甚至也没人能够生存。但是，许多人认为，没有社会资本，他们也应该能够生存发展，误把"孤身前进"当做了成功的前提，好像社会资本是一个不正确或者不合乎道德规范的东西。这些看法和态度都植根于"个人主义神话"——这是一种文化信仰，并认为每个人的成功或失败都依赖于个人的努力和能力，这已经变成了通过社会资本获取成功的巨大障碍。贝克指出，必须抛弃这种"个人主义神话"，认为社会资本是个人成功、企业成功，乃至幸福生活的基本条件。存在这样的一个问题是心理学家们所谓"否定反应"的出现，这是因为，人们需要维持正面的自我形象，通过否定社会关系的作用，就可以说明人们能够主宰自己的命运，成功是自我奋斗取得的。詹姆斯·科尔曼是把个人主义称为"现代社会中一种非常荒谬的假说"。[②] 他说："这种假说就是：社会由相互独立的个体组成，每个人的行为都是为了实现各自独立的目标，社会制度的运转就是由这些独立个体的行为组合起来的。"我们能够借助于理解社会关系的作用来开发出隐藏的资源，使自己能够在工作上取得更大的成就。

以找工作为例。找工作是社会关系网络的用途之一，绝大多数人无法通过广告、猎头公司、电子公告板或其他"正规"手段找到工作。然而，更多的人则是通过人际关系找到工作。反之亦然，大多数雇主也是通过开发人际关系网络来发现人才的。事实上，有些公司还采取奖励措施来鼓励员工把他们的人际关系推荐给公司。通过社会关系网络找工作一直就是就业顾问和职业介绍顾问所推崇的常规思路的一部分。证据也表明，大多数人通过人际关系找到了工作，比从正规渠道找到的工作工资要高、待遇更令人满意，服务的时间也

---

① 韦恩·贝克：《社会资本制胜：如何挖掘个人与企业网络中的隐性资源》，上海交通大学出版社 2002 年版。

② Coleman, J. S. Social Capital in the Creation of Human Capital. *American Journal of Sociology*, 94, 1988.

更长。

（二）通过社会资本对智力资本的作用提升企业的核心竞争力

内哈皮尔和戈沙尔（Nahapier & Ghoshal，1998）把社会资本定义为"镶嵌在个人或社会个体占有的关系网络中，通过关系网络可获得的来自于关系网络的实际或潜在资源的总和"，并且区分了社会资本的三个基本维度，即结构维度、关系维度和认知维度，认为社会资本为企业知识活动提供了便利，并从这三个维度影响了知识的创造过程，提出智力资本与社会资本共同演进的逻辑，他们指出，企业要在竞争过程持续性拥有竞争优势的地位，必须以智力资本的结合和交换来提升竞争力[1]。

结构维度与关系维度的概念是继承格兰诺维特（Granovetter，1992）的结构性和关系性嵌入的思想[2]。结构维度描述的就是网络自身，主要关心的是网络联系存在、联系强弱及网络结构；关系维度是指与网络连在一起的关系，包括信任与可信度、规范与惩罚、义务与期望以及可辨识的身份。如果结构维度是有关企业网络是否存在，那么关系维度则是关于企业网络存在的质量，例如，这些联系中是否具有信任、是否有隐私等。关系维度是有关联系的情感质量，认知维度是关于联系的认知质量，例如，网络内部是否是真正的理解对方等。因此，认知的社会资本才是企业社会资本中最深层的内容。社会资本的结构维度与关系维度的重要区别在于，结构维度是指社会关系网络的非人格化方面，也就是说，分析的重点在于网络联系和网络结构的特点，可以利用许多特征变量，如联系的强弱、网络和密度、中心与边缘、连接性等加以分析和描述，而且这些分析和描述并不因网络联系所连接的个体不同而有所不同。格兰诺维特（1992）把结构维度称之为结构性镶嵌。而关系维度则指的是社会联系的人格化方面，即与社会联系的主体行为人有关。关系维度主要表现为具体的、进行中的人际关系，是人们在互动过程中建立起来的一种具体关系，格兰诺维特称之为关系性镶嵌（relational embeddedness）。

内哈皮尔和戈沙尔（1998）提出，通过结合和交换社会资本有利于新智力资本的创造，组织作为制度安排有利于发展高水平的社会资本，在公司内一定限度的高密度的社会资本比市场更有利于创造和分享智力资本。这种结合是

---

① Janine Nahapiet, Sumantra Ghoshal . Social Capital, Intellectual Capital, and the Organizational Advantage, Academy of Management. *The Academy of Management Review*. Briarcliff Manor. 1998, Vol. 23, (2)：242 - 262.

② Granovetter, M. S. *Problems of Explanation in Economic Sociology.* Boston：Harvard Business School Press, 1992：25 - 56.

以渐进和激进的新方法以及结合知识的行为。交换是通过团队和合作来转移隐性和显性知识。结合和交换知识要满足四个条件即机会、价值创造的期望、动机和能力。社会资本的结构、认知和关系维度在知识的转移方面扮演着一定的角色。他们建立了一个模型表现出社会资本的三个维度对智力资本创造所需要的主要机制和必要流程的作用，认为可以通过社会资本对智力资本的影响提高组织的竞争优势（见图6－5）。

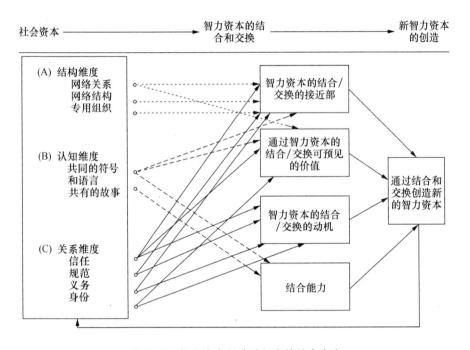

图6－5　智力资本创造过程中的社会资本

资料来源：Janine Nahapiet, Sumantra Ghoshal. Social Capital, Intellectual Capital, and the Organizational advantage, Academy of Management. *The Academy of Management Review.* Briarcliff Manor. 1998, Vol. 23, (2): 242 – 262.

　　在组织的层次上，结构维度性表现为组织内人际网络及其特征。人际网络是组织内资源和信息的流通渠道，组织成员之间人际联系的强弱影响着资源和信息流动的速度与数量。组织内人际网络使得组织内不同个体（部门或个人）之间产生社会互动，模糊了部门或群体之间的界限，使得跨部门、跨职能的团队协作得以实现，从而提高了协作效率（Rosenthal，1996）；同时，跨越正式结构的人际网络使得创新者能够在整个组织的层次上发现他们所需要的资源，从而促进创新［坎特（Kanter），1988］。

关系维度社会资本主要表现为组织成员之间、组织成员与组织之间的信任和组织内网络的其他关系特征，如联结性。组织成员之间和组织成员与组织之间的信任不同于陌生人之间基于可能性预期而产生的弱信任，属于林和范德文（Ring & van Deven，1992）定义的弹性信任，或称关系信任，是一种基于强联系和持续互惠规范的信任关系。组织内的信任是组织环境的重要方面，组织成员对其他成员和组织本身产生的信任预期使得他们愿意分享其资源，进行合作，实现资源的交换和组合。信任既是人们为共同目标而在一起工作的前提，同时也是成功的集体行为的副产品，它的产生与结构性社会资本是密不可分的。结构性社会资本在这方面起着互动和信息传递渠道的作用（Tsai & Ghoshal，1998）。良好的组织内人际网络能提高组织信任和联结性，产生关系性社会资本；同时，良好的联结性和组织信任也可以促进组织内人际网络互动，产生结构性社会资本。这说明了结构性社会资本与关系性社会资本是相辅相成的。

认知维度包括那些组织内共享的语言、符号和隐性知识。在共享语言的群体中，人们能够较容易地从别人那里获取信息；反之，信息传递和交流将变得困难。共享的语言或意义体系能够提高组织对资源和信息交换组合的能力，同时在资源和信息的交换组合中又能够产生新的知识，这些知识构成了组织的认知性社会资本的组成部分。

总的来说，组织内结构性、关系性和认知性社会资本构成了一个相互关联的体系，这个体系镶嵌于组织内人际关系网络中，在组织成员的互动过程中，实现资源和信息的交换与组合，形成并强化共享语言和共同目标，从而促进协作。因而，组织的社会资本构成了组织竞争优势的重要来源。

在社会系统内，交换是资源结合的第一步，因此社会资本通过交换间接影响资源的结合，虽然探讨社会资本影响智力资本发展的方法，但本书没有深入研究智力资本也会促进社会资本的发展，但这两类资本形式是共同进化、共同发展的。从图6-5可以看到，社会资本对智力资本的创造从三个维度产生作用，其实社会资本和智力资本的影响是相互的，也就为企业核心竞争力的形成提供了发展的基础。

企业的社会资本通过对人力资本和结构资本的影响来促使智力资本的提高，从而也就增强了企业的竞争优势。布莱兹·霍纳·赖克和米歇尔·林恩·卡斯特·布朗（Blaize Horner Reich & Michelle Lynn Kaarst - Brown，2003）在贾尼·内哈皮特和休曼特拉（Janine Nahapiet & Sumantra Ghoshal）理论研究的基础上，通过实证分析 Clarica Life Insurance 公司 70 多名 IT 部门的工作人员职业生涯转移到直线职能部门后，如何促使企业的 IT 创新，验证了如何通过社会资本提升智力资本，从而产生组织的优势，并提出了社会资本和智力资本的扩展模型[①]（见图 6-6）。

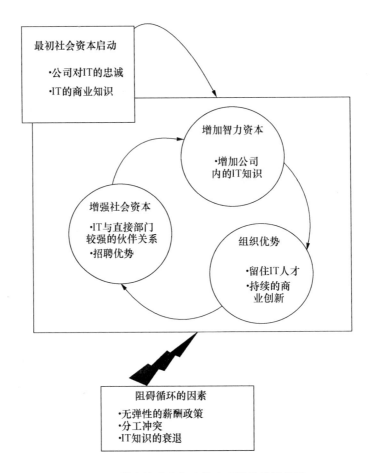

图 6-6 社会资本和智力资本理论的扩展模型

资料来源：Blaize Horner Reich, Michelle Lynn Kaarst-Brown . Creating social and intellectual capital through IT career transitions . *Journal of Strategic Information Systems*, 2003, (12): 91 - 109。

① Blaize Horner Reich, Michelle Lynn Kaarst-Brown. Creating Social and Intellectual Capital Through IT Career Transitions. *Journal of Strategic Information Systems*, 2003, (12)：91 - 109。

（三）通过社会资本提升企业核心竞争力的三大原则

为使社会资本在企业里发挥作用，在分析组织中的社会资本情况的基础上，通过影响社会结构的某些方面，从而间接地影响其他方面，我们认为一般要遵循以下三个原则：

（1）集中重点。社会关系网络是围绕着活动的侧重点而形成的，可以通过改变活动的侧重点来管理人际影响状况，通过集中重点，就能看到组织在目前沟通社会关系网络方面的情况。然后，就能考虑您是否应当保持加强、打破或更换现有的重点。

（2）采用"联合"策略。在充满结构空洞的社会资本网络中，有弥补结构空洞（"联合"策略）或任其自然（"分隔"策略）两种选择。弥补结构空洞就是"互惠"的投资。但也不意味着要一直弥补下去；有时，采取"分隔"策略可能是更好的办法。例如，组织内部的评审员相对独立，和被评审对象没有个人交往，就能更好地监督被评审对象遵守法律和会计原则。不过，一般来说，"联合"策略是获得长期成功的基本要求。因此，我们要进行结构调整，以鼓励"联合"策略并打击"分隔"策略。采取"联合"策略为工作法则，才能培养出合作、信任、互助的企业文化，才能在"互惠"的投资中取得收益。

（3）倡导建立开拓型的社会关系网络。其目的是改变活动的侧重点，人们可以轻松地、自然地建立起具有开拓型社会关系网络。当然，有时为了完成一项艰巨的任务，还需要一个紧密团结起来的、封闭型的社会关系网络。提倡该原则，也不是去强迫人们不合时宜地去建造社会关系网络。

三、企业通过社会资本来提升智力资本，从而形成核心竞争力的途径

根据以上三大原则，在人力资源管理和组织建设方面提出有利于把社会资本建设成为组织能力，从而形成企业核心竞争力的九种有效的方法。

（一）招聘时关注社会资本

把社会资本建设成为企业核心竞争力，就要求我们要根据应聘者的社会关系网络情况来决定是否录用。在某些行业社会关系网络显然非常重要。雇主们知道，他们必须考虑到应聘者的社会资本情况。例如，保险公司就是非常重视人际关系和企业关系网络的行业，有时会用性格测试来衡量应聘者的社会资本，但是，性格不一定和社会资本有必然联系，真正更为有效的是采用社会人际测量方法。事实上，社会关系网络对于所有行业、企业和组织都至关重要。首先要考虑工作需要哪种类型的社会关系网络，然后再评估每一个应聘者的社

会资本的质量。即使没有社会人际测量调查手段，可以通过社会关系网络基础知识、审阅应聘者的个人简历，从而了解到一些有关应聘者的社会资本的情况，如应聘者是否积极参加了各种协会、董事会和社会组织？以前的职务是否需要良好的社会关系网络？是否进行过工作轮换、职位轮换，并建立起了良好的社会联系？

（二）有利于沟通的空间位置的布置

大多数组织的自然结构都侧重于其内部的社会关系网络，以有利于产生沟通效果。日本公司早就认识到了组织自然结构对社会关系网络的影响，他们用开放的办公室格局来管理人际间的相互影响。芝加哥市的西尔斯大厦已经被西尔斯公司这家零售业的巨人放弃了。它不仅仅是等级制度的符号，而且大厦的结构本身也使人们很难在各组织层次之间展开相互交流。公司试图鼓励人们建立起跨越组织的社会关系网络，但上下垂直的大厦结构是人们无法逾越的一个障碍。为了使人们能够更加便利地跨越正规组织界线，来进行相互交流和相互影响，公司重新选择了一块以平面式校园布局结构为基础的新场地。

（三）采取工作轮换计划

从传统看，工作轮换计划用于培训新聘用的管理人员，或者用于在长期过程中开发管理人员的才能，作为正规职业发展和规划的一部分。其优势主要有自然而然地建立起开拓型社会关系网络、思想融合、知识的传递超越正规的组织界线、培养开阔的多学科视角。但是，在一些公司出现"无秩序职责转移"，就是指职责的数量多于现有的合格人选，专业人士和管理人员就会迅速承担起新的职责。这会产生灾难性的后果，如丧失组织记忆、工作分配缺少连续性、对项目或所制定的规则缺乏全程跟踪等。如职责转移得非常迅速、非常混乱，就可能失去工作轮换所带来的好处，因此，就要制定政策和计划来控制工作轮换的速度和模式。

（四）采取有效的激励机制

"集体奖励"制度可以鼓励人们建立和运用社会资本，而"个人奖励"制度则是对社会资本的阻碍。如果公司的激励机制以个人表现和直接财务利润为基础，那么"联合"策略将会成为一种很难以做出的选择。如果公司希望人们做出决定去建立长期的社会资本，那么就必须对这些行为进行奖励，这意味着要把对个人的激励和对集体的激励结合起来。美国电话电报公司全球信息处理中心建立起的"一比一"综合激励机制，即一个人的薪水的50%取决于个人业绩，另外50%则取决于他所属的工作小组、团队、事业部或其他类型的单位的综合业绩。当然，完美无缺的激励机制并不存在，每种制度都有缺点，但这些缺点只有在制度运行时才会表现出来。通用电气公司采取后期防范规定的新激励机制就是最好的选择，即任何新的激励机制都会在执行 12 个月之后自动失效，这样使人们可以改正其不足，以确保激励机制不会一成不变。

（五）组建跨部门工作团队

跨部门工作小组成为新型组织结构的基本组成部分，替代了原有的职能单位，也同样侧重于社会关系网络，是指跨越了多个职能单位的社会关系网络。跨部门工作团队能够起到沟通各群体的作用，所实施的是"联合"策略。团队成员所具有的技能可以相互补充，并致力于共同的目标和业绩、共同承担责任，团队成员的活动具有共同的工作重点，这样才能够建立起跨越专业知识范围的社会关系网络。

（六）培育实践社团

人们加入实践社团（在本章第三节还要进行专门阐述）主要是希望能从社团中获得自己单独无法取得的价值。比如，一个多年未解的问题、实践操作中的难题，以及新工具、新信息、新发展等。在信任的基础上，社团成员通过频繁、双向的交流和合作，将创造共同的理解、新的协同作用、新见地和创新。实践社团所形成的相互交流、相互信任的社会资本，促使显性知识与隐性知识之间以及二者内部的转化与创新更为容易，整个企业变得富有创造力和创新能力。实践社团是公司中最重要的动态知识的源泉，也是组织学习和认识能力的基础。

（七）成立管理层关系网络

管理层关系网络是指超越了正规组织界线的、多个管理人员的集合，其成员来自公司的各职能部门、业务经营单位、地点以及等级制度的不同层次之中。例如，通用电气公司 1986 年创立的"综合行政人员委员会"，其成员是公司内部级别最高的 25—30 名行政人员；委员们每三个月聚会一次，在一起交换思想、沟通信息、分析问题、交流好的经验、相互提供支持。只要人们不被地理距离、组织界线或者文化差异所分开，管理层关系网络基本上可以适宜任何行业、任何规模的组织内的任何阶层。

（八）办好企业大学

建立和运用社会资本需要做出行为和态度上的变化，教育机构是人们学习、观察、研究和实践新行为的关键场所。通用电气公司引以为荣的纽约克罗顿维尔管理教育中心也许是最广为人知的一个范例，为其前首席执行官杰克·韦尔奇制定策略，不断完善这个庞大的公司发挥了重要作用。韦尔奇每月去克罗顿维尔两次，每年要在那里和公司的 1000 多名行政人员和管理人员谈话，并为他们授课。"把社会资本建设成为组织能力"意味着要为"建立开拓型社会关系网络"和"运用社会资本"定期提供意义深远的培训机会，就可以选择各种函授课程和学习模式。组织内部的培训课程非常重要，但外部的培训课程也许更为重要，因为它可以提供建立与外部联系的天然机会。

（九）建立外部社会关系网络

外部社会关系网络可以把组织的内部生活及其所处环境联系在一起，打破组织与客户、供应商之间的界线。外部社会关系网络的侧重点包括客户关系、与供应商的伙伴关系、与竞争对手的企业联盟关系、董事会成员身份等。没有它们，各种问题都会出现。例如，1999 年，美国损失了一艘价值 125 亿美元的太空船——"火星大气轨道卫星"，美国国家航空与航天局在调查时发现，其主要原因是由于组织之间缺乏沟通，也就是宇航员提出的有关卫星轨道的问题没有传达到包括位于科罗拉多州的太空船的制造商格克希德·马丁航天中心等相关组织。

第三节　通过实践社团实现智力资本的转移

实践社团（Community of Practice）在国内有的翻译为实践社区、实践群体或实践社群，其本身不是一个新概念，作为第一个基于知识的社会结构，可以追溯到人类生活在洞穴时代。可以想象，原始人围在篝火边讨论如何围堵猎物的策略、箭头的形状，或者哪种果子可以吃等问题。这就是最早的实践社团。随着知识经济的发展，随着人们对于有意识地、更为系统地"管理"知识的迫切需要而产生，也为这个古老的概念赋予了崭新的内涵。

人们已经形成共识，知识是企业竞争优势的一项重要的战略性资源，但对于如何在组织实践中创造和充分利用知识，我们还知之甚少。传统的知识管理方法试图在一个正式的系统中提高既有知识的可获得性，如通过数据库或互联网站获得。这种以技术为基础的管理方法存在两个问题。第一，通过这种方式只能获得显性知识，显性知识是能够被描述、被编码，而我们所掌握的知识大部分是以隐性知识的形式存在。第二，这是先假定我们可以很容易地从掌握知识的社团中相分离，这种假设与现实明显不符。许多公司建有不同类型的数据库，但实际上很少有人去访问，知识只有被相关人员掌握才能有效地开发、使用和更新。在实践中，需要人们对各种不同动态的"认识"进行综合分析，需要那些从事知识创造、提炼、交流或使用的人们的全面参与。实践社团是一个活生生的知识库，是公司中最重要的动态知识的源泉，也是组织学习和认识能力的基础。知识管理，就像企业现在对其资产、原料和其他的实物资源所进行的控制那样，是对各类模糊资源的分配和控制过程进行的一种系统的处理。但知识管理同时也意味着对人实施控制，而这是注定要失败的一种努力。企业组织现在需要一种能够使之超越知识管理的新理论，在这里我们称之为"后现代重组"。这种理论将组织看做是一种人的社团性团体，它的集体智慧塑造了它与竞争者之间的差距。后现代重组把组织看做是一种社团性团体，组织核心竞争力的发挥往往取决于人们之间的非正式关系网络，实践社区正是适应后现代重组而提出一个崭新的概念。

一、实践社团的概念

实践社团是指具有共同的兴趣、同样的问题或者对同一话题拥有热情的一群人，通过在不断发展的基础上相互作用、相互影响，加深对某一领域的知识和专业技术的理解。

实践社团在本质上是一个自组织系统。实践社团是围绕与社团成员有关的事物来谋求发展。随着对相关事物的认识不断深入，对社团使命的界定也会发生变化，并且来自外界的约束或指示也可能对其产生影响，但是社团成员仍然会根据对外界影响的反应来发展实践社团。

实践社团是知识管理的希望。知识管理一直最为关注的是知识文化的结构化问题，而现在是要把注意力放在知识培育的结构问题方面，如果不能实现这种转移，那么在知识管理方面的努力势必会以失败告终。

核心竞争能力是一组能够使企业获得较好表现的集合性知识，是基于从事这项工作的人们的技能和经验。对于一个石油企业来说，它可能就是钻井工程师们所拥有的对地质类型的超级判断和理解。核心竞争能力的威力能否发挥取决于一类非正式的人际网络，它是在经常处于不同的或地理上分散的经济单元中从事相同或相似工作的人们之间所创造的，这些非正式的网络可以被称做"实践社团"。

这样的社团中的人际联结是一个经常被简单的知识管理解决方案忽略或误解的重要因素。面对同样级别问题的专业人士之间经常会产生一种彼此帮助的责任感，因为这样做能够使每一个人都得到一种个性化的帮助。通过参与这种网络，专家们对问题的解决得到更为深入的理解。

实践社团属于非正式团体，通常实践社团由在一家从事同样工作的人们组成，比如从事同一个销售领域的员工或者机械工程师。但是实践社团中也可能包括来自一家公司几个部门拥有类似技能和专门技术的员工组成。一个实践社团与一个任务小组不同，任务小组通常是为完成某项具体任务所组成的，如果目标完成了就解散。社团成员通过各种方式非正式地交换思想和分享知识。在一种信任和支持的环境里积极地学习和探讨，由于社团成员是固定的，并且是自由地选择，所以社团的生命也取决于成员本身。只要成员有持续的兴趣，社团一般都能持续。表6－1列示了实践社团与其他组织形式的一些重要区别。

表6－1 　　　　　　　　　　实践社团与其他组织形式的区别

	组织目的	组织成员	边界情况	组织特点	组织生命
实践社团	创造、转移和分享知识，发展个人的能力	自我选择，以专业技术或对一个主题的热情为基础	模糊	激情、承诺和身份认同感	只要主题适当，能保持兴趣和创造价值就会持续
正式工作小组	交付一种产品或服务	向小组管理者汇报的任何人	明确	工作要求和共同目标	存在到下一次重组
项目团队	完成特定的任务	上级所指派的雇员	明确	项目的目标和重要事件	在项目完成时
兴趣小组	获得信息	任意感兴趣的人	模糊	获得信息的需要，相似的思想和感觉	有机的进化和结束
非正式网络组织	收集和传递商业信息	朋友和商业上的熟人	没有定义	相互需要	只要有联系就有存在的必要
正式网络组织	用组织完成特定任务	由网络管理者指定的雇员	明确	工作要求和共同目标	存在到下一次重组或完成任务

资料来源：Etienne Wenger, Richard McDermott, William M. Snyder. *Cultivating Communities of Practice: A Guide to Managing Knowledge.* Harvard Business School Press, 2002。

二、实践社团构成三要素

实践社团一般具有以下三个最为基本的要素。

（一）共同使命

共同使命是社团的每一成员对其所在环境的理解。实践社团的首要特征就是个人对某一特定的主题的兴趣以及在这方面所要投入的时间与精力。虽然实践社团不应该与任务小组相类似，但是有必要围绕一个特定的目标去建立一个实践社团——至少在开始建立的时候应该有一个目标。例如，一个想要建立一个由服务代表所组成的实践社团的组织，可以让该小组改进客户服务，以此来促使大家走到一起。等到该活动目标实现了，这个实践社团仍然存在。如果成功了，实践社团将一直会存在下去，即使他们并不出现在组织关系图中。

（二）持续的共同参与

共同参与在本质上既是实践又是社团的论坛，也正是通过这种共同的参与，学习才得以发生，关系和信任才得以建立，在相互讨论中使学习不断得以深入，共同的使命才得以确定并随着社团的发展得到不断的修正。

（三）成员能力的不断提高

实践社团成员在过去的实践中共同参与开发的共享资源，主要有惯例、经验与教训、标准、工具、典故、案例、模式等，而更为重要的是社团将具有进一步学习的潜在能力，社团也为成员提供了处理新问题和创造新知识所必需的各种资源。

三、实践社团的价值

实践社团对任何组织的运行都是很重要的，但对于那些将知识作为一项关键资源的组织来说，就更为重要。实践社团在一个组织的知识创造、知识积累及知识传递等方面具有一项重要功能，其价值就在于探索学习的发生过程和更好地理解实际工作的完成过程。

（一）实践社团是围绕知识的需求构建组织

实践社团是伴随着对知识的需求而产生的，而不是基于对某个具体产品的需求或是某个正式部门的需要而产生，是对传统的组织概念进行了新的阐释。组织的实践社团是以跨越部门边界而对组织实践、技能、学习、经验以及反馈的信息进行有效传递的最好方式。也就是说，实践社团提供了一种能促进相关信息交换和解释的情境，从而弥补了任何组织设计所固有的空白。实践社团创造了全新的社会结构，通过这个结构，组织可以围绕对知识的需求进行动态构建。

（二）培育独特的竞争力

由于实践社团可以对那些正式组织系统所无法获得的隐性知识进行存储，在帮助新员工进行具体的实践方面，实践社团是最为理想的模式。而且实践社团还可以推动知识开发从而可使组织在相关知识领域处于领先地位。通过实践社团，成员对新出现的创意进行讨论，共同解决问题，同时与公司内外的最新知识保持一致。当一个实践社团要在某个领域争取领先地位时，实践社团成员要追踪知识最新进展，并且要在知识开发方面承担一定的责任，这样共同的使命就使成员投入大量精力促使实践社团成为一个动态的、具有前瞻性的非正式组织。

四、在发展、培育实践社团过程中存在的问题

尽管实践社团具有以上价值，但是我们在发展、培育实践社团中应注意以下几个问题。

（一）进行知识管理并不是一定要采取实践社团

虽然一个社团通过把学习和共享融入到人们的工作生活中去，的确能够有助于明确知识管理概念，但是并不是所有的知识管理活动都需要实践社团，这完全取决于公司目标，如果通过创建一个知识库就足以捕获组织的知识，就没有必要培养实践社团。

（二）正确处理实践社团与正式组织的关系

尽管许多实践社团正是由于组织的置之不理才兴旺，倘若这些实践社团处于组织的监管下就有可能萎缩，但是也有些实践社团是在组织的关怀下得到好处。但是我们最好不要去拔苗助长，可以根据组织的需要进行培育，公司可以做一些事情以促使实践社团发展。组织不应该把团队管理的定向程序应用到实践社团中。要求一个实践社团提供一个情况报告或者把它的时间分配到各个项目中去，对一定程度的组织结构施加影响，只会约束思想的自由流动，最好的方法是让实践社团自己决定如何工作。当然，如果要使实践社团正式承担组织相应的责任，可以将其社团的绩效与福利和报酬挂上钩。例如，通用汽车公司的萨顿分公司就有一个奖励制度，奖金额为基本工资的10%，但这个奖金的获得是同整个社团的表现挂钩的。

（三）选好一个关键角色——社团协调员

实践社团成功的关键因素是要有组织和维护社团的协调员。称职的社团协调员要求知识渊博，对社团的主题充满热情，并且得到同行的普遍尊重，但他们一般不是该领域的专家。协调员的首要任务是联系成员，而不是去解决问题，如果是专家可能反而会成为一个障碍。他们需要有良好的人际关系技巧和认识个人发展需要的能力，有一定的策略和政治悟性，同时还要充分了解社团的发展动态，以便在社团和正式的组织之间创造沟通的桥梁，其工作主要是在社团内外进行联络、推动会议、维护网络等。

（四）谨防实践社团内形成一团和气

在一个紧密联系的社团里面可能有许多隐含的假设，没有人发出疑问，而且社团内几乎没有机会或很少有人愿意去质疑。在社团中发展出来的过分亲密关系可能会给新来者产生障碍，会阻碍成员的视线，看不到新观点和新思维，很难形成成员之间的相互批评、相互学习的良好氛围。在实践社团成员之间以及社团与公务管理渠道之间关键是需要有一个信任的氛围。

（五）　发展到一定阶段时，谨防出现强权意识

在实践社团发展到一定阶段时，或者说社团发展得比较好时，可能在其领域中得到广泛的承认，从而开始傲慢自大，并对其领域感到非常强烈的拥有权，认为涉及这个领域的人都应向他们请教。被别人当做某个领域的专家很容易让人以为自己已经掌握全部知识，没有更多可以学习的了。这样容易导致该社团拒绝与其他社团或整个组织分享知识，同时这种自我封闭，不接受其他的观点或新的方法最终会导致社团的衰败。

（六）　要注意一些细节

注意一些细节也很重要，如不要确定每周固定的会议时间。斯托克（Storck）指出："如果你每周五安排一个小时的面对面会议，那么最终这段时间就会被其他事情占用。"通过安排非定期的面对面会议，参加的成员们就会把它们当做大事看待，更有可能为会议进行准备。为了促使成员之间对日常基础事务进行常规的交流，像电子邮件和即时信息将发挥恰当的作用。

还要注意，一些谈话可能会超出限制范围，有时候至少会超出管理者所关心的范围。但是，思考主题以外的东西正好是一个实践社团应该大力加以鼓励的。因为，没有什么东西比害怕讨论任何问题都会减少成员对社团的信任，也可能很快地扼杀一个社团的创造性。

第四节　企业知识产权管理

知识产权（intellectual property rights），在中国台湾省，翻译为智慧财产权应该更为准确，其本质上是人类因其智力活动而创造出具有经济价值的财产权利。任何有正常思维能力的自然人都可能创造出与众不同的概念，并通过各种形式转化为具有经济价值的产品。[①] 知识产权是获得法律保护的智力资产，属于智力资产的一个重要组成部分，又称为知识产权资产（intellectual property assets）。

在大多数情况下，单个的专利、商标以及其他受到保护的资产的使命是获得短期收入。因为公司可以为此对某个标志、产品或者流程远景目标的创新进行有限保护，以使得其实现商业化而不怕别人模仿。随着公司的成长和生产出改善与创新的产品，公司常常会建立一个由专利资产和其他知识产权组成的大

---

① 刘博文：《智慧财产权之保护与管理》，（台北）扬智文化事业股份有限公司 2002 年版，第 4 页。

规模的资产组合。

加强对企业知识产权的管理，发掘企业知识产权中蕴涵的巨大商业价值成为企业在竞争中制胜的法宝，知识产权管理能力成为企业的核心竞争力的重要组成部分。加强企业知识产权管理，一方面可以使企业通过其掌握的新的科学技术方法与手段，不断提高产品和服务的科技含量，真正发挥"科技是第一生产力"的巨大威力，在竞争中居于领先地位；另一方面，也可以尽量避免或减少由于种种原因在知识产权问题上给企业带来的损失。和国外相比，我国知识产权制度建立较晚，企业知识产权工作开展得也较晚。我国的企业经历20世纪70年代末的经济改革，80年代的开放引资，90年代的产权制度改革等，但真正重视知识产权工作并积极实施知识产权战略的企业为数不多。很多企业对投入较大而见效慢的知识产品开发兴趣不大，试图通过走捷径来开拓市场，只有小部分大规模集团公司，将知识产权管理纳入企业生产经营管理中。

以日立公司为例，该公司有配备310人的专门从事知识产权管理的部门，主要工作包括定期培训内部人员进修知识产权，收集专利情报，激发或帮助技术人员完成专利技术、产品开发，与技术人员、研究人员和律师等一同组成代表团参加合同的签订、知识产权纠纷处理，每年花在专利上的钱达12亿日元，每年也提出2.2万件专利，17年来给公司带来240亿日元的收入。①

当前，我国企业知识产权管理仍然存在较多的问题。企业缺乏知识产权管理思想和意识，特别是知识产权战略管理意识。企业对技术创新成果的产权化意识不强，对技术成果申请专利表现得十分冷淡。据统计，我国有70%以上的国有大中型企业和95%以上的小型企业没有专利申请。企业缺乏知识产权专门管理机构或专职人员，知识产权管理不力。

德鲁克认为，技术变革的本质对经济、社会和政治结构产生了深远影响，并指出新技术的使用为现存问题提供了很好的解决办法。他的洞察力为我们提高商业方法提供了有用的视角。蒸汽机的使用促使纺织业得以自动化地生产。计算机的使用加速了复杂的计算问题的流程。铁路改变了德鲁克所谓的国家的心理空间距离的概念。② 今天电子商务前所未有地改变了我们对社会、政治和经济的界限的理解，我们曾经看到分开的地方，现在已经联合了。商业方法专利是信息革命和社会生产力发展的产物。

---

① 张平、马骁：《标准化与知识产权战略》，知识产权出版社2005年版，第265页。

② Drucker, P. (1999) Beyond the Tnformation Tevolution, *The Atlantic Monthly*, Vol. 284, No. 4: 47－57.

一、智力资本、智力资产和知识产权

为了讨论商业方法专利，很有必要明确智力资本（intellectual capital）、智力资产（intellectual assets）和知识产权（intellectual property）的概念之间的关系。

（一）智力资产的特征

智力资产是能够给公司带来价值的已编纂的知识，是智力资本的子集。知识产权可以被看做是公司当前价值的来源。当前存在于该组合里的许多内容是保护在市场上的现有产品，或者是现有的合资企业和战略联盟的基础。知识产权代表了当前价值，在此，获取价值的活动普遍是战术性的做法。智力资产是智力资本的下一个层次，它的当前意义稍弱，但常常更具有未来意味。从这些资产里获取价值常常要放眼未来，考虑获取价值活动的定位和战略，而不是考虑眼下的战术。因此，智力资产通常被认为是实现从现在向未来（也是从战术到战略）的价值获取过程转化的桥梁。它具有两个明显的特征。

（1）智力资产是能够为创立者独自使用的知识，这些知识能够说出、编码，通常与现存的组织知识相联系。智力资产是没有你也能把这些知识传给其他人，可以是软件、业务流程、顾客和供应商的合同、知识基础、数据库、报告或说明书。智力资产通常指"显性知识"，因为能够从不能说出的个人知识转为更为具体的，如报告、电子文件或一系列的运算法则。

（2）组织拥有智力资产，甚至组织不拥有这些知识或生产智力资产的人。智力资产是公司的人力资本所具有的系统化的知识和技术诀窍。图6-7描述了智力资本、人力资本和智力资产之间的关系。尽管公司不拥有其人力资本，但是拥有智力资产。人力资本、员工和利益相关者可以随时解除和公司的关系，员工可能会退休、辞职、被解雇或合同到期。不管他们有怎样的知识或者技术诀窍，不管他们是就任时带来这些知识或者是在就职期间学到这些知识和

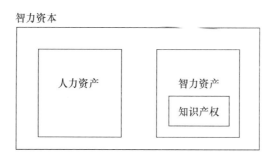

图6-7　公司的智力资本

资料来源：帕特里克·H. 沙利文：《价值驱动的智力资本》，华夏出版社2002年版，第125页。

诀窍，他们离开后，就与这些知识分开了。但是，任何已经被固定化的知识的内容都会继续是而且保持为公司的财产。固定化的知识充实了公司智力资本的仓储量和库存。另外，一旦一个创意被公诸媒体，它就可能被他人共享、探讨、改善和扩大，也就可以被轻而易举地通知于决策者，因此，在该创意的基础上就可能有新的行动出现或者新的决策做出。简言之，固化的知识内容，即智力资产，可以为公司所利用，而可以运用的智力资产正是知识型公司所努力开发的主要内容。

（二）知识产权的特征

知识产权是指人类智力创造的成果的法制化，也就是指受到法律保护的智力资产，是智力资产的子集。这些所有权的类型为知识产权的商业化创造市场，使得从知识产权的惯例中获得或抽取价值。知识产权主要有专利权、商标权、商业秘密和版权四种类型。知识产权类似于财产所有权，是权利人对特定的客体即智力活动的成果以及商业标记的所有权。知识产权是无形的，其本身不是一种物体，但是它们可以固定化，并与有形物质相结合，具有价值和使用价值。

根据图6-8中的关系，可以很好地区分三者之间的关系。企业通过开发人力资本，使其固化就转化成智力资产，就形成两类知识：可商业化的知识和结构性的知识，可以归结为可商业化的智力资产和结构性智力资产。

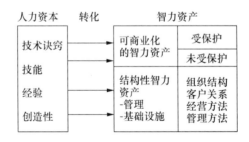

图6-8 智力资本的智力资产成分

资料来源：帕特里克·H.沙利文：《价值驱动的智力资本》，华夏出版社2002年版，第129页。

可商业化的智力资产是可以在商业活动中或者技术市场上出售的资产，又可以进一步分为受法律保护的智力资产，实质上就是知识产权；未受到法律保护的智力资产，就是指公司仍然进行着进一步开发的创新。

结构性智力资产是指本身能够商业化或者支持另外一种已经商业化的技术的技术诀窍，这与组织资本的关系紧密相关。

二、知识产权管理体系

公司知识产权的管理涉及要进行一系列的活动，公司根据这些活动的信息做出有关特定知识产权的商业决策，这些决策激活了知识产权组合中的各个单项专利与商业战略之间的联系。管理公司的智力资产，并从中获取价值的这一体系被称为知识产权管理体系（IPMS）（见图6－9）。完整的一般性知识产权管理体系有五个方面的职责。

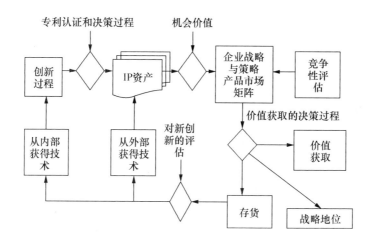

图6－9　知识产权管理系统

资料来源：朱莉·L. 戴维斯、苏珊娜·S. 哈里森：《董事会里的爱迪生：智力资产获利管理方法》，机械工业出版社2003年版，第19页。

（一）形成可供选择的知识产权

大多数公司有一套方法来评估创新过程中涌现的创新思想。通过筛选的创新方案，也就是被确信对实施公司战略有帮助的将进入到公司知识产权组合里。主要包括所有与开发潜在创新成果、分析、分类和申请专利的决策关联的活动。一些公司利用筛选过程来决定哪些创新要申请专利。哪些对公司有帮助但与公司的战略不一致的创新，公司认为是好的和有用的，当公司决定不申请专利时，就经常把这种创新作为员工的技能，有时把它作为商业秘密保护起来。一般由监视创新、形成新的专利和对专利的分类决策三部分组成。

（1）专利组合管理。许多公司在专利的整个生命周期内部都将其纳入专利资产进行维护，并交纳法定的维护费使专利保持有效。公司需要经常审查自己的维护费支付预算，定期检查专利储备以找出对公司不再有价值的专利，停止再交纳这些专利的维护费。

（2）知识产权的评估。知识型公司需要经常对自身的专利化和未专利化的技术进行评估，也就要对一种或者更多的专利进行评估，现在技术性公司的管理系统增加一项重要的新功能，即对自己的技术进行评估的能力。

（3）竞争性评估。商业方面的竞争力评估已经很多了，这里的竞争力评估主要集中在知识产权的竞争力方面。该功能涉及对关于商业和技术竞争者的信息的开发、吸收和发布。

（4）价值获取的决策过程。对知识产权进行分析，以确定是否以及如何对其进行商业化，以给公司带来收益，是知识产权管理体系内部的战略决策功能的体现。以公司的商业战略为指导来评价其商业价值，可以做出两种决策：知识产权可以商业化，用于获得战略地位，或者加以储存直到另一项使原来的知识产权更具有市场价值的创新发展起来。

（5）评估对新创新的需求。这一决定过程作用于一个新的创新增加到一个现存创新中，从而加强后者的市场价值。事实上，在这种情况下，这个问题就是是否要从公司内部或外部寻找新的创新（通过内部许可、公司技能等）。

（二）知识产权活动的等级

图 6 - 10　知识产权价值层次图

资料来源：帕特里克·H. 沙利文：《价值驱动的智力资本》，华夏出版社 2002 年版，第 109 页。

朱丽·L. 戴维斯（Julie L. Davis）是安达信智力资产管理实践活动的领导者之一，她开发出一个简单的图表可以帮助公司将自己和某种标准进行比较，该标准是与智力资产活动关联的，该图称为知识产权价值层次图（见图 6 - 10），描述的是一系列的活动层次和对公司知识产权进行使用的情况。

这一金字塔式的价值层为五个层次，每一层次都代表了一个不同的预期值，这个预期值是公司希望 IP 功能对企业目标所作出的贡献，每上升一层就代表领导团队里的行政团队和董事会对 IP 功能的需求上升了一个层次。在智力资本的第一层次发展得越多就越有利，在智力资本的更高层次的前景就越宽广。

（1）防御层。知识产权的防御包括专利权、商标和版权，还有其所有者提出的各种形式的协议。这种防御是非常必要的、有价值的活动，事实上防御是价值的基础。例如，专利权保证发明者在其他人使用该发明之前，能够有一段时间优先应用并把它市场化。20 世纪 80 年代早期大多数大公司持这一观点。公司拥有知识产权的主要目的是保护公司免受诉讼之苦，希望建立比竞争者更为强大的"专利群"保护自己不卷入诉讼，因为这样它们就可以通过谈判进行交叉许可，而不是去法院。处在这一层的公司通常认为 IP 只是法律意义上的资本，应该做以下五件事：一是开发具有相当数量的专利作为公司的 IP 资产；二是确保公司的核心业务得到精心的保护；三是启动推动专利的产生和保护的基本程序；四是启动增强专利作用的基本程序；五是确保技术人员的自由创新。

（2）成本中心层。公司主要关心降低申请和保持 IP 的成本，也许仍然让一个具有防御思想的律师来控制这一层的战略。公司的目标是减少与知识产权组合相关的成本，精选和关注那些加入资产组合中的知识产权。从根本上来说，公司把知识产权视为一种法律意义上的资本。

（3）利润中心层。处于第三层次的公司意识到拥有两种智力资源。一种是公司创新本身，即那些创造出为公司带来主要现金流的产品和服务的思想；另一种是公司意识到知识产权本身也有价值，体现在战术（而不是战略）定位和创造盈利收入上。公司经常做两件事：一件是尽可能快地降低成本以直接从知识产权中获取收益；另一件是注重非核心、非战略性但具有战术价值的知识产权。公司把知识产权视为是商业资本，而不仅仅只是法律意义上的资本。因此，知识产权资产的开发和实施对公司来说变得有意义。

（4）整合层。处于该层的公司意识到知识产权的战略意义，并被认为是一种适用于范围广泛的综合业务资产，可以作为一种谈判工具，一种富有战略性的定位公司的方法，或者是一种影响公司股票价格的方法。IP 职能部门超出其本身，将其专门的技术和资源同公司其他职能部门的技术和资源整合起来。IP 职能部门变得更富有创新性，并且努力寻找各种有助于组织中其他部门达到目标的方法。管理目标主要有：从 IP 中获取战略上的价值；整合整个公司职能部门的 IP 意识和经营情况；使管理以及公司的 IP 战略和资产组合变得更加复杂和富有创新性。

（5）远见层。很少有公司达到这个层次，公司把眼光放在公司以外，瞄准未来。处在这一层次的公司把他们的知识资产视为战略性资产。目标是：提出基于未来的主张；鼓励导致破坏的技术；使知识资产和知识资产管理融入公司的文化。公司的知识产权部门面临的挑战是找到客户喜好的潜在趋势，积极寻找将公司推向本领域的领先地位，方法就是获得或者开发对于保护公司在未来的利润和市场份额有利的知识产权。

未来成功的公司应该是那些能够最精确的预测产品、顾客偏好和技术发展趋势的公司。知识产权战略不仅要试图预测这些趋势，而且还要帮助创造趋势，最终找到一种方式来合法保护公司有关这些趋势的利益和创新。

三、知识产权特例——商业方法专利

专利是一种有时间限制的权利，是以公开技术作为交换的政府赋予的排他性使用权。笔者将专利的一个特例——商业方法专利进行介绍。2000 年 3 月，美国发布了《自动化商业方法专利白皮书》，将电子商务商业方法作为"自动化商业数据处理方法专利"正式列入第 705 类专利之中，具体包括金融数据处理设备或方法、企业运作、经营和管理的设备或方法、货物或服务价格决定的设备或方法等。从专利授予量看，1976—2003 年 7 月，美国专利商标局（USPTO）共授予 7976 项第 705 类专利，其中 1998 年以后授予的该类专利达到 5122 项，占总数的 64.2%。从专利申请量来看，1995 年美国专利局受理的第 705 类专利申请仅为 170 件，到 2000 年则增加到 7800 多件，2001 年达到 1 万多件①。

智力资本法律所保护的发明正反映这些发明的本质，这些发明的核心是无形性。各种类型的组织已经清楚地认识到通过这些新发明有可能为财富的获取发挥杠杆作用，成为财富创造的一种新潜力。商业方法专利就是通过法律保护这种创新以提高做事的效率。

商业方法是一种新的不同寻常的知识产权，它从智力资产领域转到知识产权领域。其定义目前还没有统一的标准，根据世界知识产权组织（WIPO）的解释，商业方法专利涉及的是那些借助数字化网络有创造性经营的商业方法。由于现在的商业方法专利实际上大多是通过计算机系统实现的，而又都以软件的形式表现出来，所以一般也将其称为商业方法软件。

（一）商业方法专利的发展

很长时间，人们对无形资产能否申请专利还不清楚。在 20 世纪 90 年代末期以前，在各国的知识产权制度中，商业方法都不被视为专利保护的对象，一个重要原因是商业方法作为人们进行生产、管理、销售等基本作业方式，是人们长期的实践中逐步形成并不断完善的，是人类知识积累的产物。将一般的商业方法作为专利保护的对象，是信息革命的产物。计算机和网络的普及使网络经济成为一个新的经济领域，一般的商业方法与计算机硬件结合在一起，就成

---

① 戴志敏、陈立毅：《美国金融类商业方法专利及其启示》，《外国经济与管理》2003 年第 11 期。

为具有技术性的系统和方法，就衍生出商业方法专利。尽管"阳光下人们的创造均可授予专利"都认为是公平的游戏，从各国的立法情况来看，专利法排除了以下几种情况：自然法则；客观现象；抽象思想；智力活动规则；疾病诊断和治疗方法；无用或违背公共道德的发明。商业方法体现组织的转移服务和制造产品的流程技能，显然是智力资产，但不清楚是不是知识产权。而计算机程序属于一种纯数学算法，商业方法属于人们的经验总结，两者均属于智力活动的规则和方法的范畴，并非利用自然法则，与技术领域无关，故不能授予专利权。这两种客体一般是通过版权法、合同法、反不正当竞争法和商业秘密法等其他法律来保护的。商业方法专利是发达国家以保护本国企业在网络经济中先期投入的成果为理由，为维护本国在网络经济中的技术领先地位，提升国家竞争力和本国企业的国际竞争力而设立的。

1998 年 7 月 23 日，美国联邦巡回上诉法院（CAFC）在 State Street Bank & Tust Co. 对 Signature 金融集团（Signature Financial Group）一案中，第一次以案例的形式认定了对商业方法可授予专利权。此后，美国法院则明确规定，一个发明如果能够产生实际有用的效果，即可成为专利法保护的对象，不论其是否含有数学算法，或者是与计算机硬件相结合，或者是居于商业方法。随后，一大批高科技公司为获得丰厚的利润和竞争优势纷纷提出商业方法专利申请，美国专利商标局（USIYO）收到的商业方法专利申请量逐年递增。商业方法专利涵盖的领域非常广泛，包括在网上支付给经纪人佣金的方式、电子购物系统、网上"反向拍卖"系统、声音和图像文件的下载方式、与网络库存的链接方式以及网络信用卡的支付方式等。

（二）形成商业方法专利的"三性"条件分析

一项技术要想获得专利权，必须具备新颖性、创造性以及实用性。实用性一般容易满足，但在新颖性的判断方面专利审批部门遇到了前所未有的困难。商业方法专利的新颖性难以保证，使得电子商务领域的专利独占权与公用权之间的冲突更加激烈。独占权与公用权是专利领域的一对矛盾，专利权人一旦拥有了独占权同时就剥夺了公众的公用权。这一矛盾一直存在，在商业方法专利化出现后就更为突出，其重要原因主要是目前商业方法专利的新颖性难以保证。如果在新颖性不能够被保证的情况下做出授权的决定，专利权人享有了该技术的独占权，这无疑将侵害公众的利益，剥夺了本可以自由使用该技术的电子商务企业使用该技术的权利，使其在竞争中处于不利地位。

（1）实用性。实用性主要是指能够在产业上应用并具有实际的效果。对判断商业方法专利是否具有实用性，可以从两个方面来看，一是能否投入制造或使用，这就意味着商业方法必须具有操作性和可再现性；二是能否在电子商务领域产生积极的效果或者商业上的收益。

（2）新颖性。专利技术的新颖性主要是指该技术在提出专利申请之前从未被公开，因而从未被公众所知或使用过。在专利审批部门判断此项技术是否具有新颖性审查时，判断标准主要有出版物上公开发表、公开使用及以其他方式为公众所知，依据就是"已有技术"，并且更多的是依据公开出版物（包括以前申请的专利）。但是，由于商业方法专利的提出和实践时间只是近几年的事，再加上以往商业方法往往仅停留在管理者的脑海里，有的甚至是一种商业秘密，很少有人以文字或其他形式将其记录下来，因此，专利审查部门没有足够的技术资料来对每项商业方法专利的新颖性进行判断。然而，我国《专利法》第 22 条对专利新颖性的规定，使用的是"混合新颖性"标准。但网络的开放性和电子商务运营的无国界性增加了商业方法新颖性的判断难度，如果仍然采用"混合新颖性"标准是无法准确判断的。

（3）创造性。创造性，美国称之为非显而易见性（nonobviousness），也有一些国家称之为进步性。专利创造性的判断标准是"突出的实质性特点"和"显著的进步"，要求申请专利的发明在申请之前对该领域的技术人员是非显而易见的。软件产品的创造性表现为对软件算法的创新，软件设计上的创新性最终以物化的软件产品的形式表现出来。各国对非显而易见性都有明确的法律规定，但还没有判断商业方法专利创造性的具体而系统的标准，美国和日本对于商业方法创造性判断的阐述仅限于将现有的商业方法简单移植到计算机系统或网络中的商业方法不具有创造性。

（三）实施商业方法专利的利弊分析

申请专利能够创造"公共物品"和通过商业方法来制定专利战略也有特别的意义。美国的宪法赋予国会实施专利法律的权利"以推动科学和艺术的进步，保护作者和发明者在有限的时间内分别对他们的作品和发明拥有绝对的权利"。[①]专利为创新提供了动力——为新的思想的发展和商业化，增加了获取利益的机会。其次为排除其他人使用他们的发明相交换的保护权，发明者必须提供有关制造、建设、使用这一发明的详细细节，使在此领域工作的人能够再生产或使用它。如此披露增加公共知识就不可能被认为是"公共物品"。另外，公共领域知识越多，建立在此基础上的发明就越容易产生。

从个人的角度来说，排除竞争者使用发明和收取垄断租金也是很有吸引力

---

① Article I., Section 8 of the U. S. Constitution.

的，通过对其他人甚至竞争对手的许可能够获得可靠的现金流。

软件和商业方法的专利化事实上减少了创新。许多软件专利已经存在，不断地体现在复杂的下一代软件中，这有几个含义。第一，软件出版商公布源码作为为顾客提供更好的服务，似乎不可能这样做，如果公布就有可能破坏了一套软件程序。技术共享是软件开发飞速发展的根本原则，如果不接近源码，不进行技术共享，也许就会产生事实上的停滞。第二，开发者似乎不可能意识到软件潜在的子程序或子流程也许已经申请了专利，但不幸的是，无知没有阻止对专利的侵犯。第三，软件专利拥有者也许会阻止其他人开发的软件与自己相兼容。所有这些都阻碍了软件开发，而软件开发的发展趋势是前后相续性和每一个创新都依赖于先前发明的流程增加。

对于考虑商业方法专利化的公司来说，还有另外的原因。最为引人注目的是，在今天就业市场的跳槽，缺乏法律的保护，很难阻止竞争者采用相同的商业方法，只要他们能够得到曾经做过这种商业方法的人力资本就行。机智的雇主很小心地确信合同中员工在雇用期限内的任何发明创造的所有权归公司。这种严格的组织知识管理活动，以寻求使员工头脑里"飘浮"的知识显性化，当员工离去时，获得能够清楚地帮助具有实践转移和知识的保留的能力。

但是，给予商业方法以专利保护并不违背知识产权制度的初衷。经济增长依赖于科技进步的贡献，科技进步依赖的是发明和技术创新，要保持一个社会技术进步的良性循环，经济的不断发展，就要维持技术创新活动的持久与效率，这就需要一个长期的制度安排对其进行保护，这就是知识产权制度。正如诺思所说的那样，一个社会如果没有实现经济增长，那是因为该社会没有为促进经济增长的创新活动提供激励，换言之，就是没有从制度方面去保证创新者应该得到的最低限度的报酬或好处。因为当一项创新可以被别人无代价地模仿，而创新者得不到任何报酬时，创新者创新的激情因得不到任何回报而不会再去积极地进行创新。知识产权制度保护的初衷是针对人类的智力产品，使智力劳动的付出不至于得不到回报。网络商业方法同样凝聚着人类的智力劳动，一个成功且具有突破性的网络商业方法创新更是需要大量的研发成本，对于创新者而言，其大量的投入就希望能够得到回报。并且在电子商务日益成为社会发展的主流的趋势下，网络商业方法的不断创新，也是推动电子商务经济的主导力量，因此，对此类创新予以专利制度保护也是合理的。

第五节　智力资本开发和转稿的领导者

知识经济时代，影响组织的竞争能力、效益增长，使产品和服务增值的无形关键因素是组织的智力资产，即员工在知识经验、技能诀窍、道德规范等方面的综合智力，以及学习新技术、新知识、新的解决方案、做好新工作的能力。近年来，国外许多著名企业，如"可口可乐"、"通用电气"，出现了一批新式知识领导，专门负责公司的知识开发、利用和管理工作，对他们的称呼各不相同，或"知识主管"，或"智力资本主管"、"智力资产主管"、"首席知识官"、"知识工程师"、"知识经理"。这些知识领导并不是新事物，管理某个程序的知识是任何企业都具有的。然而，今天的知识不再是一些工匠、师傅或在组织核心部门工作的高级经理们的私有财产，而是所有员工的共同财产。

一、新经济时代呼唤知识领导

在两百年前，工业社会开始替代农业社会，现代知识经济正开始替代工业经济。在新经济时代，知识将被视作社会的主导资源。西方管理大师彼得·德鲁克认为："新的经济体系中，知识并不是和人力、资本或土地等并列制造资源之一，而是唯一有意义的一项资源。正在于知识正是资源本身，而非仅是资源的一种。"与管理资产、设备和人员不同，知识经理无法说明他们正在管理的对象的价值。知识不仅是无形的，而且也是很难计量的。一个企业的竞争优势来自于对知识资源的有效开发和管理，因此我们需要知识领导。

知识领导是经济社会信息化的产物。在当今社会日趋信息化的形势下，企业信息的获取比以往任何时候都更多，也更容易。但是，如何在信息的海洋中捕捉到真正有用的信息，特别是如何对这些浩瀚的信息施以有效的管理，这是摆在企业面前的新课题。知识领导就是为了顺应这一新形势的需要，负责有关的信息选择、分享、利用与管理方面的工作。

知识领导是科技快速发展的产物。据统计，自 20 世纪 80 年代以来，西方发达国家的生产增长有 65%—85% 是靠科技取得的。因此，保持雄厚的科技实力是企业谋求长远发展的关键。知识领导可以为企业提供有关技术信息；通过加强对员工的教育培训来提高员工的科技素质。

知识领导是市场竞争激烈化的产物。在市场竞争日趋激烈的今天，企业要想立于不败之地，就要通过知识领导来开展知识管理，及时、准确地掌握并有效地运用市场信息，以赢得市场。

陶氏化学公司的智力资产主管彼得·拉什认为，知识领导开展工作的主要程序分为六个步骤：第一步是要说明知识在企业中所扮演的角色；第二步是对竞争对手的策略及其知识资产进行评估；第三步是将自己的知识档案加以分类，看共有哪些，已投入使用的有哪些；第四步是进行估价，估算出本公司的知识资产值多少，怎样才能最大限度地增加它们的价值；第五步是进行投资，辨明如何用开发知识的办法来缩小与竞争对手的差距，进而击败他们，与此同时，调动研究开发工作，寻求新的专利技术；第六步是把本公司的新技术档案加以集中。

二、知识领导的分类

尽管有些组织设有首席知识官的职位，但还是少数。全球各种组织使用了其他许多不那么为人所知的头衔和相关的职责来确定和描述知识领导者。知识领导者往往包含以下职责：确认提升知识管理价值的各种机会；交流最佳惯例；促进学习型组织的发展；提供评估知识领导作用的衡量标准。不管知识领导的作用和职责是什么，很少有人会怀疑它是竞争的必不可少的因素。

知识领导代表了范围广泛的各种职位和职责，即从那些头衔、正式职责和报酬都不变属于知识经理实际职位的人，到那些专门被高薪聘请来担任首席知识官的高级经理人员。我们可以把知识领导分为首席知识官、知识工程师、知识分析师、知识经理和知识管家。

（1）首席知识官（CKO）。首席知识官作为企业中负责知识管理的高层角色，必须能把结构化的外在知识与直觉结合起来，从而感知组织文化和行为中的隐性知识，保证将企业的智力资产转化为能为组织带来利润的知识产品。这就决定了 CKO 既是知识管理的重要参与者，又是知识管理活动的组织者。这是知识管理最为传统、最讲等级的方法。首席知识官负责协调整个企业的知识领导。首席知识官是受命于首席执行官并对其负责。尽管人们可以推论首席知识官属于信息技术部门（也许应对首席信息官负责），但实际情况往往不是这样。首席知识官的任务不是从事基础技术工作，而是知识领导的常规工作。目前这一职位几乎总是一人唱独角戏，几乎没有配备其他人员，也没有直接的经营职责。在企业认可一种知识共享、激励和知识领导基本原则的文化之前，或在其认可其中的相当一部分内容之前，首席知识官是无能为力的。

（2）知识管理项目经理（KMPM）。他们熟悉项目计划、项目内容、技术管理、技术方法、发展方向和技术动态，辅助 CKO 建立知识产品的框架、结构和内容。KMPM 可由专人担任，也可由部门经理兼任，承担的任务主要有：丰富组织知识产品的结构；建立项目知识产品的框架；开拓组织知识产品的市场；负责知识产品的更新换代。

（3）知识工程师（KE）。对于实施知识管理的企业来说，需要有大量擅长发现、收集并能对知识结构进行整理的员工，这些人称为知识管理工程师或知识工程师。他是一个采取非常有策略或程序性的知识管理方法进行工作的领导者，负责将明确的知识转化为各种指令、程序系统和经过整理的应用程序。通过知识工程师的整理将基于知识的工作变成可复制的各种程序。我们可以说"科学管理之父"弗雷德里克·泰罗（Fredrick Taylor）就是个知识工程师。然而，知识工程师将知识整理得越好，当环境要求变革时该组织的变革就越困难。担当知识工程师角色的人，必须具有两类要素：一类是"硬"的要素，即专业领域内的综合技能、交叉领域的结构化知识、知识管理需要的日常技术和工具、为企业带来实际利益的工作成果；另一类是"软"的要素，主要包括个人所具备的特征与素质，如丰富的文化背景和业务经验、良好的社会阅历、较强的分析问题和总结能力。

（4）知识分析师。知识分析师是一种通往最佳惯例的渠道，其职责通常是根据需求收集、整理和传播知识。知识分析师通过充当各种活动的最佳惯例存储器提供知识领导，他们描述了知识是如何在一个组织里被分享的。当然，不利因素是知识分析师若离开组织时能轻易地将所有最佳惯例带走，还有一个风险是这些人对他们所服务的直接相关员工来说价值太高，以致他们不能横向调动到同样需要他们技能的组织的其他部门。

（5）知识经理。知识经理是一个监督人，负责协调工程师、设计师和分析师的工作。该种领导方法最适合那些相信知识主要是整个组织中多个人的职责的组织。大型组织往往最需要知识经理，因为各种互不关联的知识共享过程会带来分裂和隔离的风险。知识经理在这些程序之间所做的协调工作类似于一个市场部经理在不同产品之间起到协调作用。聘用知识经理的风险是，随着每个知识经理在其管辖范围内获得成功，各种个人封地（尽管有些很大）会开始形成。

（6）知识管家。知识管家与知识经理相似。在那些未将知识看做是必须自上而下进行管理的公司资源的组织里，这些人最容易成功。知识管家以各种工具、惯例和知识领导方法等专门形式负责为知识用户提供最低限度但持续不断的支持。知识管家所处的地位最不确定而又最具机会主义性质，其作用是帮助他人更好地理解并充分利用管理知识的各种新技术和惯例。"管家"这一词语表示有意愿和责任指导他人，可它又是非侵扰的，几乎是拥有关系的对立面。

最适合的知识领导类型，主要是取决于组织知识共享的现状、对知识领导的资助水平，以及其文化当前的接受能力。

三、要知识领导，而不是知识的管理者

首席知识官伴随着知识管理一起出名。乐观地看，首席知识官的理念似乎也尚未成熟。一个高明的管理者会挑战首席知识官的职责，认为它不是为知识领域战略领导所需要，而是仅从首席知识官本身的结构与内涵来考虑。

有太多的组织错误地将一种非常传统、等级化的组织过程运用于知识领导的实践。这种方法对命令和控制式的知识管理办法有吸引力。然而，知识管理通常并不是那样运作的。知识有太多的自然拥有点，而试图将它们集中为一个拥有点的努力则反映了一种陈旧和等级化的方法。我们知道，等级森严的机制会扼杀知识。在整个组织中尚未被接受和实施的程序内设置企业管家职位也属操之过急。简言之，创建合适的文化必须先于开发各种合适的惯例。

我们应该认识到，知识管理是通过各营业部门和组织的基层人员驱动的，所能做的是协调而不是控制知识管理程序，因此，对于许多组织来说，首席知识官是一种异常现象，这是将一种等级化的结构用于一个天生很松散的程序。设置首席知识官的想法几乎与一个组织的"知识共享文化"格格不入，除非该组织对知识管理不善或已经对知识共享设置了各种障碍或壁垒。知识管理的需求可能正在增长但可能还缺乏那种适合组织的文化和员工所拥有的知识结构。我们不能想当然地认为知识领导应该自上而下，这与许多公司所进行的再造计划没什么两样。各种组织依赖等级制度来保护它们认为是有价值的公司资产。例如，首席财务官的任务就是保护企业的有形资产。一个合理的问题可能是："相同的逻辑难道不适用于知识资产吗？"毕竟当今知识已被公认为一种资产（虽然是无形的和难以衡量的），但这也使有关知识所有权的争论表面化。知识是公司的资产，需要被保护，还要有一种编辑功能和某种集权。而那些最能创立内容的有知识的人往往是公司的营运或业务领导者。因此，他们将其所拥有知识作为经营他们那部分业务的一部分。

公司拥有资产，个人（内容拥有者）则拥有知识。因此，知识领导应该起到缓解这一矛盾的中间人作用。具有这一身份的知识领导还能够处理在自上而下的传统知识领导中可能发生的另一个问题。在一种按业务部门划分的组织中，知识分割现象常常出现。在这种情况下，设置一个知识领导职能的好处是可以被归纳为连续性——即为多个、不连续的知识工人提供连贯情节的能力。例如，通过知识领导"讲故事"等形式使公司保存记忆。

今天，知识管理最常用的方法是各种业务部门的应用程序。因而，各业务部门的经理很难接受负责所有业务部门的单个知识领导者。另一方面，首席信

息官可能已经拥有所有业务部门的信息技术系统，似乎更可能负责知识管理。然而，首席信息官通常并不被认为具有知识领导的能力（技能、程序理解力等）。我们应该寻找一种新型领导，即对某个特定的业务部门熟悉和了解并通过推广最佳惯例提供知识领导的那些人。

设置一个"传统的"首席知识官会对组织发出一个信息，给人一种不必要的官僚层次的感觉。我们希望对组织机构进行精简，取消各种组织层次，因此要利用现有的组织结构尽力把知识管理好。另一个主要担忧是可能出现次最优化，执行知识管理的人的理念可能会削弱每一个特定的业务部门、项目或团队的知识管理效率。这些群体需要在各自的领域找出管理其知识的最佳方法。正是这种深邃的洞察力使得高明的管理者注重于"知识领导"这一术语，而不是具体的首席知识官。

首席知识官并不能管理知识，知识与员工一起存在，知识与人不可分离。知识管理本身就是一种悖论。我们不能管理知识，而是需要知识领导，领导应该比管理更为合适。我们不能将知识创造与人分开，也不能与其工作分开。学习和获取知识是一个知识工人职业的实际附带结果或本质，所以那是整个组织中一种自然发生的过程。企业需要的不是请一个能将这一切集合在一起的人，而是一种文化，以及一种有助于将这一切集合起来的组织方式。

公司设置一个首席知识官会发出错误的信息，各业务部门的经理们不得不为他们具体的项目、产品和客户而买进各种知识管理应用程序。知识领导最多能做的是组建团队以帮助每一个业务部门来理解分享知识的好处，并对他们进行辅导。但知识并不属于这些人，他们不控制知识。首席知识官的概念带有控制的想法。没有一个人，也没有一个机构能够控制整个企业的所有知识，这是对一个非等级化问题所做的一种等级化的安排。

四、知识领导所要具有的素质

知识领导工作极富创造性、挑战性和探索性。知识领导可贵的素质和能力不在于是否具备某个行业的经验，而在于是否具备以灵活的创新方式管理知识并出色地领导组织的能力。首席执行官一般期望知识领导后备人选具有战略思考的能力、强烈的使命感和适当的个性品格。知识领导要有激情，非庸才所能胜任，他们拥有一系列独特的技能、经验和天资。然而，他们的工作没有标杆，只能以自身职业作为榜样，因此也就更倾向于以团队的方式进行工作。

作为知识领导的独特的资质最为显著的是：具有信息技术和经营经验；至少十年（通常更长）的业务部门工作经验；创业者的态度以及对开创未来职业生涯有兴趣。

　　知识领导者对业务有敏锐的判断力，要具有创新精神，具有开放性思维，乐于尝试新事物、新方法。既对知识现象好奇，又对其新角色富于思考。许多知识领导都清楚担任一个未明确定义的全新职位的个人风险，但他们不怕冒险，将新工作视为开创一种新事业和培养一种新能力的机会。

　　知识领导的性格要开朗，易于相处，耐心周到。适当考虑个人需求，既乐于合作，又不排斥竞争。知识领导要具有团队精神。信任他人，富于同情心，但又不被利用。

　　实际上，公司引进一位经验极其丰富的CKO远不如在那些懂业务但缺乏正式知识领导职位经验的人中选择领导更为可行。懂得知识管理各种原则、惯例和工具是任何知识领导职位的一个必要条件，尽管知识领导通常以员工身份出现，但知识领导应该能够直接见到首席执行官并接受其委任。

第七章　企业智力资本的测量

知识已经成为一项重要的竞争优势，组织的成功取决于其员工所具备的能力，这就是我们要在传统的财务资本之外注重智力资本概念的原因。[①]

对智力资本测量的动力是来自于对传统会计实践的不满意。[②] 托马斯·斯图尔特认为传统的工业时代的会计不适应，并把它描述为僵死的但还没有被埋葬。[③] 纽约大学斯特恩（Stern）商学院的会计和财务学教授巴鲁·列弗（Baruch Lev）对财务报告作为未来收入的指示器的作用提出质疑，并指出，常规会计对于组织内部产生的无形资产，如研发、品牌、员工能力这些现代经济增长的发动机的表述不是很好。[④] 无形资产在本质上是很难测量的，包括大量的组织和个人变量，简单的财务测量没有认识到这些资产的复杂性。梅奥（Mayo，1999）指出，在今天的组织中，大多数会计系统是为一个实物和财务资产非常重要的时期而设计，并且认为人力资源开发专业人员应当为日益增长的智力资本带头寻找有用的考核方法，并且帮助组织建立智力资产负债表。[⑤]

自 20 世纪 90 年代以来成为研究者和实践者共同关注的研究领域，他们采取多种努力来测量和评估智力资本，因此很有必要来评述最为有影响的智力资本测量模式。通过对智力资本的测量来明确组织知识资本，包括组织和人力的资本，以证明投资到智力资本的正确性，最重要的是要认识潜在的资产和为实现组织目标采取战略地开发这些潜在资产，这样就可以明确地绘制无形资产地图；认识组织内在知识流动的模式；不断监督资产的价值和找到增加价值的方

---

① 彭特·赛得马兰卡：《智慧型组织——绩效、能力和知识管理的整合》，经济管理出版社 2004 年版。

② 袁庆宏：《企业智力资本管理》，经济管理出版社 2001 年版。

③ Tomas A. Stewart. *Intellectual Capital—The New Wealth of Organization* [M]. New York：Doubleday/Currency Publication，1997.

④ 布瑞德福特·康纳尔：《公司价值评估》，华夏出版社 2001 年版。

⑤ ［英］罗斯玛·丽哈里森、［荷］约瑟夫·凯塞尔：《知识经济时代人力资源开发》，经济管理出版社 2004 年版，第 177 页。

法；增加员工组织的自我意识和动机；创建以绩效为导向的文化；增加相互合作活动和知识的共享文化。智力资本的测量和知识管理的实践导致组织取得明显的好处，有利于决定企业战略、流程设计和产生竞争优势。只有在明确企业现有智力资本存量的基础上，才可能真正对智力资本进行有效管理。而现有的财务报表系统由于遵循谨慎性原则，智力资本的价值未能在报表中体现，因此不利于激励企业智力资本的投资行为，当前迫切需要建立智力资本的测量体系和框架，以解决现有财务核算制度同以提升企业智力资本为目标的战略管理活动激励不相容的问题。[①]

经济价值的度量既有定量的又有定性的。经济价值的定性度量揭示的是公司的无形资产是以何种方式给公司带来效用的。而经济价值的定量度量则是说明股票或现金的数量或是它的变化程度。学者们从不同的角度给出了智力资本的测量方法，而这些方法各自有其优缺点和限制条件。有的学者提出，从测量智力资本的存量和流量视角来研究，也就是从智力资本的构成出发计算出组织智力资本具体的货币金额，通过建立智力资本的评价体系来测量。本章从内部和外部两方面评论智力资本测量。内部测量如用平衡计分卡来管理、指导和加强公司的智力资本为公司产生更大的价值提供杠杆作用。外在测量包括市场价值与账面价值比率法、托宾 Q 法和基于实物期权方法来提升公司的价值。

第一节　智力资本的内部测量方法

最为一般的智力资本的内部测量集中在预算、培训和人力资源方面，目前流行的内部测量智力资本的方法有人力资源会计、无形资产监督系统、斯堪的亚导航系统和平衡计分卡。

一、人力资源会计（Human Resource Accounting）

人力资源会计在 20 世纪 70 年代取得重大进展，逐渐被认为是智力资本测量的一个重要分支，试图对过去的那种将员工薪资作为当期费用处理的模式施以调整，将员工看做是公司的一种可以创造新价值的资本进而将其价值列示为公司的资本项目。人力资源会计的目的是从组织的角度，通过在传统的财务报表中增加人力资源成本的透明度、投入产出来管理公司的人力资源，以增加股东的公司投资价值。主要有以下三种方法。

历史成本法，是指以取得、开发、使用人力资源时发生的实际支出计量人力

---

① 谭劲松：《智力资本会计》，中山大学出版社 2001 年版。

资源成本的方法，反映了人力资源的原始投资。在这种方法下，对各会计期间的人力资源投资支出，即按照划分收益性支出和资本性支出的原则，在各会计期间终了时将资本性支出部分确认为人力资源价值。该方法最大的优点是，遵循传统财务会计的会计原则和方法，易于理解，也比较客观，具有可操作性和验证性；但不能反映人力资源的真实价值，对经营决策和分析没有帮助，信息缺乏相关性。

重置成本法，是指在当前物价水平下，假设对企业现有工作人员重新取得、开发、培训及遣散所需发生的全部支出资本化的方法。这种计量方法主要适用于对企业人力资源的预测和决策，有助于管理决策，反映了人力资源的现实价值，有利于人力资源的价值保全。相对历史成本来说，重置成本内容更全面、更具有时效，但仍然是注重成本，还不能完全反映人力资源的真实价值；而且每一时期都要对全部人员进行重置成本估算，工作量大；重置成本估算没有经过检验，具有很强的主观成分，不具有客观性。

工资报酬折现法，是指将一个职工从录用到退出企业而停止支付报酬为止预计将支付的报酬，按一定的折现率折算成现值，作为人力资源的价值。这种方法以职工工资报酬为基础，有一定的合理性，但对未来的工作年限、工资报酬、折现率却需主观确定，因此运用这种方法，会高估或低估人力资源价值，也会影响其准确性。

人力资源会计的缺点在于，所研究的对象是组织中的人力部分，对智力资本测量提供了一定的借鉴，但是，由于研究对象所限，它与智力资本相比较研究范围较小，从而使得它只能作为智力资本研究的一个补充，或者为智力资本的研究提供思路。

人力资源会计本身也具有局限性，不同的方法都存在缺陷。如历史成本法，虽然计量准确、方法简便，但是这种方法反映的人力资源的价值实质上为一种沉没成本，由于未来的变化不能确定，所以采用历史成本法计量的金额不能充分反映公司员工未来可以为企业带来多大的价值。人力资本作为一种隐性资产，其计量方法应该能够反映未来能为企业带来的价值额度，而作为重置成本法的计算过程掺杂过多的主观因素，因此不利于行业之间进行比较。首先，正是由于其具有主观性、不确定性，因此缺少可靠性。其次，该方法需要太多的假设，其中一些假设是站不住脚甚至违背常情。最后，人力资源会计模型仅仅处理人力资本的价值的测量，而没有考虑其他诸如顾客、内在结构、企业文化和创新等重要成分。

二、无形资产监测系统（Intangible Asset Monitor）

该系统是由斯威比开发。斯威比把无形资产划分为外部结构、内部结构和员工能力。外部结构包括与顾客和供应商之间的关系，也包含品牌名称、注册商标、公司的信誉及形象；内部结构是由专利、观念、模式、电脑管理、系统、企业文化、研发、软件等构成，这些都是由员工创造并为组织所有的，有时也可以购自其他来源；员工能力，是员工在不同情况下创造有形与无形资产的能力，包括技能、教育、经验和价值观等。在这三部分中还有成长/更新、效率和稳定性三类次级要素来检验。IAM 模型的范例如表 7 - 1 所示。① 斯威比已经成功地将该方法商品化，推出了专门用于企业无形资产计量的软件，在企业智力资本计量领域产生了一定的影响。

表 7 - 1　　　　　　　　　　　　　　IAM 模型的范例

	外部结构	内部结构	员工能力
成长/更新	市场占有率的成长 组织成长 顾客满意程度指标或盈亏指标	在信息科技的投资 花在内部研发上的时间比重 员工对经理、企业文化、顾客的态度指数	可提升能力的顾客所占的销售额比重 平均专业经验年资的成长 专业人员流动
效率	平均每位顾客的获利 平均每位专业人员的销售额	辅助员工比例 平均每位辅助员工的销售额	专业人员比例的变化 平均每位专业人员附加价值的变化
稳定性	持续下订单的频率 员工年龄结构	组织年龄 新手比例	专业人员的流动率

资料来源：根据 Sveiby, K. E. *The New Organizational Wealth：Managing and Measuring Knowledge - based Assets*, Berrett - Koehler Publishers, 1997. 整理。

IAM 不仅是测量评价无形资产的一种方法，也是一种汇报测量无形资产结果的简单方法，它采用一种动态的指标来评估智力资本的价值，提供了公司智力资本强项和弱项的计分卡，但是没有提供智力资本价值增加或 ROL 的定价测量，不能对公司的价值进行全面的计量。斯威比假定智力资本和财务成果之间具有天然的相关性。林恩（Lynn，1998）认为它没有适宜的财务反馈系

---

① Sveiby, K. E. *The New Organizational Wealth：Managing and Measuring Knowledge - based Assets*, Berrett - Koehler Publishers, San Francisco, CA, 1997.

统的支持和更为重要的支持型的文化是不可能创造价值的。①

三、斯堪的亚导航系统（The Skandia Navigator）

斯堪的亚集团公司（Skandia）是一个从事保险和金融服务的全球性公司，在北欧国家有一个国内基地。斯堪的亚保险有限公司（Skandia Insurance Company Ltd.）1855 年在瑞典成立。现在，斯堪的亚集团公司拥有一万多名员工，其中 80% 的持股人为非瑞典投资者。该公司的保险和金融服务现在是斯堪的亚集团公司的主导业务，占了总值的 80%，该公司的智力资本管理在 1991 年开始启动，从 1994 年起一直公布了一系列智力资本年度报告。

传统会计主要是一维的记录过程，即把原始数据收集汇总后建立会计平衡表，人们通过阅读这种双栏表，可以了解企业的财务状况和基本经营情况。从这一点来讲，它是一种"表达"工具。另外，传统会计还常作为一种"导航"工具，即数据栏的脚注或披露事项，引导我们去了解一些重要的信息，如企业失去了一位关键性经理；获得了一项有利于增强市场竞争力的许可经营或新发明专利等。

这些脚注和披露是传统会计试图处理智力资本问题的方法，但我们往往会发现这些注释经常含糊不清，一方面可能是企业不愿意透露有关信息，另一方面，传统会计根本就不要求它们记录得很清楚。事实上，我们可以说，智力资本研究就是为了寻找系统地收集、阐明企业在注释中隐藏的信息，并把它们反映在平衡表上的方法。斯堪的亚保险公司是第一家对智力资本进行全面测量的大公司，在公司副总裁列夫·埃德文森的领导下，组成了专门的研究机构，发展了一个称为"导航器"的动态智力资本测量模型。"斯堪的亚集团公司导航仪"（见图 7-1）是以斯威比提出的观念为基础，并进一步把这些观念运用到更多的领域，再加上平衡计分卡中的构想而形成。该模型采用 164 个不同的指标来测量"财务、顾客、过程、更新和发展、人力资本"五方面的内容，并试图在所提供的财务与非财务报告两者之间取得平衡，从而揭示公司的智力资本，最终达到更好地反映公司市场价值的目的，并通过类比等处理方式将包括直接计量、金额、比例和调查结果的 112 项指标最终转化为两类指标的货币金额和百分率。② 其最初的引入是作为管理智力资本的一种方法，然而事实上它是制作综合指标的一种潜在方法。

---

① Dr. Junaid M. Shaikh. Measuring and Reporting of Intellectual Capital Performance Analysis [J]. *The Journal of American of Business*, 2004, (3): 439－443.

② Bukh, P. N., Larsen, H. T., Mouritsen J. Constructing Intellectual Capital Statements [J]. *Scandinavian Journal of Management*, 2001, (17): 87－108.

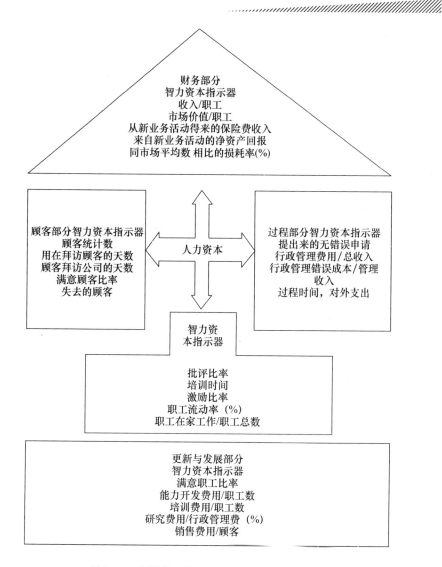

图 7 - 1 斯堪的亚集团公司的智力资本导航仪

资料来源：Georg Von Krogh, Kazuo Ichijo, IkujiroNonaka. *Enabling Knowledge Creation：Hoe to Unlock the Mystery of Tacit Knowledge and Release the Power of Innovation* ［M］. Oxford University Press, 2000.

导航仪被画成一所想象的房屋，财务资本是屋顶，由结构和人力资本所构成的底座支撑。该模型的核心是人力资本，被结构资本的顾客、过程和更新以及发展部分所包围。财务部分，包括传统的资产负债表、利润表、现金流量表等。财务是体现了过去的结果，能精确地反映公司在某一时间运作的情况，该部分的指标发展得相对来说比较完善。房屋的墙壁由顾客部分和过程部分组成显示公司当前的形势。知识的未来应用如房子的根基是更新和发展部分，一方面提供了公司未来获益的知识导航，是公司对将来赢利能力的预期形象，例如培训员工，开发新产品；另一方面也反映了公司有效地摒弃过去的旧产品、旧工艺等战略行为，同时还预示了公司将来的商业环境。房子的中心部分是人力资本部分，即任何组织的核心都是人力，是整个模型中仅有的活动因素，随着员工的流动而流动。它由员工的竞争力，企业帮助员工更新知识的责任等内容组成，还包括员工的经验以及公司在提高员工素质方面所做的努力。顾客、人力资本和过程指标大都与短期绩效有关。更新与发展是房屋的基础，关注公司长期的可持续性。这个模型的主要目标是将管理者的更多注意力引导到这个基础上。埃德文森认为，"这成为新的底线"。尽管人力资本是转瞬即逝的，但人力资本是智力资本最为活跃的部分，这一部分对于更新和发展而言是关键的。

智力资本导航仪把每个部分解释为主要关注于战略地位、转化和转换的速度的可用结果，比如导航。更新和发展是通过产品或服务上市的时间或与行政管理费用相关的业务开发费用的百分比来衡量。

斯堪的亚集团公司总经理认为，使公司隐藏的才能可以认为是未来成功的必要前提。只要知识可视化，它就会明晰起来。为了增强智力资本能力的可视度和透明度，斯堪的亚集团公司创造了许多像"导航仪"这样的工具。但使知识可视化的另一个手段是"斯堪的亚集团公司的未来中心"，已经成为唯一的组织设计的实验室，就是提供一个知识创新的实现环境。在未来小组一般启动"展开思想"（mind－stretching）、"完形心理"（gestalting）或"平静大脑"（braingstilling）的计划。以上是著名的斯堪的亚公司智力资本的基本结构，抓住特定的时点用以反映公司可持续发展的潜力，如果有条件构建含时间轴的三维模型，还可动态反映企业智力资本的积累及预测情形。

斯堪的亚模型没有赋予智力资本的货币价值，但是使用了间接测量以假定的价值增加作为跟踪的趋势（Lynn，1998）。这些使用的标准在本质上是主观的，没有被具体化（Johan Roos & Goran Roos，1997）。强调的是平衡表的方法，而不能反映组织内的动态知识的流动，在测量过程中忽视企业文化、组织学习和员工的创造能力等企业价值创造的重要成分。尽管该系统与平衡计分卡有相似之处，但仍然有重大的区别。首先，上述因素均取自智力资本层次。其次，斯堪的亚公司充分利用该模式，再配以丰富的语言，从而可以将其用于沟通。自1994年以来，斯堪的亚公司每年两次向外界发布与其业务有关的智力资本指标，将其作为财务报表的补充，以帮助管理者和股东衡量有代表性的公司的无形资产的价值。① 一些导航器在团队或部门水平上建立。导航器被用做员工发展的基础，现用于员工激励制度中。

斯堪的亚智力资本的专家现正在尽力使会计和人力资源部门实现特殊的配合成为可能，这样就可以开发基于实施研究和竞争分析的更好指标和资本率。在更新和发展方面，与导航器相连的工作也敦促公司更详尽地考查领导进步、管理层补充和工作轮换的贡献。

四、智力资本指标（IC Index）

约翰·罗斯和戈兰·罗斯（Johan Roos & Goran Ross）等提出的 IC 指标，斯堪的亚公司在其 1997 年年报的智力资本附录中首次使用。IC 指标是"第二代"智力资本测量实践的典范，将不同的单项智力资本指标合并成一个综合指数，指标的设计是根据以下三个因素考虑：战略、公司特征和公司所属行业特征，极大地改进了众多单项指标冗长列表的状况，提高了公司价值创造过程的可观察水平，以便于对这一过程进行全面管理并建立智力资本的有关基准。与第一代智力资本模型相比，这种综合处理的方法有助于公司经理更好地从整体上评估公司的智力资本状况。

在智力资本指数模型中，公司在对自身定位与战略有了清晰的认识之后，就要根据其长期目标去获取两组信息：一组为公司创造价值的途径，即获取那些能真正推动公司创造价值的智力资本；另一组为公司绩效衡量指标，即获取能够描述多家公司成功的关键要素与反映其特征的指标。最后将这两组信息结合起来建立一个智力资本测量系统。IC 指标获得智力资本测量指数有如下几个特征：①关注智力资本的动态监控；②能够在重要时期关注绩效；③与那些典型的用实物资产检验公司的观点截然不同，为认识公司智力资本提供一个全新的视角；④具备自我纠错功能的指数，如果智力资本指数的表现不能反映公司市场价值的变化，那么模型所选择的有关资本形态、权重和指标也就存在缺陷。②

与其他智力资本系统一样，IC 指标分为人力资本、结构资本、创新资本和流程资本，并区分各要素的权重等级。与其他模型不同的是，该系统引入了

---

① Edvinsson, L. Developing Intellectual Capital at Skandia［J］. *Long Range Planning*, 1997, Vol. 30,（3）：320 – 331.

② Johan Roos, Goran Roos, Nicola Carlo Dragonetti, Leif Rdvinsson. *Intellectual Capital – Navigating the New Business Landscape*［M］. Macmillan Press Ltd. , London：1997：76 – 94.

流量分析，例如人力资本与流程资本之间的转换。同时，还设有一个单独的指数，从而可以进行不同时间和不同单位之间的对比。另外，IC 指标也反映了潜在智力资本组成要素的变化，即可以显示未来潜在收益驱动要素的变化信号。由于智力资本指数将过去的绩效也纳入计算范围，"一次性事件"不能及时在指数的上下波动中得到反映，这在很大程度上削弱了智力资本指数的有效性。

根据罗斯等人的观点，建立 IC 指标的主要好处是迫使管理层处理重要问题并提出解决方案，也要考虑 IC 绩效的比较。因此，可以考虑在没有限制条件和增加百分比两个层面上设立标杆。IC 指标也便于外部股东直观了解公司更多情况。

五、智力资本审计测量模型（Intellectual Capital Audit）

安妮·布鲁金（Annie Brooking）将智力资本分为市场资产、知识产权资产、人才资产和基础结构资产。智力资本审计测量模型是由技术经纪人（Teohnology Broker）公司发展成有助于制定战略和促进勤奋工作的工具，采取了几种标志来评价商业机会：目标、智力资本、理想资产、审计、指数、标的和措施。[①]

智力资本审计测量模型是利用智力资本指标设计出 20 个问题让企业回答，如果做出肯定回答的数目越少，就要注意加强公司的智力资本建设。然后，设计了各个变量对各类资产贡献度的特定审计问题调查表，来测量智力资产的四个组成部分。为确定企业智力资本的隐含价值，该审计模型具体询问了 200 个问题（见表 7-2）。一个组织的智力资本价值完全取决于组织目标与市场状况，任何估价都具有组织的独特性，并受到时间的限制。智力资本审计测量模型因给组织识别智力资本的价值提供了一个"工具箱"而广受称赞。[②] 但是，存在的不足主要有：从通过调查表得到的定性结果再到计算出资产的实际货币价值之间有一个相当大的跨度；如果基于成本定价，则因历史信息与实际价值的脱节而导致估价失去意义；如果基于市场定价，则因缺乏许多智力资本组成要素的有效市场价格信息而难以实际操作；如果基于未来收益定价，则因现金流模型固有的主观性与不确定性而降低了可行性。

---

① Brooking, A.. *Intellectual Capital : Core Assets for the Third Millennium* [M] . Enterprise, Thompson Business Press, London, 1996.

② Brooking, A.. The Management of Intellectual Capital [J] . *Long Range Planning*, 1997, Vol. 30 No. 3 : 364 - 365.

表 7 - 2　　　　　　　　　　　　智力资本审计测量模型

市场资产	智力财产资产	人才资产	基础结构资产
7 个名称审计问题	9 个专利审计问题	5 个雇员教育审计问题	6 个管理哲学审计问题
15 个品牌审计问题	5 个版权审计问题	5 个专业资格审计问题	4 个公司文化审计问题
14 个客户审计问题	3 个设计审计问题	12 个与工作有关的知识审计问题	31 个有关公司文化的合作审计问题
7 个名称审计问题	4 个商业秘密审计问题	8 个专业估价审计问题	7 个信息技术系统审计问题
5 个积压审计问题		8 个与工作有关的能力审计问题	6 个数据库审计问题
10 个销售审计问题		9 个公司学习审计问题	6 个网络审计问题
6 个合作审计问题		3 个人才资本管理审计问题	5 个信息技术经理审计问题

资料来源：根据 Brooking, A. (1996) *Intellectual Capital*：*Core Assets for the Third Millennium*. Enterprise, Thompson Business Press, London 整理。

通过知识审计，找到知识要素组合的优势和弱势。所用方法因所度量的资产而有所不同。智力资本从外部看可以分为人才资产和市场资产，从内部看可以分为基础结构资产和知识产权资产（IP）。然而，IP 强调集中，与高技术公司是一致的，但是，把 IP 分开来考虑并不适当，IP 应属于组织结构资产的一部分。

六、平衡计分卡（The Balanced Scorecard）

卡普兰和诺顿（1996）提出的平衡计分卡（BSC）发展成形，并且自 20 世纪 90 年代中期起就是常见的战略管理工具。BSC 从四个方面对企业业绩进行了度量：①财务维度，包括利润、投资回报（ROI）、经济增加值（EVA）等；②顾客维度，包括顾客满意度、顾客回报时间、市场份额，以及顾客利润等；③内部业务流程维度，包括产品设计、产品开发、售后服务、生产效率、产品质量等；④学习与成长维度，包括雇员能力、组织适应变化的能力等。四个维度之间相互影响相互作用，每一个维度不仅包括具体的目标，而且包括为达到每一目标而相应设计的具体评价方法。而这些目标与评价方法的构建，是在公司远景和战略框架的统领下完成的。①

尽管卡普兰与诺顿没有提出智力资本的概念，但是 BSC 的思想和测量是

---

① Kaplan R. S., Norton D. P.. Using the Balanced Scorecard as a Strategic Management System [J]. *Harvard Business Review*, (Jan - Feb), 1996：75 - 85.

通过不同的方法来达到与智力资本测量相同的目标，BSC 更多地倾向于顾客资本而不是偶尔提供员工资本的信息，忽视了知识管理是新经济时代成功的重要因素和企业长期生存的关键。与斯威比提出的 IAM 相比，IAM 提出的指标是以无形资产的成长、更新、有效和稳定来评估无形资产的价值，而 BSC 的目的是通过增加顾客、流程和学习、成长方面来衡量，BSC 没有提及是什么构成一家公司，而 IAM 以知识的视角试图重新定义和重新评估公司。BSC 是仅仅通过增加非财务信息来平衡财务信息的一种工具，但它并不是一种普遍适用的体系，不同的企业面临不同的竞争环境，需要不同的战略。① 所以，各企业需要根据自己的特点来选取不同的角度和指标进行 BSC 的设计，如果盲目地模仿或抄袭其他公司，不但无法充分发挥 BSC 的长处，反而会影响企业未来的发展。

七、ARC 智力资本模型

奥地利研究中心（Austrian Research Centers；ARC）是奥地利半官方半民间的最大研究技术组织（RTO），现在是以私人有限公司的形式运营。目前，ARC 致力于信息技术、材料技术、生命科学、工程、原子能安全和系统研究，有 700 多名员工进行公共基金研究项目（public－funded research）和行业基金应用研究开发项目。ARC 在 1999 年开始增编智力资本报告。

ARC—IC 模型是以流程为目的的模式，试图反映组织内知识的流动（知识的生产和运用流程）。而以结构为导向的模式如斯堪的亚模型把不同的无形

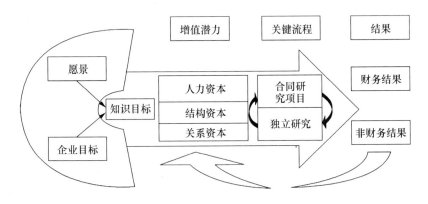

图 7 - 2　ARC 智力资本模型

---

① Sveiby, K. E. Methods for Measuring Intangible Assets, Available at: www. sveiby. com/ articles/IntangibleMethods. htm（accessed September），2002.

资产分离，主要目的是试图描述组织知识的空间和位置。这两种方法都是线性的，因此不能反映知识在组织内以无形资产所表示的知识固有的流动性和无缝隙性的本质。ARC—IC 模型设计为追踪研究型组织的知识生产流程和知识流，与智力资本分类的完整性是一致的。[①]

ARC—IC 模型的内在逻辑是，知识的获取、应用和开发流程起始于根据公司战略对特殊的知识目标的定义。知识目标详细阐明杠杆或构建支持公司战略的特殊技能、结构和关系的知识基础和指标。这些目标构成了 ARC 使用智力资本的框架，根据该模型，智力资本由人力资本、结构资本和关系资本构成。这些无形资源是知识使用和生产流程的输入，依次显示在几个项目中。依靠特殊的项目设计，平等地或者有选择地使用智力资本的三个构成。在这个流程中有许多相互作用，从而产生知识的溢出效应。还确定了 ARC 合同研究项目和独立研究流程的财务度量标准以及财务和非财务结果。财务度量标准来自知识的目标。该模型对增加价值潜力、流程和结果的度量标准做了基本的区分，这有助于对财务度量标准的评价，因此，根据假定的知识相关流程即获取、应用和使用建立财务度量标准。德国航空和航天中心（DLR）已经基本上采用该模型。在奥地利高等教育改革的过程中，计划每年建立一份关于知识产权的 IC 报告。

八、价值链计分板模型

2001 年，巴鲁·列弗开发了一个强调流程的模型，理论基础就是价值链的定位。通过价值链来说明创新的基本经济学原理。企业的价值链可分为三个阶段（见表 7-3），即创新观点的发现、创新发现的开发和实施、新产品和新服务的商业化。创新发现是企业价值链的起始阶段，也是知识最为密集的一个阶段，需要持续大量的资源投入。价值链的第二个阶段是为了获得产品、技术和流程的技术可行性而进行的创新发现的实施阶段，这一阶段标志着由创新观点向有效产品的转化，需要充足的人力投入。商业化是价值链的最后一环，标志着企业的创新过程是否成功。在这一阶段，产品和服务通过市场产生收益和利润，如果收益超过资本成本，说明企业价值有所增加，创新过程获得了成功。由于企业成功的关键在于创新，而创新又主要由智力资本来驱动，因此智

---

① Manfred Bornemann, Karl - Heinz Leitner. Measuring and Reporting Intellectual Capital: The Case of a Research Technology Organization [J]. *Singapore Management Review*, 2002, Vol. 24, (3): 7 - 15.

力资本存量在企业价值链中明显占据主导地位。[①] 价值链计分板的目标在于提供一个综合和深入的企业能力框架，构建一幅创造企业价值的成功画面。

表 7 - 3   价值链计分卡指标

发现和学习阶段	实施阶段	商业化阶段
1. 内部更新：如研发、人力资源培训和开发、组织资本和流程等 2. 所获得的能力：如购买技术、技术外溢使用、资本支出等	4. 知识产权：如专利、商标、版权、特许经营、已编码的技术秘诀等 5. 技术可行性：如临床试验、食品与药品管理局的许可、β 试验、小规模试验等	7. 顾客：如销售联盟、品牌价值、顾客定期购买和顾客价值等 8. 绩效：如收入、盈利与市场份额、创新收益、专利和特许权、知识收益和资产等
3. 网络关系：如研发联盟、供应商和顾客一体化、实践社区等	6. 互联网：如临界交易量、在线购买和销售及主要的网络伙伴等	9. 增长前景：如产品线和市场投放数据、预期效率和预期盈亏平衡等

　　价值链计分卡从价值链角度研究创新在企业成长和价值创造过程中的作用，较全面地描述了企业创造经济价值和竞争优势的能力，不仅能够为投资者提供比较充分、真实的智力资本信息，提高资本市场投资决策的民主性，而且还可以增强组织内部管理决策过程的外部性。然而，该方法在智力资本动态指标及未来绩效评估方面还有待完善，主要是指标的选择是以静态指标为主，尽管结合了一些动态过程的衡量，但缺乏实证检验。

　　价值链计分卡提供了一个既可供内部决策使用又可揭示外部投资者的消息系统。具体的计分卡指标如果要保证最大的有用性应满足三个标准。首先是定量化。价值链中的定性因素（如员工的工作业绩、专利的交叉授权）可以为计分卡提供一种辅助信息。其次是标准化（或者是容易被标准化的），这样便于公司之间在价值量和标杆上相互比较。最后是测度要与使用者相关的经验证据来证实，一般通过在业绩指标、公司的价值指标（如股票收益）和生产力的提高之间建立一个显著的统计分析来完成。列弗的研究对于美国财务会计准则委员会（FASB）的政策制定有很大的帮助，希望通过严谨规范的研究找出适用于知识经济的会计准则和标准。

---

　　① 详细图标可以参考巴鲁·列弗《无形资产——管理、计量和呈报》，中国劳动社会保障出版社2003 年版，第 115 页。

九、FiMIAM 方法

罗多夫（Rodov，2002）等人提出无形资产测量的财务计量方法（financial Method of intangible assets measurement，FiMIAM）。该方法是建立在 Leliaert 的三叶图模型的基础上，再根据斯图尔特的智力资本三分法把智力资本分为人力资本、结构资本和客户资本，并用三个重叠的叶子代表。如图 7 - 3 所示，智力资本分类中的两个或三个的结合部分有人力资本与客户资本的结合部分是与个人紧密相关的面对客户的，该部分的运用创造了特殊的顾客需要。结构资本和客户资本的结合部分反映了公司对客户起杠杆作用的能力和客户归因于公司品牌名称的价值。人力资本与结构资本的结合部分存在知识的流程，即隐性知识的共享和外部性以及显性知识的扩散。引入智力资本侵蚀（ICE）概念，定义为投资者预期的市场价值（IAMV）与公司实际拥有的市场价值（AMV）的差额。

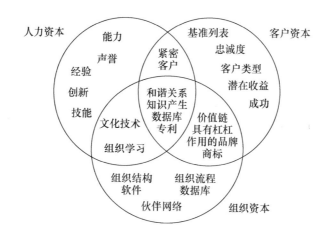

图 7 - 3　智力资本的三叶模型

资料来源：Irena Rodov，Philippe Leliaert FiMIAM：Financial Method of Intangible Assets Measurement [J]．*Journal of Intellectual Capital*，2002．Vol．3，（3）：333．

FiMIAM 方法实际上是延续资产负债表的思想，不是根据预先设定的指标来对智力资本进行评价，而是先根据财务和非财务数据来确定重要的智力资本的成分，再依据这些资产在公司价值创造中的重要性来确定出相应的权重，通过将权重与现实的智力资本价值（RICV）相乘就可以得到各类智力资本的价值。

在智力资本三叶模型的基础上，Leliaert 等提出智力资本的四叶模型，就是在构成上增加了战略联盟（SA），将智力资本的四类相互交叉产生 15 种有区别的智力资本部分，并归为结构资本、非结构内部智力资本和非结构外部智力资本三类。四叶模型作为管理工具，这些划分是根据控制和管理的可能性进行区分的。它是根据公司的具体情况和公司战略确定公司最为重要的无形资产，并强调结构性资产的重要性，认为智力资本的结构化程度越高，其对公司越重要，对公司未来的价值也越大，即根据结构化程度来设计相应的权重。三叶模型主要是从会计计量角度来建立智力资本的资产负债平衡关系，四叶模型主要是从管理角度来衡量智力资本的构成成分在价值创造过程中的作用，以及如何根据公司的现状和发展战略采取相应措施实现智力资本在四叶模型中的转化，从而实现公司价值的最大化。

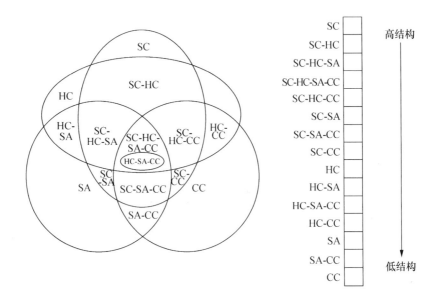

图 7 - 4　智力资本的四叶模型——15 种分类

资料来源：Philippe J. C. Leliaert，Wim Candries，Rob Tilmans Identifying and managing IC：A new classification，*Journal of Intellectual Capital*. 2003. Vol. 4，（2）：204.

第二节　智力资本的外部测量方法

在较为成熟的资本市场条件下，企业的市值反映了市场对财务资本和智力资本（即企业总体价值）的判断，因此，智力资本的价值信息很容易从企业市场价值与财务资本的价值差额中获得。为了便于企业间的比较，可将智力资本的价值转化为相对形式，即用企业市场价值同财务资本的比率表示。根据财务资本价值确认形式的不同，可有两种比率指标，即市账率和托宾系数。对一些非上市公司而言，由于缺乏直接的市值信息，智力资本的价值可通过"计算价值法"予以确定。

一、市场价值与账面价值比率法（Market - To - Book Ratios）

该法是通过企业的市场价值与账面价值的比率来反映企业智力资本的相对大小，其实质是认为企业市值扣除企业财务资本价值后的余额即为企业智力资本。这种方法的优点是，计算简单，方便易懂。[①] 但由于影响公司市值的非经济因素较多，而且公司股票价格的波动歪曲无形资产的价值，这种方法提供的是单一整体的测量，没有进行单个的智力资本的构成分析。在缺乏成熟的市场经济环境下确定的标准也不一致，再加上公司账面价值受所选会计政策的影响，故企业间的可比性差。将市场价值超出账面价值的数额视为智力资本是否准确还有待进一步探讨，这种所谓的"隐藏价值"中有没有体现未来公司成长机会的价值，但是如果体现了，这种价值是否能单纯归功于智力资本投资？在实际工作中，这种市场价值与账面价值之差并不全部取决于企业的智力资本。股票交易市场受很多宏观因素影响，尤其是投机因素，这些都与智力资本无关。有很多关于企业未来远景的猜测和假设都会影响企业的市场价值。事实上，影响市场价值的因素中有 1/3 与人们对企业的未来期望有关，我们可以称之为"期望资本"。公司的市场价值是指投资者集体评估的期望未来净收入的净现值，把市场价值等同于 IC 就会产生因果关系的模糊。一个企业的 IC 表示通过作为重要资源的知识的开发所具有创造价值的整体能力和力量。对于公司市场价值不断变化来说，把 IC 等同于市场价值是无用的。为了有用，IC 不得不对市场价值有决定性的影响，相反不是市场价值决定 IC 的价值。

此外，出于税收方面的考虑，公司低估了其资产，致使账面价值被低估。这样公司对实现资产贬值的管理技巧有可能被认为是一种实现市场价值和账面价值更大差距的无形资产。

二、托宾 Q 法（Tobin's Q）

托宾 Q 是诺贝尔经济学奖得主詹姆斯·托宾设计的用来预测投资行为的

---

① Philip K. M. Pherson, Stephen Pike. Accounting, Empirical Measurement and Intellectual Capital [J]. *Journal of Intellectual Capital*, 2001, (2): 246 - 249.

一个参数。它是公司的市场价值与公司资产的重置成本的比值。如果公司资产的重置成本低于公司的市值，那么公司的投资行为就获得了超额利润，而智力资本就是超额利润的源泉，公司的托宾 Q 值越高，表明公司获得高额利润的能力越强。[①] 我们同样可以运用托宾商数对公司需求的智力资本进行群体价值的量化，从而为智力资本价值的转化以及潜力的发挥确定明确的标准，从而成为智力资本价值实现的参照物。该法克服了企业账面价值受公司会计政策影响的局限，从而有利于不同企业之间比较，尤其是同行业间的比较。但是，这一方法同样也受到市场价值所确定工作的影响，所以，在测量公司智力资本价值时也有一定的局限。

托宾商数法与差额法相比，具有一定的进步性，它将评价的结果用相对数的形式表现出来，在一定程度上克服了用绝对数表示智力资本群体价值的误差，从而使得不同行业之间的比较成为可能；同时，它用重置成本代替了账面价值，使得相互比较的两个数据的起点接近一致，增强了可比性。但是，托宾商数法仍然将市场价值作为其定价的主要指标，从而没有消除外来变量对其评价结果的影响，并且采用不同的会计政策依旧会对其定价的结果产生影响。然而，托宾商数法使用时的低成本仍然受到当时实务界的重视，表 7 - 4 是运用该种方法对一些知名公司智力资本价值的定价结果。

表 7 - 4　　　　　　　　　　　托宾 Q 商数评估　　　　　　　　单位：亿美元

公司	市场价值	净资产	重置成本	隐藏价值（%）	托宾 Q 值（商数）
可口可乐	1480	60	150	90	9. 87
微软	1190	70	180	85	6. 61
英特尔	1130	170	430	62	2. 63
通用电气	1690	310	770	54	2. 19
艾克森	1250	430	1070	14	1. 17

说明：隐藏价值比例 = 1 - 重置成本/市场价值。

资料来源：J. 罗斯，1997 年。

三、计算无形价值法（Calculated Intangible Value，CIV）

斯图尔特（1997）提出的计算无形价值法，其基本思路是：以行业平均

① Hudson W. *Intellectual Capital：How to Build it，Enhance It，Use it* [M]. New York：John Wiley & Sons，1993.

有形资产收益率为基础，将公司有形资产收益中超出行业平均水平的那部分收益视为智力资本创造的超额经济利润，然后再根据这部分超额利润确定智力资本的数量。① 这种方法的计算步骤已成为大多数企业遵循的标准，其步骤如下：

（1）计算一家公司三年的平均税前收益。

（2）根据资产负债表中的数据计算该公司三年的平均年末有形资产的价值。

（3）用税前收益除以平均有形资产得到资产回报率。

（4）计算同期整个行业的平均资产回报率。

（5）用行业平均资产回报率乘以有形资产得到行业平均水平下的税前收益。

（6）用公司的税前收益减去平均收益得到超额收益。

（7）计算三年的平均所得税率，并由此计算出税后超额收益。这部分收益就是对智力资本投资的回报。

（8）计算超额税后收益的净现值，即用该值除以公司的资本成本，得到的结果就是没有体现在资产负债表中的智力资本的价值。

CIV 是相对于竞争对手而言的衡量资产效率比较好的指标，但有赖于会计惯例（如资产权益等）。由于智力资本的特殊性，简单地将市场价值与企业账面价值相比较就认定为智力资本的价值，缺乏确凿的理论依据和科学证明，从而使得这种智力资本的测量方法略显笼统，界限不清晰，说服力较低。

四、经济增加值法（Economic Value – Added Approach，EVA）

EVA 是一种全面的业绩测量方法，是由斯图尔特（1997）提出，使用了资本预算、财务计划、目标确定、性能测定、利益相关者的沟通和激励补偿等变量来考虑公司价值增加或减少的方法。② EVA 是投资的剩余价值创造的一种测量方法。EVA 是通过从净销售额中减去资本支出、税收和运营成本。其计算公式是：

$$EVA = 净销售额 - 运营成本 - 税收 - 资本支出$$

EVA 考虑了企业经营的全部成本，因而被称为是股东利润。它的产生适应了两权分离的现代公司治理的需要，然而却无法摆脱财务指标所固有的缺陷——短期导向，体现在它无法有效地反映顾客、雇员、供应商等利益相关者

---

① 　Tomas A. Stewart. *Intellectual Capital – The New Wealth of Organization* ［M］. New York：Double-day/Currency Publication，1997：162 – 165.

② 　Ibid.

对促进企业将来绩效的重要作用。在提高 EVA 的同时可能损害了利益相关者的利益，从而最终破坏企业的长期价值，因而迫切需要做出进一步地改进，即融合非财务业绩评价方法。

从 EVA 的测量结果上看，我们很难理解组织无形资产或组织效率对绩效的特殊贡献。EVA 测量的许多变量致使它没有标准和很难比较，结果的精确性只有很少实证证据显示。

五、基于实物期权的方法（Real Options – Based Approach）

实物期权是运用财务期权的方法和理论来评价无形资产的方法。财务期权是一种权利，而不是责任，是指以固定价格在一定时间内购买和销售潜在的资产。[1] 实物期权是基于非财务资产的一种选择，可以运用到对过程、推延、扩大或放弃投资。通过金融市场技术、基准和信息，企业能够谨慎地做出投资决策和保持投资决策与市场的一致。但是，在运用实物期权过程中出现了两个根本问题：一个是实物期权价值的定量问题；另一个是如何劝说组织改变传统的评估和投资思维方式。

六、知识经济与智力资本测量的缺陷

丹尼尔·安德里森（Daniel Andriessen, 2001）认为，使用"无形资产"这一术语会产生事实上的危险。把无形资产称为"资产"，似乎使人把它像对待其他资产一样对待，结果是一些实践者试图用针对有形资产设计的会计体系来对它计量。[2] 如卡迪（Caddy, 2000）讨论智力资产和负债。但是复式计账法体系有 500 多年的历史，它的流行始于意大利的和尚卢卡·帕西奥利（Luca Pacioli），是基于交易的基础上形成的。交易就像产品的销售，结果是收入报告和平衡表的变化：商品的销售收入和销售成本费用增加，贮存减少，现金和所有者权益增加。这也许是运用于中世纪的农场、18 世纪的商业企业或 19 世纪的钢铁企业的体系。无形资产具有以下五个特征：无形和非竞争性；无形资产的价值在没有任何交易发生时能够增加或减少；无形资产的获利比有形资产的获利具有更多的不确定性；无形资产更易贬值或受损，也比有形资产更具有竞争优势；无形资产不可能进行累加。这五个特征解释了无形资产不适合用复式计账法体系，也解释了不可能用调整体系的方法，例如，把知识放在平衡表

---

①　Jan Mouritsen, Per Nikolai, Bernard Marr. Reporting on intellectual capital: Why, What and How? Measuring Business. 2004. Vol. 8, (1): 46 –55.

②　Daniel Andriessen. Weightless wealth: Four modifications to standard IC theory [J]. *Journal of Intellectual Capital*, 2001, Vol. 2, (3): 204 – 205.

内。这不是说要抛弃这一老体系，它仍然具有很大的价值，随着会计领域的标准化，其价值将增加。

目前，在各种类型的智力资本指标的开发上已经取得很大进步，许多公司使用这些指标附在公司的年报后面。经验表明，这些指标很难定义，甚至更难测量，而且许多公司缺少可靠的数据，因为当前管理信息系统不适合报告无形资产。当数据可获得时，按年的数据进行趋势分析需要几年。如果这些数据能够报告，许多实践者和公司会感到很满意，但问题是对于管理者和利益相关者来说又没有标准来判断测量是太高还是太低。尽管花了很大的力气进行智力资本的报告，但是结果的数据是没有意义的。

采取混合指标的方法，这种状况可以得到改善。例如，约翰和戈兰·罗斯（1998）等开发的 IC Index。在 IC 的每一方面都有一些指标，其权重根据公司运作的以下三个因素：战略、公司特征和行业特征，把这些单个指标合并，就得到这个运作的 IC 指数。但是，还是缺少清晰的标准，各指标的相对权重也是主观的，因此，最后结果在很大程度上依靠所选择的权重。

表 7 - 5　　　　　　工业经济时代和知识经济时代测量方法的比较

工业经济时代	知识经济时代
有形资产	无形资产
财务重点	系统平衡
事件驱动型	过程驱动型
成本	价值
周期性报告	即时性获取
面向过去	面向未来
存量价值	流量价值
生产数据	创新数据
以报告为目的的测量	以管理为目的的测量
追求统一的标准	虽有共同点但还是用户化的

智力资本价值来源于其能为企业带来的未来经济收益，而未来具有很大的不确定性，因此智力资本的价值也就具有很大的不确定性。[①] 基于成本的计量

---

① Jeltje van der Meer - Kooistra, Seibren M. Zijlstra. Reporting on intellectual capital. *Accounting*, *Auditing & Accountability Journal* [J]. 2001, Vol. 14, (4): 456 - 476.

能体现过去已经发生在智力资本上的耗费，虽然具有计量上的准确性，但由于其计量额与未来价值相差太大，不能反映智力资本的真正价值。这就直接导致智力资本价值的不可准确计量，也就是其具有模糊性。

（一）与工业经济时代相比，知识经济时代测量的方法有很大不同

作为一种价值测定方法或模型，必须本着两个基本原则：既要准确界定对象本身价值又要对日后企业的资源管理提供理论指引。如现有的会计理论，从最初的计量资产原有价值方式逐渐转向描述资产未来价值的计量方式，这种有形资产的评价方式的变化趋势正是说明了这一点。因此，对于智力资本价值测定也需要朝着知识经济时代测量方法方面做出更大的努力。

（二）为什么智力资本测量报告没有被公司广泛使用呢？

不同的衡量方法可以提供有趣的新的分析视角，对投资者及公司经理人也具有价值。智力资本的测量相对来说还是一个崭新的领域，仅有一些前沿的企业在大范围地使用着这些新的测量方法。许多资深的管理人士和决策者们也不愿意在新的测量尺度和系统没有完全成熟之前就使用它们。但为什么智力资本的测量报告没有被公司广泛使用呢？主要有以下四个原因。

（1）许多经理人认为这种报告没有意义。制作公司年报的财务分析家对于非货币指标的信息跳过不看，因为他们不知道如何分析这些指标，也没有时间去学习分析。而许多经理人员没有察觉需要用这些指标拿来做内部监控之用。

（2）担心泄漏公司的商业秘密。很少有公司敢公开谁是它们的顾客、顾客对公司的感觉、谁是公司的竞争者等信息。

（3）缺乏严密的理论模型为测量报告所使用。现有的会计制度并没有为此目的而设计，致使这类重要指标发展困难、昂贵和无法进行比较。还有一种原因是那些外部组织（如会计标准机构）没有跟上知识经济发展的步伐，它们的规则是基于算术的精确相加，而不是基于无形资产的模糊性和对知识的组合。

（4）标准化的智力资本报告还没有被普遍接受，各种方法之间的差别使得对不同公司的方法进行比较受到限制。现在只能在相似的公司之间进行详细比较。如一家汽车公司的 IC 与保险公司的 IC 就有所不同。

（三）当前的发展和未来的方向

在评估智力资本的过程中用到的数据会受到会计记账方法等多种因素的影响。例如，根据有形资产的超额收益推算智力资本时要用到公司资本成本，因此最终计算结果与资本成本的确定有直接关系。虽然精确测量智力资本非常困难，但是我们完全可以用一些指标对公司拥有的智力资本进行大致的评估。评估的目的有：一是确定智力资本对公司业绩的贡献率，发现价值驱动因素并加以充分利用；二是可以将评估结果与历史水平以及同行业的其他企业进行比较，了解本企业的发展业绩和相对于同类竞争对手的表现。智力资本管理的核心就是通过对这部分资本的管理增加公司的价值。而测评管理业绩的关键就是在智力资本投资和公司业绩之间建立联系，根据评估结果进行公司资源分配及投资决策。

尽管许多企业对当前 IC 进行管理和控制，但依然没有为国际所接受的普遍标准。[①] 对于智力资本的测量将来有两个主要发展趋势。一是使无形资产的信息容易以财务报告的形式来测量；二是鼓励自愿公开和提高有关无形资产的投资和管理的非财务信息的可获得性。

在财务和非财务方法之间还有很大距离。财务方法的目标是确定 IC 的价值和潜在数量，非财务方法显示在理论和实践上为 IC 或知识等赋予货币价值的困难。对编码 KM 方法的失望日益增加，已为知识管理战略的个性化因素所证明，提供一台服务器和一种分类法被证明显然对建立一个能发挥作用的 KM 系统是杯水车薪。到目前为止，还没有可靠的方法将财务计量单位分配到大多数 IC 组成部分，因此对外报告只部分依赖定性的测量。另一方面，可以与市场和资源型策略之间的持续相互作用联系起来。鉴于向外部市场报告使用硬数据，内部控制和资源开发越来越以定性的指标为基础。如表 7-6 所示，说明了这一发展趋势。

表 7-6 IC 度量的趋势

方法 ＼ 角度	内部控制	对外报告
财务/定量指标	→因为个性化 KM 的加强，重要性不变	↑获得资本的重要性提高
非财务/定性指标	↑人力资源开发的重要性提高	↓由于缺乏标准化的评估，重要性降低

内部控制越来越为资源型公司的要求所关注：智力潜力的开发成为核心的战略目标。对外报告的主要目标之一是获得资本，也就是维持股市行情。对这

[①] Intellectual Capital: A Habermasian Introduction, 2000, Vol. 1, 1: 187.

个目的来说，财务指标比非财务指标更受欢迎，这对企业的公共关系有一定的影响。因此把 IC 度量分为外部目的和内部目的。现在还没有一个广为接受的对 IC 各方面进行货币评估的方法，因此制定一个国际认可的、结合财务和非财务方面的指标就成为最紧迫的任务。

如果我们把目光过多地集中在测量方法上，很可能导致目光短浅，以致丧失新的机会。在我们还没有亲自考查知识经济的运行方式之前，没有必要采取具体的测量方法。与为回报投资者而发愁相比，行动、试验以及学习或许更为重要。在测量领域，我们还处于一个陡峭的学习曲线的初始阶段，我们最好保持"大致正确"，而不要去犯"精确的错误"。对于组织和决策机构来说，最重要的是尽可能深入地认识知识经济，不断地试验新的测量方法。

尽管对智力资本测量进行了大量研究，但是对智力资本的测量仍然处在探索阶段，现在还没有得到一致认可的智力资本测量方法和测量理论。现有的研究涉及不同学科，如会计、经济学、财务、战略、人力资源和心理学，由于使用不同的智力资本测量理论导致了测量的多维度。

商业研究者和实践者常常感叹在研究者做什么和企业愿意或需要知道什么之间缺少沟通，因而要在两者之间架起相互合作研究的桥梁。

第三节　业务层面上的智力资本测量

经理层面临的挑战是如何在业务层面上利用好公司的智力资本，以得到资本市场的奖励。那么，如何才能开发出一种模型以对那些为公司带来大量价值的智力资本进行衡量。这些智力资本一般具有以下特点：雇员士气、强有力的管理权限，以及一个鼓励创造的环境。

平衡记分卡是首次被广泛认可的，它的一个重要贡献在于只使用了为数不多的关键衡量指标，这样公司就不会因为衡量过多方面而分散注意力，虽然是对包括智力资本在内的各项资产进行评估的管理评价方法，但它并未清晰地勾画出组成评估模型所需的具体评估方法。

列弗·埃德文森和迈克尔·莫尔建立了一种涵盖财务、客户、人力资源、过程和更新、发展等各项指标的报告模型。由于很难对智力资本的各项组成要素进行评估，因此尚未出现评估智力资产组成要素的正式模型。公司的财务报表也没有对这些要素进行报告。但实际上，很多公司内部已经对这些要素进行评估，一些公司正着手把智力资产列入资产负债表。瑞典的斯堪的亚公司的价值方案，把智力资本分解为人力资本、客户资本和组织资本，正是这些资本的相互作用为公司创造出价值。

一、人力资本评估方法

当评估从有形资产悄悄转向智力资产、创新和知识时，员工队伍把这些资产转化为收入的能力变得日益重要，为了雇用到好员工、对员工进行培训、防止员工流失，公司必须付出更多的精力。一个知识型公司的大部分价值是由人力资本创造的，如果没有人力资本，关系资本很可能无法创造出价值。由于最终创造公司的是人，所以人力资本是公司最重要的无形资产。创新能力最能揭示出公司人力资本的价值。一些公司通过最近的销售额和原有销售额的百分比来衡量创新能力。这个比例容易产生误导，因为它没有考虑到新产品的其他成本—收益分析。销售数据的百分比并不能反映出新产品的价格溢价或价格领先，新产品的边际利润倒是能很好地说明创新能力，反映公司的真正创新产品，要求有价格贴水以避免受价格下降的损失。因此，衡量雇员创新能力的最好方法，是对新产品和旧产品的总利润率进行比较。

创新产品的价值可以通过财务数据衡量。很多人力资本的量化评估方法对公司管理也非常重要。斯威比提出了对无形资产进行分类的三项指标：增长和更新、效率、稳定。由于人力资本为未来盈利能力提供了重要保证；管理层必须不断地对人力资本重新进行评价。公司员工"潜力"的大小（最重要的是那些创造利润的员工）可以通过对员工的任期、流动、经验和学习能力进行分析得到，公司劳动力的总从业年数可以用来衡量专业队伍的技巧和经验。这种衡量方法在某一具体时点不一定有说服力，但是随着时间发生的变动能够有力说明公司的成功。

公司专业人员的受教育水平也从一方面表明了员工能力，因为教育可以淘汰表现不佳者。另一个可用来衡量人力资本的指标是与公司职业发展计划有关的成本，那些对某些员工投资额进行跟踪的公司会发现，对员工开展培训花费的成本低于由此而获得的收益。评价公司专业能力的另一种方法是跟踪雇员流动情况，并分析它如何影响公司的整体能力，斯威比认为，一个正常的知识型公司，非创收员工的比例不能超过10%。

最后，员工态度在很大程度上说明了一个公司人力资本的价值。民意调查是衡量员工满意度的最常用工具。对办公室内部调查（员工鉴于调查后果的考虑，答卷有可能被歪曲）的一个改进，是所有调查都由绝对保证保密的第三方管理。

二、组织资本的衡量方法

公司在计算机系统和数据库中储存信息，通过专利、商标和著作权等形式保护智力资产。对那些受到合法保护的智力资本，越来越多的公司开始评价它们的价值并纳入资产负债表对外报告，组织资本有助于促进公司和外界的相互作用。公司系统不但使公司与客户的联系更加紧密，也促进了公司与其他外部机构的联系。

专门从事组织资产价值评估的商标和许可协会把组织资产分为三种。技术型组织资产，包括商业秘密、配方、专利权测试结果等。营销型组织资产，包括版权、标识语、广告、商标等。技巧型或知识型组织资产，包括数据库、质量控制标准、资产管理流程和私有信息管理系统。三种组织资产分别以三种不同方法进行衡量，这样，资产是否得到了区别对待？资产对其他人是否有价值？如果有的话，别人愿意为资产支付的价格又是多少？

尽管在评价无形资产的价值时总会存在一定程度的主观性，但是任何公司都可以利用组织资本改进业务。举例来说，沃尔玛公司并不是一个知识型公司，它之所以能够成为垄断零售商，主要归功于有效的存货管理。沃尔玛公司对技术和信息系统的使用给我们重要启示，那就是技术本身并不创造经济机会，但是技术可以用来提高效率。技术不应作为技术本身使用，而是用于提高销售网络的效率。

沃尔玛公司通过成功地管理其组织资本，改进其业务流程已经成为世界范围内的垄断零售商。组织资本的增长和更新可通过公司对内部系统的投资来衡量，公司对新方法、系统和设备（如信息加工系统）开展投资正表明公司致力于结构改进。

（一）商标和版权

由于版权和商标保护的无形资产价值较大，新经济公司把知识产权的保护工作列为头等大事。对拥有世界知名品牌的 45 家公司投票之后，福里斯特（Forrester）研究中心介绍了资产管理的三种级别。

级别一：资产分类，即为保证资产更新、分配和其他用途，对智力资产进行内部编组和管理。

级别二：资产分配，即资产可以在公司外部使用。一般的规则是，资产越有价值对资产分布的管理就越重要。

级别三：监控阶段，即对商标资产的用途进行识别和评估。

对商标资产的管理将把商标资产从控制转向使用，现在的管理重点是产权所有者的权力。其导致的结果是，版税和许可费高涨、剽窃严重、不确定性增加，一对多模型（One‐to‐many model）形成了特许权。商标资产的管理重点从所有者权利和控制，转向产权使用是必然趋势。资产使用的低费用会越来越常见，由于资产使用费下降，剽窃现象会减少，多对多模型将会形成以知识产权为基础的社团。

（二）专利

专利是另一项对公司价值有重要影响的智力资产。巴鲁奇·列夫（Baruch Lev）认为，专利和利润之间存在相关关系。在研究中，列夫发现专利使用频率较高的公司股价上涨幅度更大。专利往往具有很高的财务价值，拥有专利权的公司可从知识产权的商业开发获益，对专利实施积极管理可以为公司创造收入。戈登·皮特拉什（Gordon Petrash）是道氏（Dow）化学公司2.9万项有效专利的主要记录人员，他发现道氏（Dow）公司加以利用的专利还不到它所拥有专利数的一半。他的研究小组与商业单位一起对专利进行了重组，在头18个月中就为公司节省了100多万美元的专利维持费用。他预测，十余年后，道氏公司在税收、文件归档和其他维持成本方面总共将省下5000万美元。同时，他相信，通过运用那些从未动用过的有价值的专利，公司的年均专利收入将从1994年的2500万美元增加到2000年的12500万美元。他指出："我们的长期目标是要把知识管理工作扩展到更为广泛、更有价值的智力资本领域，包括'艺术和思维'、商业秘密和价值上百亿美元的技术专长。"

三、关系资本的度量方法

关系资本的一个重要组成部分是客户资本。客户资本包括与供应商的关系以及价值链上其他参与者的关系。客户关系之所以非常重要，是因为它体现了公司与其客户的关系。客户是否忠心、业务是否上升，是客户关系最好的衡量方法。

忠诚客户的价值体现在什么地方？根据弗雷德里克·雷切德（Frederick Reichheld）的说法："客户保持率每上升5个百分点，就增加了客户人均价值的25%—50%。"其依据是原有客户比新客户购买的商品要多，并且愿意支付更高的价格，而新客户常常在打折时才会光顾。与新客户相比，原有客户赊账较少，并且出于一次性购物的考虑，购买的东西会越来越多。更为重要的是，这些长期固定客户会向他人推荐而为公司带来额外业务。雷切德另一重要研究结果表明：一般来说，公司为获得新客户所支出的费用比为留住老客户花的钱多。公司必须对客户能为公司创造的价值做出预期，然后根据期望价值来划分客户。

丹麦的PLS管理咨询公司把客户分为三类：客户是否有助于增进公司形象和提供有益参考、客户能否提出能够增加学识的富有挑战的问题以及项目顾问能否从该项目中获益或项目能否增加PLS公司的组织资本。在上述三个类别中，排名都靠前的客户被认为是理想客户。一般而言，高级别客户也会为公司创造可观收入。分析有吸引力客户的另一个方法是衡量他们的收入潜力。与同辈相比，他们的收入如何？他们的收入增长是不是比所从事行业的增长速度要快？当他们购物时，有多大一部分会光顾你这里？

客户资本的增长和更新可以用客户平均收益率来衡量。令人惊奇的是，斯威比的报告指出，80%的销售额通常不创造利润。因为很多公司对产品成本而不是客户收益率进行跟踪记录。如果对客户 P&L 账目进行仔细分析，便可得出客户资本的增长和更新显著提高收入的结论。同对待其他资产的方法一样，公司并不希望过度依赖于某一组客户。斯威比认为如果不出现特殊情况，前5名客户创造的销售额不应超过总销售额的50%。对客户满意度的真实测试，可通过商家和客户的信息共享程度进行。客户向你提供了多少关于未来需求的信息？你又向客户提供了多少信息？客户资本的效率短期内可以用满意度测试来度量，但从长远看，客户满意度最好的指标是未流失的销售额。

品牌权益的度量方法。品牌权益是一种具有成熟评估方法的客户资本。品牌评估方法之一是看与其他类似产品相比该产品享有的溢价，在此溢价基础上衡量品牌的价值。另一种评估方法以收入为基础，通过预测未来某段时间内产品或服务能够创造的现金流来衡量品牌价值。研究表明，知名公司市值中所含的无形价值超过了有形价值，意味着市值和账面价值的部分差价是由著名公司的品牌价值造成的。以可口可乐这个世界最值钱的品牌为例，其品牌价值高达696亿美元[1]。

在网上购物，客户既触摸不到商品，又品尝不到商品，在这种情况下，品牌便成为公司与客户间最有力的联系。客户对品牌的认可度比起所谓的品牌知名度更为重要。Audites & Surveys Worldwide 公司将把市场研究领域拓宽到对客户认可度的衡量，其不但监测赞美品牌的个人主页数目，还对致力于商标产品的论坛数目进行统计。

四、智力资本的评估方法

有大量的评估方法可以用来衡量智力资本的组成要素。行业不同，适用的评估方法也不同，甚至同一行业的公司，其适用的评估方法也有差距。因此，评估智力资本的第一步是根据行业特点，找到最能反映行业价值和劣势的评估方法。下面我们选取不同行业的三家公司，根据最相关的原则分别应用人力资本、关系资本、组织资本的评估方法对三家公司进行评估。如表7-7、表7-8和表7-9所示。

---

[1]　根据《商业周刊》2005年8月公布的数据，可口可乐品牌价值最高，其次是微软公司。

表7-7 人力资本度量

项目	内 容
员工成本/培训费用	与其他雇员相比，公司以支付给该员工多少薪水和权益为宜，动用培训经费的时候要慎重，经费高并不代表培训有效。与行业其他公司类似培训的支出是很好的参照
员工创造的收入	由员工—客户关系创造的贴现现金流
知识工人人均市值	这个比率很有意思，可以年复一年进行衡量，以观察其趋势
员工的教育水平教育类型	教育包括学术成就、在职培训和已完成项目的挑战性。这三个指标相互紧密联系，衡量出知识工人的受教育水平，这些数字在与竞争对手进行比较时很有用
技术专长领域的价值	与教育水平有密切关系。员工负责的是公司哪个领域？该领域对公司的重要性有多大
知识工人的流动	知识工人拥有和公司、产品、客户、生产过程和系统有关的宝贵知识，他们的价值也在年复一年地增长。因此，衡量知识工人的流动性是很重要的。知识工人的流动比较频繁；任期两年以上的工人占雇员总体的比率可以衡量工人的满意度
知识工人与非知识工人的比率	这个比例对同行业公司的比较很有用。这一比例有两种解释：如果这一比例较低，这家公司可能正在对知识工人进行调整；或者用知识工人的比例来衡量，该公司已经落后于竞争对手
转化率	这一比例是指转化为知识工人的非知识工人占工人总数的比例，这个比例能够表明组织内部正在执行的学习和发展计划是否有效
员工网络	指员工与客户的关系，与关系资本有重合
职业队伍的经验年数	这个值反映了组织中累积的知识工人专业经验的年数，这个数字可以逐年进行比较，以评估公司的知识基础是否在增长
学习项目的比例	另一个衡量员工能力和发展潜力的指标就是令专业人员受到挑战并从中受益的项目数

表 7－8　　　　　　　　　　　　　　　　组织资本度量

项目	内　　容
文化	信仰、价值观、惯例和人造物品的类型决定了公司员工的特点和做事方式。公司的文化是否与公司的目标相一致？公司是否从员工那里得到了价值
经常被引用的专利	巴鲁克·列弗的研究发现，公司的专利史和股票价格之间存在直接相关的关系。一般 1 个美国专利要引用 8 个早些时候的美国专利、1—2 个外国专利和1—2 个非专利产品。经常被其他专利引用的专利一般具有很高的财务价值，拥有经常被引用专利的公司，其股价易于大幅度上升
信息技术投资	信息技术在知识经济时代是个很重要的工具
研发投资	研发支出创造价值，因此有理由把研发支出视为投资
知识管理基础设施支出	知识管理领域的支出，代表了为在公司上下有效传播知识所做的投资。如果能好好利用公司的集体知识，将为公司带来无限巨大的价值
商标	公司的商标有助于促进品牌权益和市场的领先意识

表 7－9　　　　　　　　　　　　　　　　关系资本度量

项目	内　　容
客户忠诚度	客户的忠诚度对公司有重大价值，它可以为公司带来未来预期现金流，用声誉吸引新客户（和附加收入）
赢得客户成本	公司赢得新客户的比例和成本体现了客户资本的价值，它衡量了广告的有效性和公司品牌的认可度
市场份额	公司所控制的市场份额越大，公司享有的竞争优势越大，公司的利润率和评估价值也越高
品牌权益	品牌形象的组成要素有能力提升品牌的经济要求。这些要素包括品牌所代表的产品和服务、品牌的权益赋予品牌消费者的认可，客户如何区分品牌
客户满意度指数	在网络时代，获得客户关于公司产品或服务满意度的反馈比以前容易多了。了解客户的质量概念，对公司是很重要的，对客户想法有兴趣的公司能挽留住更多的客户
客户库的声望	对新经济中的公司来说，拥有微软公司、IBM 公司、亚马逊公司或英特尔公司这样的高层次客户会带来巨大价值，因为与这些绩优客户的联系有助于树立品牌的认可度，也有助于吸引新的客户（新的收入）

续表

项目	内　　容
专有客户关系的数目	专有客户关系的数量会为公司创造价值，因为它锁住了客户，从而保证了未来的现金流入
客户关系的强度/信息	与客户建立密切关系并说服他们共享信息，参与信息共享客户的比例表明了客户的忠诚度，提高了运营效率和收益率
战略盟友	与客户库的声望相似，同绩优公司形成战略伙伴关系和联盟关系可以为公司创造大量价值。Greenlight. com 公司想要进入竞争激烈的轿车网上销售市场，用 8250 万美元的代价同亚马逊公司达成五年的伙伴关系，获得了其他方法所不能奏效的品牌认可度

第四节　智力资本管理与平衡计分卡的比较

　　平衡计分卡的提出可以追溯到 1990 年，当时诺顿研究所对美国的若干公司进行了为期一年的研究。在诺顿研究所的课题 "衡量未来组织的业绩" 的研究成果基础上，所长兼该研究的带头人（现任美国复兴方案公司总裁）戴维·P. 诺顿（David P. Norton）和美国著名管理会计学家罗伯特·S. 卡普兰（Robert S. Kaplan）提出了平衡计分卡的概念，用于衡量和评价企业战略经营业绩，使得平衡计分卡弥补了以往评估体系中存在的诸多缺陷。所谓平衡计分卡，就是立足于企业的战略规划，通过对创造企业未来良好业绩的驱动因素的分析与衡量，从财务、客户、内部流程以及创新与学习四个方面综合衡量和评价企业的经营业绩。

　　会计上的账面价值与市场价值的微弱关系，不仅为智力资本管理的当前研究提供了合理的理由，也使近年来平衡计分卡备受关注。斯威比（1997）认为："当市场价格高于账面价值时，在公司资产中一定存在比银行利息高的东西。因为这些资产在会计报表中没有被计算也就不能为人所认知，因为它们既不是砖也不是水泥，也不是钱，是无形的。"

　　卡普兰和诺顿（2001）认为："根据巴鲁克·列夫（Baruch Lev）的最近研究估计，账面价值仅占公司市场价值的 10%—15%。显然，创造价值的机会正从管理有形资产向管理使用组织基于知识的无形资产的战略方向转变。"

　　平衡计分卡和智力资本管理都用传统的财务报告，也承认非财务指标作为

公司报告体系的一部分，平衡计分卡也许是帮助提出智力资本管理的技术方法
之一（ Bontis et al. , 1999；Petty and Guthrie, 2000）。直观上看，平衡计分卡
和智力资本报告存在相似性，财务和非财务指标都与战略相联系。

平衡计分卡和智力资本的理论都认为，要用非财务指标来补充财务指标；
都将非财务的"无形"部分一分为三（见表 7 – 10），即顾客角度与顾客资
本、内部流程角度与组织资本、学习与成长的角度与人力资本；都建议有必要
将非财务指标和比率从运作层上升到战略管理层上，必须根据企业发展战略需
要来设计、开发和使用这些非财务测量；都认为这种新的测量手段不是一种新
的控制工具，而是应该被用做改进学习和对话。战略必须体现在绩效管理系统
中，要具有公司整体状况的综合的观点，必须注意无形资产和知识。这些类似
的地方使得一些学者如邦提斯（Bontis et al. , 1999）、佩蒂和格斯雷（2000）
等认为平衡计分卡被整合为智力资本管理的成分。然而，斯威比认为，平衡计
分卡在表面上与其研制出的无形资产监控表相似，但两者的基本概念基础和起
源大为不同，并认为无形资产监控表更像是"知识时代"的一种测量方法，
而平衡计分卡则是属于"工业时代"的测量方法。

表 7 – 10   两者概念框架比较

平衡计分卡	智力资本管理
内部流程角度	组织资本
客户角度	客户资本
学习与成长角度	人力资本
财务角度	价值角度

我们认为，平衡计分卡和智力资本管理存在不同，主要在有关公司的假
设、战略（竞争战略与能力战略）、组织和管理（细节与抽象的对象）与指标
（因果关系与捆在一起的相互补充）等方面。它们都超出了复式记账法的财务
会计体系的一般逻辑，也就是超越了收入、成本、利润、资产和负债的封闭体
系。相反，它们都把与测量体系相关的战略作为指标的对象。平衡计分卡集中
于把公司作为价值链以缩小产生公司与客户的需求之间的差距。而智力资本管
理认为，公司具有异质性的知识资源和能力的网络，这种价值网络使得公司把
一定的价值转移给用户。有效的平衡计分卡呈现的是公司的预算情况，而有效
的智力资本管理报告描述的是公司的资源。

一、有关公司的假设的比较

如表 7 - 11 所示，平衡计分卡和智力资本管理关于公司的假设不同，公司的发展和在市场情况下的作用也不同。从平衡计分卡角度来看，公司通过公司价值链中的客户和竞争对手高度相关。公司的特征和对于技术与创新的贡献都是与市场相联系。智力资本管理则认为，公司的竞争力主要来自于内部，注重于能力和素质的持续发展，在服务和生产方面有多种表示，而没有考虑到市场情况的变化。

表 7 - 11　　　　　　　　　　　关于公司假设的比较

	平衡计分卡	智力资本管理
公司的发展	集中于外部市场关系的竞争优势或战略角度，增长和获利来自于竞争和市场定位。这就使得市场比生产更为重要，生产是不断随着市场条件的变化而变化	聚焦于以资源所驱动内部增长的能力视角，表现为历史形成的和内生于公司的经验和集体解决问题的能力，认为生产潜能比市场更为重要
公司现状的模型	把公司作为价值链，分为财务、客户、内部流程和学习与成长的角度。这些单个指标由随后的指数所决定：首先是客户，接着是内部流程，最后是学习与成长。这样的因果流程安排的结果是财务	把公司看成能力与知识的束，通过能力和可连接性结合起来，这些资源是相互依赖的
竞争力的来源	通过采取价值链与客户相适应，不断地在市场上重新定位来建立竞争力	竞争力是不断产生能力的能力，具有历史的轨迹，也有能力生产难于预料的新产品

二、战略指导思想的比较

平衡计分卡和智力资本管理关注的核心都是战略，都有反映战略的相关指标。与复式记账法的财务体系相比，这些指标是相关的，有利于理解战略而不是遵循记录财务交易的原则，而两者的不同是战略理论视角的不同，平衡计分卡是基于迈克尔·波特（Michael Porter, 1980, 1985）的竞争战略，而智力资本管理的自身定位是基于能力的战略，通过员工的知识、技能和才能创造价值，这也为核心能力理论所关注（罗斯等，1997）。

（一）平衡计分卡

根据波特的竞争理论，战略预示着竞争和一组稳定的目标客户群。如果战略可能实行，那么企业就要围绕战略进行阐明和实施。卡普兰和诺顿（2001）接受了把战略思想作为平衡计分卡的基本，并把平衡计分卡作为构建价值链的一种方法。

平衡计分卡强调平衡的理念，包括内外部环境的平衡、业绩驱动因素与结果的平衡、财务指标与非财务指标的平衡、短期指标与长期指标的平衡等。但是，不能对这一理念做机械的理解。平衡计分卡"并不是普遍适用于所有企业或行业的标准模式"，应该是"非平衡的"。平衡并不意味着计分卡的所有四个方面在战略控制中处于平等地位，一视同仁，而要根据不同战略的不同要求，对重点方面实施重点监控。由于财务指标是公司经营成果的综合反映，因此，不论公司采取何种战略，财务方面的指标都要受到高度重视。

特里西和威尔斯纳（Treacy & Wiersema）将战略划分为三种类型：产品领先战略、顾客亲密关系战略和卓越运营战略。迈尔斯和斯诺（Miles & Snow）将竞争战略划分为探索者战略、防御者战略、分析者战略和反应者战略四种类型。通过分析，可以建立各种战略模式与平衡计分卡四个方面之间的关系模型（见表7－12）。

表7－12 　　　　　各种战略模式与平衡计分卡四个方面之间的关系模型

财务角度	不论公司采取何种战略，都要受到高度重视
客户角度 顾客关系亲密战略 分析者战略	差异化防御战略
内部流程角度 低成本防御战略	卓越经营战略
学习与成长角度 探索者战略	产品领先战略

平衡计分卡通过战略实施和战略管理使得绩效测量得到发展。起初，集中在从四个角度开发新的指标，后来逐渐发展为描述"把无形资产转移到有形的客户和财务产出的过程"导向的战略管理系统，提供了"知识经济时代描述和管理战略的框架"（卡普兰和诺顿，2001）。随着新世纪的到来，平衡计分卡似乎成为知识经济时代企业管理的工具，但是战略的思想还是波特的竞争战略。波特的竞争理论的焦点是竞争者之间的竞争，因此就主要关注直接围绕客户的竞争。

战略通过平衡计分卡清楚地选择市场的定位和组织内部业务流程来达到这

种定位。首先是财务目标，其次是相关的市场细分，再次是适当的内部流程，最后是相关的学习和成长。这一切都来源于竞争优势，也就可以理解为所用的可能战略与波特的竞争战略很相似。

卡普兰和诺顿（2001）认为，从客户角度看有三种可能战略类型：产品领先战略、客户亲密关系战略和卓越经营战略。分别通过围绕着创新流程、客户管理流程和运作流程进行组织，把战略嵌入组织的内部流程。最后，学习与成长关注对客户需要的理解、迅速变化的市场和共享好的实践方法。无论是从客户层面出发，还是从卓越的企业内部流程出发，平衡计分卡主要是战略实施的机制，而不是战略制定的机制，它能够适应制定业务单位战略的不同做法。不论战略业务单位的高层管理者采用哪种方式，平衡计分卡都提供了一个把战略转化为特定目标、指标和目标值，并在日后进行监督实施的机制。

（二）智力资本管理

智力资本管理是更多地侧重于能力的战略。战略预示的能力从长期看是连续缓慢增长演变的。即使存在竞争，也不是以能力为中心，因为它们必须比竞争对手活得更长。当公司具有不断开发创新产品的能力时才具有竞争力，因为优势的真正来源是公司的技术和技能整合的能力，使每项业务都能适应快速变化的机会。能力来得慢是因为需要通过培训来学习，需要时间来开发，需要把事、人和技术相结合来发展。变化是常态，基于能力的战略与竞争战略相比是不同的计划，通过持续的内部能力来控制或不断适应外部市场的变化。

智力资本管理比平衡计分卡有更多的不同来源，即使其最初的原理常常是与埃德文森（1997）和斯威比（1997）的研究工作相联系，关注的是公司努力提高其能力、知识资源和增强特有的技能。斯威比（1999）也认为，短期结果与财务市场绩效和公司能力弱相关。因此，通过一定计划能预见未来是不可能的（罗斯等，1997）。当未来是资产但不能预见时，留给公司的就是努力适应任何可能的未来。这也就是人力资本、组织资本和结构资本之间没有层级的原因。它们之间是相互补充，公司的价值来源于它们的相互作用，智力资本不是人力资本、结构资本和客户资本分别创造的，而是它们之间的相互作用的结果（斯图尔特，1997）。

智力资本管理与这样的问题一致："你是谁，你想成就什么"（罗斯等，1997）。这不仅仅是目标，而是与能力、知识和技巧相匹配的。管理知识的战略就是阐明公司在哪一方面具有什么类型的能力，智力资本管理和公司能力也许可以被理解为对公司业绩的描述。

（三）关于战略的假设

如表7-13所示，平衡计分卡和智力资本管理在战略方面的不同，平衡计分卡注重于定位战略，智力资本管理集中于能力战略。

表7-13　　　　　　　　两种战略的比较

	平衡计分卡	智力资本管理
战略思想	定位理论	基于能力的理论
战略流程	（1）管理确定的财务目标和要达到的市场份额 （2）通过客户达到目标 （3）通过正确的分类价值链模型获得客户满意 （4）为了维持正确的价值链模型，建立学习与成长的目标	（1）管理决定公司的特性和抱负的比喻性描述 （2）期望的特征、能力和关系的决定 （3）目标和行动计划的建立和达成
战略目的	未来利润与市场定位："我们未来的市场定位是什么？""我们将如何竞争？"	期望的未来特征的描述："我们在未来做得更好的是什么？""作为一个组织我们将如何经营？"
战略执行	高层管理设计的价值链流程和活动要传达到公司所有的部门和个人	管理工具是对未来的比喻与描述，充分发挥员工自我管理的创新能力

公司要调查环境和价值链与平衡计分卡是否适合，然后构建公司对环境反应的基础。关键是与员工进行沟通和阐述战略。相反，智力资本管理的角度是流程和一定程度上的集体能力，体现为异质能力。知识是通过隐喻和描述，这些都需要具有创造性和有才智的员工来执行。

三、有关组织和管理的比较

（一）在组织思想方面的比较

平衡计分卡和智力资本管理的组织思想的不同是所选择研究方向的不同，它们各自有不同的强调重点。

1. 平衡计分卡

公司的组织模式是能够开发执行战略，尽管控制的空间没有清楚地定义，但是明确的战略是这四个方面之间的因果关系。如果这种联系设计得好，那么就能明确战略的所有方面，员工就能控制和发现创新的方法来实现战略目标。

公司的组织就是平衡计分卡监督流程的实施，也就是高层管理通过对客户和竞争对手的分析所设计的流程。能力和知识资源是相关的，其结构的部分是通过价值链提供满足客户需求的服务。因此，在"想"和"做"之间存在差别，高层管理者通过平衡计分卡的指标来监督战略的实行，主要集中在活动的垂直合作。要有效实施以平衡计分卡为中心的新管理系统需要两种催化剂，一种是需要过渡型领导人，也就是促成计分卡建立并将计分卡融入到新管理系统的管理者；另一种是还需要指派一位管理者来负责战略管理系统的持续运行。

2. 智力资本管理

组织围绕员工和客户的网络移动，与平衡计分卡的自上而下地组织相比，更多的是从侧面和下面来组织，且倾向自组织。即使在实践中，管理的分权受到限制，但通过智力资本管理的方法能够使员工有责任解决公司的问题。格兰特（Grant, 1998）认为，外部环境是不断变化的，公司自己的资源和能力在具体的特征方面也许更为稳定，但是这种变动是必须管理的。当变动很快时，高层管理者由于处于上层而难于管理，这就要求一线员工进行自我管理。否则，就缺乏速度，当变化快时，速度是需要的。外部是变动的，公司的资源和能力是稳定的，但可以从长期来发展，这就要建立横向沟通，需要中层管理者和客户就重要的事进行直接的相互沟通。

（二）管理指导思想方面的比较

在平衡计分卡和智力资本管理之间，高层管理者所执行的特殊工作不同，管理的安排也就不同，在平衡计分卡中高层管理者扮演指示者的角色，而在智力资本管理过程中的高层管理者则扮演传教士的角色。

1. 平衡计分卡

管理者认为，其思想可以通过平衡计分卡引入管理系统中。卡普兰和诺顿（2001）清楚地表明，引进平衡计分卡失败的最大原因是项目管理忽视了中层管理团队，高层管理者必须清楚表明组织的战略，更为重要的是，构建平衡计分卡时需要高层管理人员的激动人心的承诺。高层管理者要制定正确的战略，并把战略的每一个方面传达到组织中的每一个人。高层管理者是具体战略计划发展和实施的主管，平衡计分卡的管理者要帮助设计价值链。这个任务是缩小客户和公司流程的差距，这就要求流程和学习与成长能够更好地相适应。

2. 智力资本管理

罗斯等（1997）认为，智力资本是由思考部分（人力资本）和非思考部分构成（结构资本），人力资本来自员工的知识、态度和智力灵活性。发明、思考和创新破坏组织的惯例不断地改变结构资本，重建适合新情况和关系的结构资本，因此公司的战略不能为未来计划，而更多的是开发员工的创造力，是对未来的比喻而不是对未来的计划。

如表 7 - 14 所示，在平衡计分卡内容中，管理活动很少；而从智力资本管理角度来看，管理活动则很多，管理的内容和效果是不同的。平衡计分卡假设管理是有效的，能够完全清楚公司的情况和用详细的方法来理解公司的运作机制。这使得组织的安排和联系可能更好，就使得把公司建立为连贯的一系列活动。在不同的智力资本管理模型中，有较为广泛的描述，为公司注入能量和创造力从而产生难于想象的产出。员工被认为是能力系统的成分，是人力资本与结构资本的结合，而且还是由其内在动机发展的松散结合。

表 7 - 14　　　　　　　　　　两种组织和管理比较

	平衡计分卡	智力资本管理
中心战略管理任务	定位公司的市场和构建价值链	构建一个还没有被认知的能够生产产品以满足顾客需要的组织
管理工作	通过设计公司价值链进行管理控制，集中在控制价格和产品成本	通过支持员工的创造、激励和构建集体共有的资产来管理控制公司
能力	能力是为适合当前客户需要而要求的技能	能力开发必须增强员工知识以利于组织目标的实现
组织和管理效果	通过分析考虑组织表现好的管理决定，这些考虑通过一系列的个人计分卡传达到每一个人	关于公司期望在未来做得更好的知识、能力的管理决策，传达到涉及一大群员工的实践

四、指标设置的比较

平衡计分卡和智力资本管理都使用非财务指标作为常用的财务指标的补充，认为客户资本或客户角度、组织资本或内部流程角度和人力资本或学习与成长有利于增加财务资本。平衡计分卡注重的是因果关系，而智力资本管理则是能力束和互为补充的关系。

（一）平衡计分卡

平衡计分卡每一方面的测量体现为递进的因果关系，这样就把从战略中期望的结果与导致战略结果的驱动因素联系起来（卡普兰和诺顿，2001），并且以平衡计分卡的每一选择标准来进行测量应该是因果关系链条中的成分，这样就把业务单元的战略与组织相沟通。卡普兰和诺顿认为，战略地图是公司对自己未来发展所进行的一个具有赌注性质的预测。就必须把战略地图中的联系当做一种因果联系假设，而不是把它们当做一种无可辩驳的事实。然而，平衡计分卡每个部分之间的关系是单向的。战略来自于公司对市场情况的分析，但公司的运作是从平衡计分卡的底部向上。学习与成长导致内部流程再从客户的角度产生财务结果。例如，与工厂相关的技能（学习与成长）导致最好的工厂（内部流程），生产的产品质量满足客户的需要（客户的角度），然后创造收益的增长（财务角度）。在战略地图中四个维度的因果关系认为是一种模糊的激励模式，希望通过创立这些关系来预见财务绩效，因此其他角度是补充财务角度，它们是稳定财务预测的链条成分。

平衡计分卡有两个基本战略：收入增长战略和生产效率战略，利润是由收入和生产效率构成。这就使它在某一方面与新的财务模式如 EVA 的外表很相似。事实上，平衡计分卡的许多指标是财务指标，例如，成本和生产率、市场份额和成长和收益常常是财务计算的基本成分，因此，平衡计分卡不仅是战略的实施，而且可能是对未来财务绩效的预测。

（二）智力资本管理

智力资本指标看起来是一系列松散的联系，很少是系统的因果关系，指标表现为相互作用、相互依靠的关系。平衡计分卡不是股东价值驱使的财务资本的分支，其合理来源是巨大的市场价值与账面价值的比率。然而，试图用新指标来弥补市场价值与账面价值的差距还没有顺利完成，还不能把智力资本指标归入一个完全的模式中。斯威比（1997）认为，还没有成熟地测量公司无形资产的办法。

因此，智力资本指标也不能反映自身的价值，更多的需要是描述公司知识管理战略，这里的指标是监督知识管理的活动，这些指标的目的不是知识，而是知识管理活动。这些活动仅仅与管理知识战略的相关性所决定。能力是复杂的，往往是混合在一起的，但是每一种能力都是能够提高的，这也是知识管理得以流行的原因，能力提高可以是单个的提高，而能力的使用过程是作为整体能力的混合。这就是通过能力的整合来实施知识管理，从而产生组织生产力。

（三）有关指标的假设

平衡计分卡和智力资本指标的角色和特征不同。平衡计分卡所选择的每一个指标都应该是向企业传达战略意义的因果关系链中的一环，其结果指标和动因指标应当衡量那些为企业创造竞争优势的因素。与此相似，智力资本指标关注的是能力管理，也就是在能力结构和能力的大小方面。因此，区别主要体现为因果关系与补充（见表 7 - 15）。

表 7 – 15　　　　　　　　　　　　　　两种指标的比较

	平衡计分卡	智力资本管理
模型指标的一致性	在四个角度的指标间寻找因果关系，目的是对公司未来财务的预测	为实现公司知识管理的描述，在知识资源和能力之间寻求相互补充
指标与实践之间的关系	因果关系强调期望通过使用模拟来创造所有的相关决策变量的一致的控制式模型	对一个具有各种各样的资本（包括人力和技术）的组织，工作努力表现为认真负责的态度

平衡计分卡指标趋向显示把公司作为从公司财务结果的角度围绕客户和竞争者的机制系统。每一个人和组织单元通过平衡计分卡被指派到一定的位置。而对于智力资本管理，指标的意义是与有机组织相比较，使组织变成更为有能力，通过这些指标来进行调查和证明。因此，努力围绕如奉献、激励、知识渊博的员工、程序、制度和关系构成的组织的能力与知识。

五、启示

平衡计分卡和智力资本管理是把非财务与财务指标整合，与公司的战略紧紧结合在一起的绩效管理系统。两者有很大相似性或者一致性，然而，平衡计分卡和智力资本管理的研究背景存在一些不同。

根据不同目的形成不同指标，主要是基于两个不同的战略即竞争优势战略和能力战略。它们的不同是构建价值的角度的不同，竞争优势战略方法是把市场、客户和竞争对手作为价值产生的基本成分，而能力战略从长期的角度注重于内生性和历史形成的能力。根据竞争优势方法，价值产生于控制市场地位，而能力战略，价值则来源于技术—组织能力。这样，平衡计分卡的指标是与一系列的因果相关的一致的结果，而智力资本的指标是束，并且形成围绕能力与发展的网络。

两者比较的主要启示如下：

第一，战略不是简单的。战略不是自己指自己，而是可以解析的，战略是问题而不是解决，可以用重要的变量来体现。

第二，指标是具有建设性的。指标是可以理解的，是我们谈论世界和认识事物的方法，即使是松散的数字，也把这种语言带进"平衡"和"智力资源"中来。尽管指标是众人采用的"共同语言"，但也许要通过战略理论来体现。尽管数字不会自己说话，其目的是构成外部测量系统本身。因此，指标强调的是框架、语言或角度，但不能揭示所要测量的真正本质。

第三，平衡计分卡与智力资本管理在理论和实践过程中可以相互借鉴，在战略方面企业既要注重提升自身的能力，又要关注市场的竞争环境的变化。

第八章　微软公司的智力资本管理实践案例研究

在微软的历史上，似乎从创立那一天起，它就一直被它的竞争对手所低估。然而，几番挑战后，美国在线、Palm 和索尼等行业巨头皆败下阵来，而苹果、太阳、IBM、甲骨文和 SAP 等许多公司在与微软的竞争中，要么在该领域销声匿迹，要么则丢掉了原本的市场份额。要想了解微软为什么如此成功，我们就不能满足于一味地指控微软是靠垄断获取巨额利润，而是要按照体验经济的新规则，了解其产生竞争优势的来源——智力资本。最近，哈佛商学院教授颜西提（Marco Yansiti）和麦克马可（Alan MacCormack）的研究认为，在科技变动日新月异的时代，微软的成功来自有能力看出重要的发展趋势，并且做出迅速的反应，而这种能力关键是在公司内部能有效的管理智力资本。我们可以说，智力资本的兴起典型的代表自然就是比尔·盖茨领导的微软公司了。

第一节　微软公司的发展史

比尔·盖茨和保罗·艾伦利用为市政当局研制处理机以分析交通计数纸带所赚的 2 万美元开始了艰难的创业之路。1975 年 7 月，微软公司以合伙人制宣布诞生，其发展大致经历了四个阶段。

第一个阶段：初创准备阶段（1975—1981 年）。微软公司成立后，Basic 语言得到了微型仪器遥测系统公司的认可。与微型仪器遥测系统公司的埃德·罗伯茨达成了阿尔泰电脑 Basic 使用权的协议。协议规定，系统公司出售或转让使用 Basic 的阿尔泰电脑，微软公司就将从中获得一定比例的收入，版权意味着可以获得持续收入。这份合同被认为是后来软件行业协议的范本，成为产业界形成有关此类问题的标准。不久，微软公司又赢得了两个最大的客户，著名的通用电气公司和全国收款机公司准备购买 Basic，这使得微软公司名声大振，到 1976 年年底，这个创业仅一年多的小公司收入已达 10 万美元。Basic

获得成功后，微软随后又推出了 FORTRAN 语言。

第二个阶段：创业发展阶段（1981—1986 年）。1981 年 7 月 1 日，微软公司正式注册成为一家股份制公司。1982 年 5 月，微软公司以 7.5 万美元收购了西雅图计算机产品公司研制的 SCO - DOS 操作系统，在改名为 MS - DOS 后，放到 IBM 的个人电脑中。IBM 每销售一台电脑，都要付给微软版税。随后为适应公司的发展不断开发出 DOS1.1、DOS2.0、图形用户界面、Excel 等软件。1986 年 3 月，微软股票在纳斯达克市场上市获得巨大的成功。开盘报价为每股 21 美元，第一天收盘价为每股 29.25 美元。一周后，微软公司股票涨到每股 35.50 美元，一年后，达到 90.05 美元。股票升值超过了 400%。

第三个阶段：高速发展阶段（1986—1998 年）。1990 年 5 月 22 日，"视窗 3.0"版问世，其最吸引人的是其多媒体功能。同年 11 月，MPC（多媒体个人计算机）正式问世，MPC 的支撑软件是微软公司操作系统。微软拥有 MPC 的控制权，成为行业标准的制定者。1991 年年底，微软公司利润较上年增长 53%，员工总数达 1 万人之多。微软价值高达 219 亿美元，超过通用汽车公司。1995 年，"视窗 95"大大增强了计算机的联网功能，标志着微软向信息高速公路进军。1998 年，微软公司收入达到 140 亿美元，利润高达 40 亿美元。

第四个阶段：在挫折中发展阶段（1998 年到现在）。1998 年 5 月 18 日，美国司法部以及美国 20 个州的总检察官分别起诉微软公司违反了"反垄断法"。面对司法部的指控和反垄断案的升级，微软公司处乱不惊，其业务已经从网络旅游服务、网络汽车销售、投资咨询一直到有线电视、游戏娱乐业等，影响越来越大。面对垄断的指控，比尔·盖茨曾表示："我们不会停止视窗系统的功能强化工作；不会为竞争对手的言辞所吓退；决不会停止倾听客户的呼声，也不会止步不前，不继续去满足客户的需求。"进入 21 世纪，微软已经走出反垄断的阴影，昔日的软件巨人依然在不断地发展。

作为全球最成功的公司之一，微软公司为全世界数以亿计的用户提供了无数杰出的软件产品。到 1999 年 7 月 16 日，微软公司的股票市值已突破 5000 亿美元的大关，成为有史以来世界上第一家突破 5000 亿美元大关的企业。其股票市值已接近美国最大的三家传统企业之王——埃克森石油、可口可乐、AT&T 股票市值的总和。事实上，世界上只有 8 个国家的经济规模能超过了 5000 亿美元，美国的国民生产总值也是到 1960 年才达到 5000 亿美元。2005 年度，微软公司创造了 165 亿美元利润，在派发 330 亿美元的股息后，仍然拥有 350 亿美元的现金储备。

表 8 - 1　　　　　　　　　　　　微软财务发展史

	1986 年	1999 年	2005 年	增长率（1）①	增长率（2）
年收入（亿美元）	140	19747	39788	283.2	1.014888
研发投资（亿美元）	21	2970	6184	293.4762	1.082155
净收益（亿美元）	39	7757	12254	313.2051	0.579734
总股本（亿股）	0.38	54.82	107.1	280.8421	0.953667
总资产（亿美元）		397.0	708.15		0.783753
每股价格（美元）	21.00	92.38②	24.59	0.170952	
每股收益（美元）	0.01	0.77	1.13	112	0.467532
总市值（十亿美元）	7.98	506.427	263.4	32.00752	-0.47989

说明：①增长率（1）是指 2005 年与 1986 年的数据之比减去 1 所得，增长率（2）是指 2005 年与 1999 年的数据之比减去 1 所得，由于信息技术股的泡沫破裂导致股票市值缩水，使得总市值在 2005 年出现负增长的现象。

②股票价格引用的是 1999 年 3 月 29 日的数据值。

资料来源：www.microsoft.com。

微软的成功，表明了知识是创造财富的一种更为重要的资源。特别是信息高速公路联网后，知识对经济增长的贡献率将提高到 90% 以上，以知识作为主要生产资源的企业，比如微软、英特尔、IBM 等信息产业企业，其生产总值已经超过通用、福特和克莱斯勒等企业，成为新经济时代的主导型产业。

表 8 - 2　　微软普通股分拆历史（History of Microsoft Common Stock Splits）

分拆	分拆时间	分拆类型	分拆前价格	分拆后价格
	1986 年 3 月 13 日	首次公开上市	$21.00	
1	1987 年 9 月 18 日	1 送 1	9 月 18 日，$114.50	9 月 21 日，$53.50
2	1990 年 4 月 12 日	1 送 1	4 月 12 日，$120.75	4 月 16 日，$60.75
3	1991 年 6 月 26 日	2 送 1	6 月 26 日，$100.75	6 月 27 日，$68.00
4	1992 年 6 月 12 日	2 送 1	6 月 12 日，$112.50	6 月 15 日，$75.75
5	1994 年 5 月 20 日	1 送 1	5 月 20 日，$97.75	5 月 23 日，$50.63
6	1996 年 12 月 6 日	1 送 1	12 月 6 日，$152.875	12 月 9 日，$81.75
7	1998 年 2 月 20 日	1 送 1	2 月 20 日，$155.13	2 月 23 日，$81.63
8	1999 年 3 月 26 日	1 送 1	3 月 26 日，$178.13	3 月 29 日，$92.38
9	2003 年 2 月 14 日	1 送 1	2 月 14 日，$48.30	2 月 18 日，$24.96

资料来源：www.microsoft.com/msft/FAQ/faqstocksplit.mspx#2。

按照专家的观点，社会从体力劳动向脑力劳动转变的趋势——"从四肢转向大脑"——早已在发达国家中进行了相当一段时间，"信息时代"和"知识工人"这样的名词也很早就开始流行了。知识经济的理论家推崇比尔·盖茨为知识时代的英雄，并以此强调，与昔日资金、劳动推动经济的模式不同，在知识经济时代，经济增长的原动力在于创新，知识创新可以产生巨额财富。很多人认为，微软是通过垄断市场优势，挤出其他竞争者，并且强迫业界接受公司制定的标准，才造就出现在的微软地位。智力资产现在的价值已经远远超过了那些传统上在年度报告中高居顶端的项目。

微软若要维持领先的优势地位，就一定要能够吸引到顶尖的程序员，并且留住他们，比尔·盖茨可算是最先认识到这一点的人。因此，从一开始他就非常注重在"高智商"的知识工人中发掘人才。而比尔·盖茨成功的关键之一正是他一点也不贪婪，随时愿意将公司的财富，通过股票期权制度和员工一起分享。根据一家杂志的报道，不论在微软内部还是外部，由微软造就出来的富翁人数之多是史无前例的。

长年住在硅谷的管理学作家汤姆·彼得斯曾说："以智力为基础的公司和昨天的公司比起来，具有某种特质，这还仅仅是轻描淡写的说法。在那样的公司里，打卡机当然无用武之地……发号施令也绝对行不通了。求知欲、创造性和发挥想象力才是主流。"微软就是硅谷企业的典型代表。如果智力资本真是企业界最新的竞争武器，那么企业就必须找到新方法来管理这种资产了，比尔·盖茨正是在这样的情况下，作为一种有力的领导新模式的典型而迅速崛起。

现在，全球有许多大公司都在急于寻找最新的经营成功的万全之计。对于知识的热情已经促使许多公司纷纷设立首席知识官一职，专门负责处理这方面的问题，施乐、通用电气和惠普都纷纷在认真地收集、培养创意和知识。然而，比尔·盖茨早在20多年前就成功地做到了这一点。以下主要介绍微软公司的智力资本管理的实践。

第二节　微软的人力资本管理

微软被普遍认为是美国最成功的公司之一。《福布斯》（*Forbes*）将微软列入年度"美国100家最有活力的公司"第五名，并对公司的"人力资本"一项给予最高分，将人力资源列为排名的六个决定性因素之一，并指出："这个因素的重要性反映了一个公认的真理：真正的价值是由智力资本创造的，而非砖瓦和水泥创造的。"《福布斯》评论道：微软的绝大部分成功归因"明智的管理和一群热衷于工作的工程师……"在 IT 行业，员工的平均流动率高达25%—35%，微软的员工流动率却只有 7% 左右。比尔·盖茨认为，智力和创造力往往是天生的，企业很难在雇用了某人之后再使其具有这种能力。比尔·盖茨曾经声称："如果把我最优秀的 20 名雇员拿走，那么微软将会变成一个不怎么起眼的公司。"这就明确地证实了人才对于微软过去的成功及其未来的竞争战略所具有的核心作用。比尔·盖茨在 2000 年从首席执行官的位置退下来以后，接受 NE 在线杂志采访时说："我坚持的基本原则是雇用最优秀的人，倾听我们客户的反馈，并且时刻关注软件的开发。我告诉员工这就是微软公司取得成功的原因所在。"并且认为，"人的素质、产品的质量及合作关系的质量，决定一个公司的生命。"

一、人才引进

微软公司员工的平均年龄约 30 岁，大多数员工相当年轻，特别是应用程序组里的开发员。全部雇员中有一半直接来自大学，微软愿意招收年轻人，因为年轻人更容易融入"微软模式"之中。

（一）严把招聘关

公司创立之时，微软采用高层亲自面试人员的招聘方法。比尔·盖茨、保罗·艾伦、查尔斯·西蒙尼（Charles Simonyi）（微软研究部首席设计师）以及其他高级技术人员亲自面试大多数应聘者。现在，在初选过程结束后，专业管理人员仍然要对所有应聘者进行面试。微软用同样的办法，即按早期雇用开发人员的办法来招收程序经理、软件开发员、测试工程师、产品经理、客户支持工程师和用户培训人员。微软每年派招聘人员去 40—50 所声誉很好的大学，尽管大多数招聘活动都在这些"精英"学校进行，同时也会在华盛顿州雷德蒙德总部附近的一些学院和大学招聘学生，特别是招聘客户技术支持工程师和检测人员。人力资源专职人员的职责是妥善安排这一程序，由来自技术部门和产品部门有经验的员工对应聘者进行面试。有希望的候选人还要再回微软总部进行复试。可见，招聘人员并不直接雇用人员，而是管理招聘的全过程。也就是说，各具体部门的管理人员才真正的负责聘用员工。

在 20 世纪 80 年代末、20 世纪 90 年代初，这种方法占很大比重。Windows. NET 组的开发经理戴夫·汤普森曾谈到招聘人员的作用及微软招聘开发人员的方法时说：在校园里进行一种特别的面试，有人去那儿做预选工作。此后，有经验和没有经验人员的招聘过程基本相同，变化不大。被面试者在一天之内将与 4—6 位面试者交谈。最后他们将与作决策的人交谈，合适的人将被聘用。面试过程非常灵活机动。招聘人员是这个过程中的关键因素。

　　高效的人员面试过程。好的招聘人员对于某些重要的品格具有不可思议的洞察力，知道什么样的人更可能成为一名优秀的微软雇员。任何只靠人事部门来招收人员的公司其结果是注定要失败的。微软总部的面试工作全部由产品组的职能部门的人承担，开发人员要承担招收开发人员的全部面试，测试人员承担招收测试员的全部面试工作，以此类推。面试交谈的目的在于抽象地判定一个人的智力水平，而不仅仅看候选人知道多少编码或测试的知识，或者有没有市场营销的特殊专长（在判定新雇员四种重要的素质，即上进心、智商、专业知识和商业判断力时，盖茨常被作为典型引用，而这四种素质中智商最为重要，微软面试中有名的一般性问题如估计密西西比河河水的流量或美国加油站的数目。被面试者的答案通常并不重要，而关键是看他们分析问题的方法）。

　　微软最注重求职者总体智力状况或者学习能力的高低。事实上，微软的整个甄选和配置过程所要达到的目的就是发现最聪明、最有学习能力的人，然后把他们安置到与他们的才能最为相称的岗位上。微软常常是拒绝那些在软件开发领域已经有多年经验的求职者，而是经常到一些名牌大学的数学系或物理系去网罗那些智商很高的人才，即使这些人才没有什么直接的程序开发经验。能通过筛选的人员相对较少。在大学里招收开发人员时，微软通常仅挑选其中的10%—15%去总部进行复试，而最后仅雇用复试人员的10%—15%。总体上说，微软仅雇用参加面试人员的2%—3%。微软研究部副总裁瑞克·罗歇德在称赞筛选过程时说："这很像是进行口试。面试过程相当严格，我不敢保证筛选出了所有优秀人才，但被筛选出来的肯定都是优秀人才，他们具备一定的才能和天资，以及独立思考问题的能力。"微软每年大约都要对12万名求职者进行筛选，最注重的是求职者总体智力状况或者认知能力高低。事实上，微软公司的整个甄选和配置过程所要达到的目的就是发现最聪明的人，然后把他们安置到与其才能相称的工作岗位上去。

　　一旦被雇用，新雇员将面临一系列的挑战和考验。这些考验可能来自每年一度迎新会上盖茨本人的考查，或者甚至可能来自微软某一条洞穴状的走廊（公司的每一幢大楼都有 X 型的双翼和各种各样的棱角，使每个办公室的窗户增多，能很好地欣赏附近的山林和如画的风景，只有聪明的人才能在过道里成功地找到自己能通过的通道）。而且只有愿意长时间工作的人才能坚持下来。

（二）微软公司认为优秀员工的"十大标准"

　　（1）对自己所在公司或小组的产品具有起码的好奇心是极为重要的。对于身处计算机行业的人来说，必须亲自使用该产品。当然，这一点同样适用于其他知识密集型领域，因为在这些领域内技术应用发展更新极快，对其技术的掌握很难做到一劳永逸，如果对这些产品没什么兴趣，那么就会被淘汰出局。

（2）在与客户交谈如何使用产品时，要以极大的兴趣和传道士般的热情和执著打动客户，了解客户喜欢什么，不喜欢什么。同时，还必须清醒地知道本公司的产品有哪些不足，或哪里可以加以改进。

（3）在了解客户的需求后，必须乐于思考，力求寻找满足客户需要的产品。

（4）员工与公司一样需有长期计划并与公司制定的长期计划保持一致。员工必须致力于长远目标，如把工作作为事业，以整体利益为重从而加强团队合作等，这些无疑会使员工因有显著回报而更加出色。

（5）员工虽具有远见卓识，但仍必须具备专业知识和技能。大公司尤其要求雇员学会专业技术。没有人会认为，员工今天所拥有的专业知识和技术能满足明天的需要。因此，乐于学习是非常重要的。

（6）非常灵活地利用那些有利于发展的机会。在微软，我们通过一系列方法为每一个人提供许多不同的工作机会。任何乐于参与微软管理的员工，都将被鼓励在不同客户服务部门工作。

（7）一个好的员工应了解做生意的经济学原理，公司为何这样运作？其业务模式怎样？如何才能盈利？员工必须了解导致本行业中企业盈利或亏损的原因，才能对自己所从事的工作的价值有更深入的理解。

（8）关注竞争对手的动态。微软喜欢那些随时注意整个市场动态的员工。这样，员工会分析竞争对手的可借鉴之处，并注意总结，避免重犯竞争对手相同的错误。

（9）好的员工善于动脑子。分析问题，但又不至于"钻牛角尖"（analysis paralysis）。要明白各种潜在交易所给予的提示，在实践中多动脑筋，分清轻重缓急，有效地利用时间，考虑如何提出有见地的建议。

（10）不要忽视明显基本条件，如诚实、有道德和勤奋刻苦工作，这些条件的重要性是不言而喻的。

二、激励与考核制度

为了更深入地考验雇员的决心，微软付给他们相对较低的工资，通常不付给雇员高薪，并且在一开始时甚至拒绝向秘书和其他人员支付加班费。公司在初创时，设立了不给加班费的政策，到1982年，才开始发放年度奖金，并给雇员配股。微软是最早用股票期权来奖励普通员工的企业，而且员工持有的股票的比率比其他任何上市公司都要高。在20世纪90年代，此类补偿金数目相当可观，因为微软的股票价格持续上涨。给雇员的补偿金，包括高达15%的一年两度的奖金、股票认购权以及用工资购买股票时享受的折扣。一个雇员在微软工作 18 个月后，就可以获得认股权中 25% 的股票。此后，每六个月可以获得其中的 12.5%，十年内的任何时间兑现全部认购权。每两年还配发新的认购权。雇员还可以用不超过 10% 的工资享受 15% 优惠价格购买公司股票。股票升值成为微软员工主要的收益补偿。据统计 1994 年，有 3000 名持有股票的微软员工成了百万富翁。基于股票价格的下降，微软公司在 20 世纪 90 年代末和 2000 年发放的股票认购权已经毫无价值。因此，2003 年 7 月 9 日，微软公司宣布废除股票期权，而改为直接向员工发放股票。这种"低工资高股份"的报酬制度，不是向员工保证提供某种固定收入或福利待遇，而是将员工的收益与其对企业的股份投资相联系，从而将员工个人利益同企业的效益、管理和员工自身的努力因素结合起来。这种做法对员工有长久的吸引力，不仅能够留住高级人才，并且有明显的激励功效。

微软公司的绩效考核系统中，强调优秀的人才应当是：正直与诚实的，对客户、合作伙伴以及技术充满激情；坦率的、尊敬的以及致力于使别人变得更为成功；接受更大挑战并且尽心完成；自我批评同时致力于个人的卓越；对影响客户、员工、合作伙伴以及股东的结果富有责任感。在员工绩效考核的过程中，采用"360°的全方位工作评估"方法，由员工本人、负责经理、下属、同事、客户对员工做全面的评价，以保证评估的全面性、客观性，寻求双方对工作成效的认同，给员工一个自由发展的空间。每年年初，经理和员工根据公司的发展目标共同讨论确定员工新一年的业务目标。这个目标是评估员工的重要依据。在评估过程中，注重反馈和跟踪。有关负责人会和员工面谈，对他们的成绩给予充分肯定，为员工的进一步发展提出建设性的意见。对于员工的知识能力，微软采用了基础水平能力、地区性或者独特性的知识能力、全球水准能力和普遍性能力等四种知识结构形态来评估。通过评估，一方面，员工能清醒地看到自己的长处和不足，激励员工继续努力，改进工作；另一方面，如果评估结果显示，公司现有的管理制度确实阻碍了员工工作潜能的发挥，公司就会立刻改善自己的管理并调整相应的计划。工作评估不仅是员工晋升的依据，还是公司发现人才，挖掘人才潜能的一个有效手段。

第三节　微软的组织资本管理

一、知识产权管理

1990 年年初，微软仅拥有 5 项发明，比尔·盖茨做出了一个战略性的决定，从而提高了专利权的数量，到 2000 年年末拥有 1500 项专利。微软的智力资本也不仅仅指所申请的专利，而更是它长期累积的广大知识基础。在微软的图书馆储存各类程序的信息，成为成功开发不同软件的基石，公司不仅能以更有效的方法研发产品，而且能够确保新产品兼容已有的产品，这种智力资产成为公司的独特资源。因此，竞争者往往不是仅仅要对抗微软的某一产品，而是还要和微软公司庞大的知识库作战。

以微软的电子房地产图书馆为例，它就是一座专业知识库，它利用一个数字存档系统保存了公司二十多年来建筑工程积累起来的全部知识，公司所有的建筑工程蓝图、示意图及其他建筑信息和知识都存放在计算机辅助设计（CAD）档案之中。还为销售商制定了一个 CAD 标准，以备今后实施之用，把来自销售商电脑系统的电子文件转移到公司内部的网络系统里，公司内部员工和公司外部有关人员都可以充分、及时、有效地利用这个专门的房地产知识库。在微软公司的内联网上，公布了楼层平面图，也是内联网上被访问次数最多的网页。

二、企业文化建设

微软的企业文化处处体现了以人为本的人文关怀理念。例如，为企业员工创造最舒适的办公环境，为每个员工提供独立的办公室，弹性工作制，以及在办公区域放置娱乐设施等，这都是出于把人放在第一位加以考虑和关照。

微软的企业文化中非常重视员工的团队精神、快速学习能力和创新精神。微软的团队精神强调：第一，成败皆为团队所共有。无论成功失败，一个团队的所有人都在一起。在微软公司，一个项目组做完事情都会去帮助其他人，这是一个习惯，也是一种文化。第二，互教互学。在微软提问题，大家都会很热情，放下手里的工作帮助别人，就算不知道也会帮忙查资料，或者介绍其他专家。第三，互相奉献和支持。第四，遇到困难，互相鼓励，及时沟通，用团队智慧来解决问题。第五，承认并感谢队友的工作和帮助。第六，甘当配角以及欣赏队友的工作。

三、建立学习型组织

为了建立学习型组织，微软提出了自己的学习理念，即"通过不断的自我批评、信息反馈和交流共享而力求进步"。楠间野（Cusamano）和塞尔拜（Selby）在《微软的秘密》一书中，提出微软作为学习型组织的几个关键特点：系统地从现在和过去的项目与产品中学习；用量化指标和基准鼓励反馈和改进；将顾客支持看做是产品的一部分和改进的数据；提倡产品群之间的链接和共享。微软的学习完全符合正确路径对学习的规定。[①]

———————————

① 转引巴特·维克托、安德鲁·C. 博因顿《创新的价值》，新华出版社 2000 年版，第 231 页。

　　微软培养了一种相互学习的企业文化，鼓励员工就任何事情发问。尽管有时候，对于那些没有主见的员工来说，向他们这样提问可能会使他们有些受不了，但这种凭实力说话的安排，鼓励员工更仔细地考虑他们的假设，而且只要他们能比现在干得更好，就可以接受新的想法。这对于在一个创新至关重要的行业中，认识到环境的新类型，然后迅速地形成和调整思维模式以反映外界的变化并展望未来的发展，是很重要的生存本领。

　　学习是"智能型组织"的标志，而所谓的"智能型组织"便是知道持续不断地改进其内部作业程序的组织。学习也是预防自满，避免犯错的最好方法。微软的员工，上至比尔·盖茨下到普通员工，都有强烈的求知欲和快速的学习能力，微软的员工都很清楚地认识到，要真正成就大业就必须不断地学习和更新知识，更新观念。微软公司堪称是世界上为数不多的几个真正的学习型组织之一，微软在雷德蒙德的总部也是根据大学的蓝图规划的，名字就叫"微软校区"，这仅是微软学习的硬件环境。就建立系统、保持智力资本方面而言，微软走在现实的前列。当许多世界大公司都在引进知识管理系统时，微软早已在强调分享知识、保存知识的重要性。

　　通过量化的内部标杆来学习。微软公司在产品开发管理活动中，创造了许多量化的测量标准和衡量基准，并把它作为一种信息反馈系统用以帮助项目组之间进行共享信息，以达到共同学习的效果。

　　微软学习的另一大特点就是"从错误中寻求真理"比尔·盖茨是个细心的人，往往会抓住对手的犯错机会，造就自己的成功。同时，微软也知道如何才能不掉进他人掉进过的陷阱。他们有专门的备忘录——"微软的十大错误"，每年更改一次，内容写得栩栩如生，让员工从中获得启示，得到教训，更好地把握住公司的未来。

　　注重在客户服务中学习。其具体做法包括电话信息分析、"情景屋"电话会议、最终用户满意度调查和产品使用研究。客户只要愿意提供反馈意见来交换新软件的有关消息，就可以拿到测试版试用。这样，微软就可以轻易地获得最终使用软件用户的真实意见，测试版的使用者会将他们的意见反馈给软件的开发人员，这不仅是微软能够快速推陈出新的主要原因，也是微软获取竞争力的重要手段。

四、创新资本

　　微软致力于计算机科学中的基础和应用性研究，公司开发的新技术让人机之间相互影响的方式起了根本性的变化，其研发团队包括来自各个学科的出色的专业人员，有来自顶级的学术机构，有来自工业研究实验室并活跃在会议方案委员会（Conference Program Committees）、编辑部和顾问小组，研发团队包括大约 250 名科学家，参与全球性的研究合作团队并与无数的大学进行合作。当微软公司在早期的 Basic 产品中获得成功后，开始投入 DOS 的研发。DOS 成功后，微软立即将资金和人力投入到新技术的研发中，并成功推出了 Office 系列软件产品。随后，微软又利用 Office 等软件获得的积累，开始了 Windows NT、Windows 2000、Windows XP 等新一代操作系统的研发。当互联网浪潮到来时，微软不失时机地跻身网络研发领域，并不断推出新的产品。今天，微软又把大量的资源投入到"无缝计算"的核心方向，在发展 MSN、移动软件、数字电视、XBOX、高可信度计算、自然用户界面等方面不断创新。在技术浪潮的推动下，微软公司总是把技术研发摆在关键地位，并将技术看做公司唯一可长期延续的财富和优势。例如，微软在 2005 财政年在研发领域投入 62 亿美元，超过其营业额的 1/5，这个比例在"世界财富 500 强"的企业中居首位。微软用于研发的资金占总收入的 23%，而其他竞争对手一般少于 10% 的钱用于研发。从风险投资家的角度来看，对于老企业，风险投资家更乐意把风险资本投向那些敢于大量投资于研发的公司，因为大量的研发意味着潜在的技术和盈利场所，这也是风险投资家所追求的。从这种意义上看，微软很容易获得风险投资的青睐，可以说，微软是真正地拥有了风险投资这个物质支持体系。

　　现在微软每年投入的研发费用为 70 亿美元左右（见表 8-3），超过世界其他 10 大软件公司利润之和。在技术领域之中，如果微软来不及开发，则采取兼并方法，以获得自己所需要的先进技术。

表 8-3　　　　　　　　　　微软公司的研发投资　　　　　　　　单位：百万美元

年份	1985	1986	1987	1988	1989	1990	1991	1992	1993	1994	1995
研发投资	17	21	38	70	110	181	235	352	470	610	860
年份	1996	1997	1998	1999	2000	2001	2002	2003	2004	2005	
研发投资	1326	1863	2601	2970	3772	4379	6299	6595	7779	6184	

资料来源：www.microsoft.com。

　　Palm 曾经是世界上第一台 PDA 的创造者，如今却在努力挣扎。三年前，应用 Palm 的操作系统的电子集成商占据了掌上电脑市场 75% 的份额。而现在，Palm 的份额已经下降到了 57%。微软刚刚进入这个市场时，其产品 WindowsCE 一度被认为在技术上要略逊一筹。但在重新设计并重新发布了 Pocket-PC 之后，微软拥有了近 1/3 的市场份额。问题是 Palm 违背了竞争求存的基本原则：不创新，就灭亡，没有意识到增加新功能的必要性。Palm 最初的目标是以一个便宜的价格制造一个简单的产品。但是，在芯片、屏幕和电池都已经做了改进的情况下，在掌上电脑上增加诸如播放音乐或者影像的新功能很有必要。装了微软 Pocket PC 操作系统的掌上电脑，仍在不断地改进，而 Palm 还在原地踏步。微软正在从单一的软件包开始向软件服务方向发展，但这些丝毫不会影响到微软的创新速度。

五、创造有价值的商业模式

Michael Cusumano 认为，微软的成功的真正秘诀不是比尔·盖茨，而是开发软件的方法，它采取的是重复开发策略，而不是采用以前软件业所使用的连续开发策略。在软件开发的每一个重要阶段，首先要进行模拟测试来了解所有不同软件模块之间如何更好地协调工作，然后再把不同的软件模块组合起来，其本质是软件开发的系统化和组合化，这才是微软成功的重要因素。[①] 21 世纪的竞争已经不再是技术的竞争，而是商业设计的竞争。在这种竞合博弈中，输赢取决于一个公司能否通过商业模式各因素适应性的重新整合，创造出不同层次的价值。而问题的关键在于如何运用新的工具、新的商业模式以及在关联经济中新出现的市场机会，确认和选择创造价值与赢取价值的新机会。

微软则通过持续不断地在操作系统、浏览器和应用程序等具有优势地位的领域增加盈利，并不断地探索出扩大盈利的商业模式。现在正把这种模式推广到掌上电脑和移动电话领域。

在微软这一商业生态系统包括了 600 万开发人员，总的营业收入达上千亿美金的数万家公司，还要加上英特尔和个人电脑硬件的制造商。通过应用编程界面来控制其软件的演进，微软一方面有能力保护其知识产权；另一方面又依照相对开放的标准，使其他公司能够与之进行合作开发。如今，任何一套 WindowsXP 操作系统在任何时间出现一个程序错误，微软公司能够通过自动错误报告，马上得到及时反馈。因此，到如今客户的反馈回路也已经成了这个生态系统的一部分。而来自开发人员和信息设备制造商的反馈也能够及时送达。

六、运用知识地图和知识网络

1995 年 10 月开始制作知识地图，当时的"微软的信息系统小组"开展了一项技能规划与开发计划，就是把每个系统开发人员的工作能力和某特定工作所需要的知识制作成地图，以便协助公司维持业界领导地位的能力，同时让员

---

① 转引野中郁次郎《论知识创造的动态过程》，载［美］鲁迪·拉各斯等《知识优势》，机械工业出版社 2002 年版，第 84 页。

工与团队的配合更加默契。微软的这一计划分为五个主要阶段：为知识能力的形态与程度建立起架构；明确某特定工作所需要的知识；为个别员工在特定工作中的知识能力表现评分；在线上系统执行知识能力的搜寻；将知识模型和教育训练计划结合起来。

对于员工的知识能力，微软采用了基础水准能力、地区性或独特性的知识能力、全球水准能力和普遍性能力四种知识结构形态来评估。这四种基本能力各自拥有显性和隐性两种形态，共有 137 项隐性能力，200 项显性能力；每一能力又分为基本、工作、领导和专家四个能力水准，每一能力水准用 3—4 个要点加以说明。为了达到工作与员工能力契合的目的，微软 IT 部门的每一项工作都要以所需能力水准来说明。当管理者想为新专案建立团队时，他无须知道所有员工中谁符合工作条件，而只要向这个系统咨询就可以。

微软公司推动"知识地图"的做法，表现出管理层重视知识，并支持知识的交流，不仅使员工更容易找到所需要的知识，也表明企业知识属于企业全体而非个人。1995 年开始着手建立一个可以容纳大量设计文档、各种研究结果、市场调查数据的资源中心。公司的信息服务小组负责实施这一公司内部网建设项目。建成后的内部网络主要具有以下功能：①可以对大量不同类别的信息、服务和工具进行同时访问。②信息可以更加方便地加以定位和定时公布。③提高了应用的综合性，在内部网上将应用方法安置到页面上，以方便利用。④保证每个人能够得到最新信息，而且通信工具也得到了改善。⑤每个人都变成了开发员。当内部网络建成后，微软公司除了在内部网上设立了专门的"如何使用"区域外，还从战略上宣传内部网的重要性，强调它在信息共享上的重要意义，以推动员工对它的利用。

第四节　微软的关系资本管理

让微软得以崛起的 DOS 系统绝对不是当时最出色的操作系统，但比尔·盖茨却能成功地将这个买来的软件装在 IBM 的电脑中，借助蓝色巨人的威力，迫使许多在技术上更加完善的操作系统退出历史舞台。巴特·维克托等在《创新的价值》中认为，微软是一家追求客户智能竞争定位的公司，追求这种定位既是为提高产品的可用性，也是为建立与客户长期保持强有力的关系。[1]

---

① 巴特·维克托等：《创新的价值——实现增长和盈利的最大化》，新华出版社 1999 年版，第228 页。

一、沟通与合作为主要内容

在这个内容过剩的世界里，由广告收益所驱动的内容主导的商业模式存在着本质的局限，这种局限是由人们所能注意到的信息和广告的数量决定的。新一代的内容管理、广告设计、知识管理、客户关系管理是以客户流程为主导的软件，现在要确保只让人们注意那些在特定时间内适合他们的需要和期望的东西。而微软每一次推出新版本的产品，表现出来的是对服务的关注，都意味着微软将很快站在新服务创造和提供的最前沿。沟通与合作将会处于用户体验的最核心，使得用户不论在何时、何地、以何种方式需要时，相关的内容总是能提供到位。

在这个时代，让公司具备与他人全面合作的能力至关重要，因为网络技术已经使得消费者、员工和合作伙伴处在了同一个技术屋檐下，他们相互之间已经混合在一起。真正依靠这种合作的公司就会明白：外包和合资企业不仅仅是技术性的手段，而且更是长期的措施。

微软的电子商务战略重点在于帮助企业、客户及商业伙伴建立更加紧密的联系，开发了一个独立于平台的电子商务框架，称为 Microsoft Biz Talk，也是软件技术和产品的集合，是以 Microsoft Windows 为依托，为客户和商业用户的安全访问提供在线电子商务服务。

二、创造网络效应

一个网络的潜在价值，要比这个网络上各个节点的数目的平方大得多。因为一个行业网络的各个节点之间很少或者几乎不相互沟通，节点之间的联系是静止和非智能化的，所以这个网络的价值就很低。

而在知识经济中，通过运用各种技术，节点之间的联系可以智能化，这就使得增值沟通、调度和协调成为可能。当这一点可以在价值链上以线性方式上下波动时，就有可能实现具有重要意义的成本降低和收益增加。

在体验经济中，回报不断增加的经济在决定赢和输方面发挥着关键性的作用。网络效用的一个最具吸引力的特点就是，使用的人越多价值就越大。微软正在积极着手，通过 NET 架构在每一个设计中实现智能化，并且通过像 Teledesic 这样的宽带网络，使这些设计能够应用宽带技术。而像 Sun、惠普、IBM 和其他的公司，运用 Java、Unix 或者别的技术，也已经能够认识到这种远景，但它们还没有确立商业模式或者市场定位，从而不能像微软一样将它们的技术平台植入足够多的设计中，来创造出其独一无二的网络效用。

三、营销管理

微软以卓越的市场营销法则将整条增值链整合在一起。技术人员在增值链中居于主导地位，而微软是整个业界中最懂得笼络软件工程师的公司。微软的笼络计划伴随着一个软件技术人员的职业生涯。推广微软的工作始于大学。微软的教育部门与各大技术学院的关系密切，除了捐助微软产品和奖学金外，还联合著名大学如麻省理工学院等共同开发技术。学生在学校里受到了微软作业环境的熏陶，毕业后自然也愿意加入微软阵营。在职人员的招揽有赖于微软的软件开发人员关系部，也就是软件开发人员招揽部，其中更有职位名为"传教者"的，传的自然是"微软教"。传教者的鼻祖是苹果计算机的一位美籍日裔人士 Guy Kawasaki，但真正将"传教艺术"发扬光大的是微软。他们到处联络微软以外的业界工作人员，推广微软的技术，帮助他们在视窗平台上操作。传教的要旨：微软希望和所有软件科研人员一起发财。如果众多科技人员在视窗技术基础上撰写各类产品，视窗就会更受欢迎，而这些在视窗阵营的产品也就有更多需求，微软和所有操作微软语言的人员都能从中获利。教义是一个理论，其实际支持就是传教者能动用的教育资源，包括免费软件开发工具、技术资料和支持、客户介绍，还有金钱。微软一度的目标是将视窗推广到世界每一台计算机桌面上，这个任务基本达到。下一个目标是将微软科技扩散到每一种有软件成分的产品中。既使今天微软没有什么科技可以应用在高度精密的航空器械上，但只要研制这些器械的软件人员接受了微软的熏陶，以后也有可能运用微软产品。

　　竞争对手的技术人员也会得到微软的加倍招揽，这可以导致敌我消长的结果。微软经常注视互联网上的软件发展讨论，只要有在苹果、太阳微公司（SUN Microsystern）平台上操作的软件工程师开始对现况抱怨，就会收到以比尔·盖茨名义选出的视窗开发工具和鲜花一束，竞争对手优秀的工程师有时会收到微软高层人员的亲自邀请。在交易推广场合，微软以小恩小惠款待对手的技术人员，派送薄饼、啤酒。尽管花费不多，但收效很大。对于有志成为软件工程师的人士，微软深知技术语言越容易便越多人愿意学习，视窗就会越普及，所以特别为视窗平台创立了 Visual Basic 的操作语言，这套操作语言很容易，可以说连小学水平的人都能上手，编写视窗的程序，就算已经加入了微软阵营的技术人员，微软还挖空心思创造出微软专业认证文凭（Microsoft Certified Professional）计划，设立微软课程，对通过考试的从业者发出文凭，除让他们增添专业资格外，也间接增加了这些人员对微软的忠诚。在资源协助下，微软创办了微软软件开发人员网络（Microsoft Developers Network），为所有在视窗环境工作的人员提供书籍、网上数据库、课程和开发工具等。微软还特设微软出版部，专门出版微软科技指南、产品应用手册，大力赞助业界亲近微软的杂志。有时微软还会联络外界科技人员为微软产品写书，由微软全力提供所需的资源，出版的书籍自然对微软充满好感，从而帮助微软在软件行业中树立良好的声誉。

增值软件销售商在原有产品基础上要添加自己的一套特有工序，微软就出版大量针对增值商需要的白皮书和技术文件，甚至送出开发工具，方便增值商在微软的产品上加添功能。为了迎合系统整合供货商和系统顾问公司，微软特设内部的微软顾问公司，和他们联盟，共同造访客户。微软的内部顾问公司年终目标是收支平衡，所聘用的一千多人莫不对整个微软技术产品结构具相当深入的了解。他们的首要任务不是赚顾问费，而是为整合供货商和系统顾问公司提供技术指导，微软派出技术人员，赞助免费产品，他们利用关系，将微软产品渗透到各大企业的信息系统部门。对于方案供货商，微软经常针对领先的公司，自行将微软各部分的技术和产品组织搭配起来，包装成新科技方案，提交给这些供货商，再加上一定金额和工程人员的援助，无往而不胜。对以上所有的中间人，微软更加定时派发与对手产品较量的白皮书，大力弘扬微软优胜之处。微软每年花费数以千万美元计在产品培训、内部销售会议和业界会议上，邀请有关的业界人士，一连数天一起探讨，由微软的科技销售人员采取密集式灌输微软产品的好处，用适量的资源创造浩大的声势。

对于业界杂志和分析员，包括所有媒体，微软创造了高科技的公关战略。公关在亚洲还只是限于起步阶段，但在美国和欧洲是高科技业的市场营销主导活动，具有非常重要的地位。公司通过影响社会的主流舆论，领导新思想的潮流，吸引消费者的注意力。微软凭借其特殊的技巧掌握了产品舆论的主导权，在产品面世的前后两三个月，赞美之词往往铺天盖地而来，这决非偶然，业界杂志上一篇简单的科技评论背后其实花费了微软工作人员几个月的血汗。

让比尔·盖茨成为世界首富的 Windows 系统的图形界面，是苹果电脑公司研究人员的杰出创意。当时，麦金托什（Macintosh）的图形界面操作系统以其无与伦比的友好界面轰动业界，被称为"比尔·盖茨终结者"。微软很快推出换面版 Windows 系统，借助强大的宣传攻势与销售策略，占领市场，而苹果只能在狭小的专业领域艰难挣扎。微软在互联网方面没有技术优势，但凭借其强大的市场势力进入网络市场，并可能将互联网的技术先锋们一步步逼出市场。

网景公司在网络浏览器方面取得了微软式的统治地位，获得了与那些在经营中一贯处于获利地位的客户们签约的机会。这些公司正使用网景公司的服务器程序建立其网络地址。与此同时，整个电脑王国因为太阳微公司的 Java 软件而变得充满生机。这一软件使得通过互联网改变程序或网络页面成为可能。这一体系所导致 Windows 在环球网上的地位将变得不再重要。仅仅两年，在网景通信公司和太阳微系统公司的带领下，一群电脑和软件公司将互联变成事实上的信息高速公路，不仅震动了电脑业界，而且也对其他工业产生重要影响。

微软动用了所有的资源，包括 14 亿美元的研究开发资金、2 万名员工，在操作系统领域居于领先地位，以及众多的软件用户。微软的"探险家 3.0"（IE3.0），与"导航器"相比，在功能上差不多，但价格却低很多，用户可以免费从环球网上下载。推出后第一周，下载统计就已突破 100 万次。紧接着，IE4.0 又将登场，与 Windows'95 紧密集成，使个人机与环球网紧密结合。

当以操作系统为主导的微软迅速增长时，盖茨的目光又转向了应用软件。对电脑业来说，新产品一出现，经过一番合并联合之后，最终的胜利者就会制定行业标准。只有标准化，才能使软硬件的通用和资源的共享成为现实。建立了标准，就能获得独特的竞争优势。同过去一样，盖茨希望为 MPC（多媒体个人计算机）建立标准。多媒体正式问世是在 1990 年 11 月，其时，微软举行了多媒体大会，确立其规格，并宣布 MPC 诞生。MPC 的支撑软件是微软操作系统，微软取得绝对优势。

微软正是通过成功管理其智力资本而造就了在行业中领头羊的地位。

第九章 智力资本对我国运营最佳公司贡献的实证分析

许多研究者［埃德文森和莫尔（1997）、斯图尔特（1997）和邦提斯（1999）］采取非财务测量和其他相关信息，认为智力资本是企业价值的驱动力，它有利于企业获得竞争优势和价值。因此，智力资本被认为是企业最有价值的资产和最有力的竞争武器。我国经济近十几年来持续保持高速增长，那么，作为日益成为价值创造的核心的智力资本对我国经济发展的贡献如何？中国上市公司的发展主要是依赖于智力资本还是依赖于物质资本呢？徐虹运用规范分析的方法，认为智力资本是旅游饭店的战略竞争力之源，并对如何发挥其作用提出了一些建议。李嘉明等（2004）、原毅军等（2005）对我国拥有较多智力资本的计算机行业的上市公司进行了研究，认为物质资本对公司的绩效的影响是显著正向，但智力资本的总体影响不如物质资本。因此，本书试图从微观层面采用41家在2003年运营最佳的上市公司中的数据进行实证研究，分析了样本公司的智力资本对企业绩效的关系是不是显著的正相关。正确认识智力资本在我国公司的贡献不仅具有重要的理论和现实意义，而且不同类型的智力资本构成在创造价值的作用是不同的，通过本章的分析试图发现我国公司运营中在资本构成方面的问题。

第一节 智力资本与公司绩效之间的关系的相关文献述评

智力资本对公司绩效的研究在国内外才刚刚起步，通过分析智力资本对公司绩效的贡献不仅可以发现经济增长方式的变化，而且可以发现企业中各种资本对企业绩效的贡献，从而有针对性地改善各种资本的结构成分，以提升企业的核心竞争力。

一、国外有关智力资本与企业绩效关系的主要研究

尼克·邦提斯（Nick Bontis）对智力资本对企业绩效的影响的测量和模型进行探索性研究，提出可以用因子分析法和偏最小二乘法（PLS）等计量方法

来测量，并设计了一个模型以帮助企业领导者更好地管理企业的智力资本，而且还认为智力资本的研究大有可为，能使公司更具有战略眼光。在此研究的基础上，尼克·邦提斯还通过问卷调查研究了马来西亚服务业与非服务业的智力资本的组成部分即人力资本、结构资本和客户资本之间的相互关系，以及它们与企业绩效的关系。得出以下结论：不论在哪个行业，人力资本是重要的；人力资本在非服务业比在服务业对结构资本更有影响；不论在哪个行业，客户资本对结构资本有重要影响；不论在哪个行业，结构资本的开发与企业绩效有正相关关系。

艾哈迈德·里亚希－贝克奥伊（Ahmed Riahi-Belkaoui）从资源基础和利益相关者的视角，使用《财富》杂志 1991 年评选出的美国 100 家"最大跨国的"制造和服务公司中的 81 家为样本，以 1987—1991 年企业的全部资产相对增值（RVATA）为自变量，以 1992—1996 年的企业的 RVATA 为因变量，发现智力资本对美国跨国公司的绩效有积极和显著的作用。

史蒂文·菲雷（Steven Firer）对南非企业智力增值系数（Value Added Intellectual Coefficient，VAIC）的三个组成部分即人力资本增值系数、物质资本增值系数、结构资本增值系数与企业绩效（获利能力、生产率、市场评价）的关系进行了实证研究，发现：南非市场注重物质资本的回报；如果公司注重实物资源的开发，就忽视对人力资源资产的利用；与人力资本资源和物质资本相比，很少注意公司结构资本的资源。

二、我国智力资本对公司绩效影响的主要研究

朱杏珍从人力资本对企业的盈利能力、偿债能力、营运能力和发展能力四个绩效指标的作用进行分析，提出人力资本是决定企业绩效的关键因素，并且通过分析 1997 年的统计年报的数据，认为改革开放前后我国的劳动要素的投入对经济的增长率由 20.6% 降为 16.6%，而物质资本要素由 69.5% 降为 58.4%。

李嘉明、黎富兵（2004）通过对我国计算机行业的 30 家上市公司的实证分析，发现：物质资本与企业绩效之间存在显著的正相关关系，结构资本对企业的获利能力有负向的影响，人力资本对企业绩效也有正向的贡献，但在统计上不十分显著，并进行了相应的分析。

陈劲、谢洪源、朱朝晖（2004）将智力资本分为人力资本、结构资本、创新资本和客户资本（见图 9-1），以浙江省的高科技企业为样本进行问卷调查，设计出相应的评价智力资本的定性指标体系并进行了实证研究。实证研究发现，以该评价体系得出的企业智力资本各因素评分值与企业业绩有显著的相关关系，

从而证明了该指标体系的有效性和合理性。研究发现，智力资本各因素之间存在强相关，并提出企业必须从整体的角度来管理和提升智力资本的各个因素。

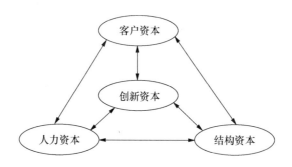

图 9 - 1   智力资本评价模型

原毅军、孙晓华、柏丹（2005）建立了符合软件企业智力资本特点的评估框架和指标体系，并利用因子分析法，以我国 15 家上市软件生产企业年度报告为样本数据，对智力资本的价值创造潜力进行了评估，依据评估结果的比较和分析，提出增强我国软件企业智力资本价值创造潜力的建议。

中国台湾学者林妙雀（2005）通过建立 LISREL 模型，对中国台湾到大陆投资的上市公司的问卷调查，发现，企业拥有的人力资本越丰富，越有利于结构资本和关系资本的积累，越是重视分享组织文化的企业对管理绩效越有直接效果，拥有丰富的智力资本的企业如果能够通过关注流程、关心员工、共享价值、开放胜任、社会化协调以及激励等对绩效的提升会产生间接效果。

国内还有许多学者花了很大精力在研究人力资本对企业绩效的影响，甚至有些学者只是把智力资本简单地替代人力资本，表面看是研究智力资本，其实研究的还是人力资本。因此，为适应与国际智力资本研究接轨的需要，笔者认为，把智力资本分为人力资本和结构资本，结构资本又可以分为组织资本和关系资本（企业的客户关系对企业所具有的价值），这种分法是比较合理的。结构资本是企业能够更好地工作所依赖的企业组织结构上的条件，是组织所具有满足市场需要的能力，包括组织中所有非人的知识库、组织结构图、程序指南、企业文化以及任何对组织贡献的价值超过其自身价值的东西（艾哈迈德·里亚希-贝克奥伊，2003）。人力资本作为智力资本的核心和高级形式，其对企业的贡献已得到了人们的普遍认同，但单独研究人力资本对企业绩效的贡献显然是不全面的。本章正是在借鉴国内外学者研究的基础上，以 2003 年中国50家最佳运营绩效的上市公司中的41家样本企业的智力资本与企业绩效的关系进行实证研究，以期发现这些企业绩效最佳公司与其智力资本拥有的关系。

第二节　实证研究的设计与分析

在借鉴史蒂文·菲雷对智力增值系数（VAIC）计量的基础上，通过对智力增值系数各组成部分与企业绩效的相关分析及回归分析，探寻现阶段我国上市企业的智力资本与绩效的关系。

一、研究假设

任何一个企业的运行都是建立在人力、物力、财力的基础之上的，物质资本在工业经济时代扮演了极其重要的角色，但随着经济的发展，智力资本正发挥着越来越重要的作用。目前，西方学者均认为，智力资本是企业的战略资源，由于它具有稀缺性、有价值、难以模仿、非替代性的特征，能够成为企业保持持续竞争优势之源，成为企业生存和发展的决定因素。

一般认为，智力资本由人力资本、组织资本和客户资本三要素构成。三要素重合的部分创造了企业的价值，价值创造中的各种关系产生于企业的三种资本之间的相互作用。价值创造的过程来源于员工、客户、产品和创造价值的服务之间的相互作用。当人力资本、组织资本和客户资本之间进行有效的互动时，企业创造的价值和财务业绩才会得到提高。

企业是一个这样的团体，在发展中超越了公司，成为一个由员工、客户、经销商、工程师、股东等组成的庞大的团体，团体内的每一成员都创造价值，包括组织的财务资本、有形资产和无形资产。

企业的运作需要这三个要素的流动和相互影响，同时我们应该看到，组织中存在的一些无形资源还没有创造价值，可以称之为组织的"潜在价值"，管理者和管理层就要努力开发这种潜在的价值创造能力以满足客户的需要或者创造出新的需要。关键是人与要素之间的互动决定了价值的创造，而不是这三个组成部分彼此隔离、独立地发挥作用。

资源基础理论认为，企业是通过其所拥有和获取的资源而生存并保持竞争优势的。物质资本是企业得以建立、运行所必需的最基础的资源，无论在工业经济时代还是知识经济时代，它对企业的绩效都有重要的影响；结构资本能使企业安全有序、高质量地运转，能为企业职工工作和交流提供一个大环境，因此较高的结构资本能使企业产生高的绩效；人力资本的载体是人，作为企业中唯一有生命的、能动的资源，其能动性是使企业发生价值增值的最根本原因。

根据上述分析，提出如下假设：

H_1：物质资本对企业的绩效有积极的正向促进作用；

H_2：结构资本对企业的绩效有积极的正向促进作用；

H_3：人力资本与企业的绩效具有正相关关系。

二、变量的选取和相关定义

智力增值系数（VAIC™）是由澳大利亚智力资本研究中心的安特·普里克（Ante Pulic，1998）和其同事开发的一种智力资本评价系统，其思路：一是安特·普里克企业资本由财务资本与智力资本组成，企业业绩取决于企业运用财务资本和智力资本的能力。对业绩的评价包括对实物资本增值效率的评价及智力潜力增值效率的评价两部分。二是分别用财务资本增值系数和智力潜力增值系数来表示。将企业运用财务资本与智力资本进行增值的能力称为"智力能力"，用（VAIC™）来表示，等于各智力潜力增值系数（VAIC™）之和。

（1）计算企业增值：$VA = OUT - IN$。其中：VA 表示企业增值；OUT 表示企业产出，包括所有产品和服务在市场上的总收入；IN 表示企业投入，包括企业扣除人工费用后的所有费用。

（2）计算财务资本增值系数：$VACA = VA/CA$。其中：CA 代表所有财务资本之和；VA 表示每单位财务资本创造的价值增值，其越大表明企业财务资本的运用效率越高；反之亦然。

（3）计算智力潜力增值系数：$VAIP = VA/IP$。其中：IP 代表企业智力潜力，以员工的工资总费用表示；VA 表示每元工资创造的价值增值，其越大表明企业智力潜力发挥作用的效率越高；反之亦然。

（4）计算企业智力能力：$VAIC = VACA + VAIP$。

选择 VAIC™ 的主要原因是在一定程度上能够反映企业的整体实力。首先，VAIC 提供了测量的一个标准和一致性，可以采用大样本和不同行业部门之间进行横向比较，其他的 IC 测量存在测量的限制：一是数据来源的准确性问题；二是把财务指标和非财务指标的结合的综合测量问题。

VAIC™ 所用的数据都是基于审计的信息，计算结果可以认为是客观和可信的［普里克，1998，2000］。其他 IC 测量受到置疑是指标的客观性问题。采用 VAIC 指标设置简单明了，取数也容易。但是该方法为了追求计量的准确与客观，却把公司的人力资本等同为公司员工的工资和薪水的投资，这就会出现对问题的简单化处理。

变量的选取及定义。史蒂文·菲雷认为智力增值系数 VAIC™ 是一个可分析性的程序，它能使管理层、股东及其他利益相关者有效地监督和评价一个公司的总资源及每一种资源构成的增值效率。VAIC 由资本增值系数（capital employed efficient，CEE）、人力资本增值系数（human capital efficient，HCE）和结构资本增值系数（structural capital efficient，SCE）三个分离系数之和构成，它们的关系如下：

$$VAIC_i = CEE_i + HCE_i + SCE_i$$

其中，$VAIC_i$ 代表公司 i 的智力增值系数；CEE_i 代表 i 公司运用的物质资本的增值系数；HCE_i 代表 i 公司的人力资本增值系数；SCE_i 代表 i 公司的结构资本增值系数。

对于本书所选取的自变量、因变量及控制变量列表说明如表 9 - 1 所示。

表 9 - 1　　　　　　　　　　　　　变量定义表

变量类型	变量名称	变量符号	变量定义
因变量	获利能力	PROF	PROF = 净利润/平均资产总额
自变量	物质资本增值系数	CEE_i	$CEE_i = VA_i / CE_i$
	人力资本增值系数	HCE_i	$HCE_i = VA_i / HC_i$
	结构资本增值系数	SCE_i	$SCE_i = SC_i / VA_i$　　$SC_i = VA_i - HC_i$
控制变量	企业市场资本化	CAP	CAP = 已上市普通股数 × 股价
	财务杠杆	LEV	LEV = 总负债/总资产

说明：CE_i 代表 i 公司净资产账面价值；HC_i 代表 i 公司总工资和薪水的投资；SC_i 代表 i 公司的结构资本。

目前对企业增值（VA）的计算主要有三种方法：

第一种方法：$VA_i = I_i + DP_i + D_i + T_i + M_i + R_i$

其中，I_i 为 i 公司的利息费用；DP_i 代表折旧费；D_i 代表股利；T_i 代表税负；R_i 代表未分配利润；M_i 代表少数股东在子公司净收入中的权益。

第二种方法：$VA_i = PTP_i + PC_i + I_i$

其中，PTP_i 代表公司税前利润；PC_i 代表公司支付的工资；I_i 代表利息费用。

第三种方法：$VA_i = SR_i - BC_i$

其中，SR_i 代表企业的销售收入；BC_i 代表企业从其他企业购入商品和服务所发生的成本费用。

考虑到我国企业财务报表披露的现实状况，为了能较准确地获得计算所需的数据，笔者就选择第二种方法计算企业的增值 VA。

三、样本的选择

我们根据《经理人》杂志社公布的 2003 年中国 50 家最佳运营绩效公司中的 41 家公司（其中 9 家因在 2004 年公司年报中的数据获取存在数据不全的

问题而不得不放弃）为样本，最佳运营绩效公司主要是根据主营业务收入成长率和主营业务利润率以及 2003 年税后利润股东权益报酬率的六类指标进行综合排名产生，企业的行业分布较为分散，涵盖银行、交通运输、通信及相关设备制造业、信息技术业、电力、综合、食品及饮料制造、电信服务、专用设备制造、水泥、普通机械制造、通信服务、医药、煤炭、汽车、化学原料、交通运输设备制造、公共设施服务、通信制造等多个行业。

这些公司地区集中在经济发达地区。这 41 家企业主要分布在北京、上海、广东、山东、湖南、四川、贵州、山西等 16 个省、市、自治区。其中，北京、上海、深圳、山东、江浙等经济发达地区的公司数量较多。

表 9 - 2 样本公司的分布及行业情况

公司名称	地区	行业	公司名称	地区	行业
福建高速	福建	公路运输	北生药业	广西	医药制造
夏新电子	福建	通信及相关设备制造	兰花科创	山西	煤炭
键特生物	山东	食品制造	海正药业	北京	医药制造
中国联通	北京	电信服务	四环药业	北京	医药制造
三一重工	湖南	专用设备制造	上海汽车	上海	汽车制造
深赤湾 A	广东	交通运输辅助	歌华有线	北京	信息传播服务
航天信息	北京	信息技术	湘火炬 A	湖南	汽车制造
海螺水泥	安徽	水泥制造	长丰通信	重庆	通信服务
东方锅炉	四川	普通机械制造	波导股份	浙江	通信及相关设备制造
长江电力	北京	电力	恒瑞医药	江苏	医药制造
金马集团	广东	通信服务	深发展 A	广东	银行
外运发展	北京	航空运输	曙光股份	辽宁	交通运输设备制造
天士力	天津	医药制造	兖州煤业	山东	煤炭
长安汽车	重庆	汽车制造	山东华特	山东	综合
贵州茅台	贵州	饮料制造	山东基建	山东	其他公共设施服务
江中药业	江西	医药制造	科学城	广东	公共设施服务
中联重科	湖南	专用设备制造	烟台万华	山东	化学原料
健康元	广东	医药制造	新兴铸管	河北	金属制品
盐田港 A	广东	交通运输辅助	中信国安	北京	信息技术
红星发展	贵州	化学原料	国阳新能	山西	煤炭
中兴通讯	广东	通讯制造	东阿阿胶	山东	医药制造
明星电力	四川	电力			

资料来源：杨俊杰、王薇：《向最佳运营绩效者学什么？——解度卓越的基因》，《经济观察报》2004 年 6 月 14 日。

四、研究结果

本书的所有数据都是采用手工摘录 2004 年 20 个行业的 41 家上市公司的年报为依据，来自中国股票市场研究（CSMAR）数据库和巨潮资讯（http：// www. cninfo. com. cn），股票价格是以 2004 年 12 月 31 日的收盘价，数据的处理是 SPSS11 软件对样本进行统计分析，结果如下：

（一）描述性统计（descriptive statistics）

表 9 - 3 列举了自变量、因变量和控制变量的最小值、最大值、均值和标准差。由于样本本来就是最佳运营绩效公司，从表中可以发现样本公司的绩效比较良好，因为其获利能力的均值达到 16%，对比样本公司的 CEE、HCE 和 SCE 的值的大小，可以发现样本公司 2004 年在增值方面人力资本比物质资本和结构资本更有效（每一元的人力资本为公司带来 5.36 元的增值，每一元的物质资本为公司带来 0.33 元的增值，而每一元的结构资本为公司带来 0.71 元的增值）。

表 9 - 3　　　　　　　　　　描述性统计表

变量名称	N	最小值	最大值	均值	标准偏差
CEE	41	0.13	1.08	0.33	0.19
HCE	41	1.07	16.97	5.36	4.34
SCE	41	0.07	0.94	0.71	0.18
CAP	41	$3.37E+6$	$6.90E+10$	$9.56E+9$	$1.49E+10$
LEV	41	0.02	0.98	0.40	0.22
PROF	41	0.012	0.54	0.16	0.10

（二）相关性分析

从表 9 - 4 的分析结果可以发现，物质资本增值系数（CEE）与获利能力存在显著的正相关（$p < 0.01$）；结构资本增值系数（SCE）与获利能力存在正相关（$p < 0.05$）；人力资本增值系数（HCE）与获利能力也是正相关。另外，控制变量财务杠杆（LEV）与获利能力相关，与企业市场资本化（CAP）是负相关。

表 9 - 4　　　　　　　相关性（Correlations）及检验表

序号	变量名称		1	2	3	4	5	6
1	CEE	相关系数	1					
2	HCE	相关系数	- 0.086	1				
3	SCE	相关系数	- 0.007	0.754	1			
4	CAP	相关系数	- 0.030	0.220	0.132	1		
5	LEV	相关系数	0.606	- 0.300*	- 0.277*	- 0.043	1	
6	PROF	相关系数	0.431***	0.184	0.332**	- 0.060	0.040	1

注：***、**、*分别表示双尾检验显著水平为1%、5%、10%。

（三）回归分析结果

为了能发现不同的自变量对获利能力的影响，就采用逐步回归的方法。首先，先对各个自变量与因变量（获利能力）进行回归，初步了解各自变量的影响程度；其次，将各自变量按其影响程度的大小从低到高逐个代入进行逐步回归。两次回归分析的相关数据分别列示如表 9 - 5 所示。

表 9 - 5　　　　　　　　单变量回归系数表

自变量	β	标准差	R^2	F	Sig
CEE	0.43	0.09	0.19	8.92	0.005
HCE	0.18	0.10	0.03	1.36	0.25
SCE	0.33	0.09	0.11	4.84	0.03
CAP	- 0.06	0.98	0.004	0.14	0.71
LEV	0.04	0.10	0.002	0.06	0.80

从表 9 - 5 的结果可知，物质资本增值系数 CEE 的影响程度最大（$R^2 = 0.19$，$\beta = 0.43$，$p = 0.005$）。其次，结构资本增值系数 SCE 的影响程度较大（$R^2 = 0.11$，$\beta = 0.33$，$p = 0.03$），紧接着分别是人力资本增值率 HCE、企业规模 CAP 和资产负债率 LEV 的影响。

表 9 – 6　　　　　　　　　逐步回归系数（Stepwise Regression）表

变量	模型 1	模型 2	模型 3	模型 4	模型 5
CAP	– 0.06	– 0.11	– 0.11	– 0.09	– 0.08
HCE		0.21	0.24	– 0.10	– 0.08
LEV			0.11	0.13	– 0.24
SCE				0.46**	0.34
CEE					0.57***
R^2	0.004	0.044	0.055	0.144	0.339
F	0.14	0.88	0.72	1.52	3.59

注：***、**、*分别表示双尾检验显著水平为 1%、5%、10%。

表 9 – 6 列示了不同变量组合的回归结果，在模型 1 中仅仅包括了控制变量 CAP，它与获利能力呈负相关关系；在模型 2 中，增加了人力资本增值系数 HCE 这一自变量，从表 9 – 6 可知，HCE 对企业的获利能力有正向的贡献（判定系数的变化为 $R^2 = 0.044$），支持了 H_3，但不显著；在模型 3 中增加了控制变量 LEV，从模型 3 的分析结果可知，LEV 对企业获利能力有正影响（$R^2 = 0.055$，$F = 0.72$）；在模型 4 中，我们增加了结构资本增值率 SCE，对企业绩效有较显著的正影响（$R^2 = 0.144$，$F = 1.52$，$p < 0.05$），从而支持 H_2；在模型 5 中，增加了物质资本增值率 CEE，从结果可见，CEE 对企业的获利能力有显著的正向影响（$R^2 = 0.339$，$F = 3.59$，$p < 0.01$），因此支持了 H_1。

五、相关结论及启示

实证结果表明，物质资本增值率与企业的获利能力呈显著正相关，结构资本增值率对企业的获利能力有正向影响，且较为显著，人力资本增值率对企业的获利能力有正向影响，但不显著。这反映了对我国最佳企业的绩效的贡献起到重要作用的还是物质资本，这很大程度上与我国的经济粗放式增长方式有关，人力资本管理正在从长期的行政人事管理向现代人力资源管理转变，员工的潜力还没有充分发挥出来，我国正处在计划经济向市场经济的转型期，企业的组织结构大多是科层式结构，很大程度不能适应新知识经济发展的要求。由于企业的价值观模糊不清，企业文化存在缺乏，客户资本许多没有运用到增加企业的价值方面，客户关系管理还需要不断完善。再则所选样本企业很大部分是具有垄断性的国有企业，一方面作为独立核算、自负盈亏的经济实体，企业要实现利润的最大化；另一方面，又要担负着为国家、社会所赋予的如保持社会的稳定，促进本地区经济的发展的重任，有时要求企业放弃一些商业上的利益。因此，针对我国企业结构资本存在的一些问题，很有必要进一步加快企业的改组和改制的步伐，做到"以市场为导向，以客户为中心"的企业价值再造，还要不断地转变企业的经济增长方式，加强公司的自主创新能力，加强员工与组织之间的知识共享，才能真正提升企业的结构资本对企业绩效的贡献。人力资本对企业的获利能力有正向的影响，但并不显著，产生这种情况的主要原因有：

（一）现阶段我国公司薪水支付尚不够合理

首先，正如迈克尔·A. 希特（Michael A. Hitt）所认为的，企业对员工有一个较高的最低工薪支付率，故对于能力低下者及新手可能支付了超过他们对企业贡献的价值。再则，我国公司大量存在重资历、重学历的现象还没有根本转变，这些都导致了公司支付的工资薪金并没有充分真实地反映公司人力资本的质量，也很难反映出人力资本对企业增值的贡献。而在本书中正是使用企业支付给职工的工资薪金的投资作为度量企业人力资本质量的高低。这样，人力资本与企业绩效关系不显著也就可能出现。

（二）变量 HCE 的计算不够精确

本书所采用的数据没有真实、客观地反映出企业支付给职工的工资和薪水的投资。企业支付给职工以及为职工支付的现金应包括了较多的内容（如养老保险和住房补贴等福利），而不仅仅是工资，本书只是采取了一个近似的替代。因此，为了能准确地测量这两者之间的关系，需要企业有较为详细的关于人力资本投资情况的披露，国家可以考虑在适当时候要求上市公司在年报中公布其人力资本投资（而不是只作为成本）的状况。

（三）采用一年的公司样本数据缺乏反映公司的动态变化情况

研究所使用的数据均来自企业 2004 年年度报告，但是，企业以前年度的绩效可能会影响到企业以后年度的绩效，故最好可以采用时间序列数据进行样本分析或横截面数据分析。从表 9 - 6 的判定系数的值（0.339）可发现对模型的拟合得不是十分理想（R^2 的取值范围为 $0 \leq R^2 \leq 1$，R^2 越接近 1，拟合度越高）。根据计量经济学原理，随着自变量的增加，判定系数会相应增大，对模型的拟合会更加完善，因此，如果可能，应增加样本容量。

企业获利能力的影响因素有很多，如公司战略和行业特征，本书只是对其中的部分因素进行了实证分析，由于数据的可获得性问题，只是对结构资本进行分析，没有进一步地对结构资本所构成组织资本和关系资本或客户资本进行深入的分析。总之，研究结果表明，物质资本对我国公司的绩效贡献很大，起到了最为重要的作用，结构资本对企业的绩效有较为显著的影响，人力资本对企业的绩效也有正向的贡献，但在统计上不是十分显著。对于如何准确地测量我国企业的智力资本，智力资本对我国企业的增值贡献的程度等，尚需要我们做更深入的探讨。

第十章　总结和展望

当前，我国经济发展面临的一个重要问题就是需要自主创新，经济增长方式也面临着巨大的挑战，这些都需要发挥智力资本的主导作用，使其具有超越物质资本的巨大潜能，这才是促进未来持续性经济增长的根本原动力。智力资本的研究和开发已在全世界范围内引起高度的重视和广泛的兴趣，其研究的范围在不断地扩大，研究内容在不断深入，研究队伍也在不断增加。本书正是以此为背景，试图说明在智力和知识成为一种公认的资源和资本来加以开发和利用，智力资本理论体系的建立以及智力资本的深度开发和管理，已经成为学术界、社会界、经济界和企业界的一大难题，解决这些难题的根本点就在于，如何在真正掌握智力资本的复杂内涵的基础上，将一系列行之有效的理论和方法付诸实践。

第一节　总结

本书以知识经济为背景，通过文献阅读、理论探讨和案例研究，深入研究了企业智力资本开发和管理的一般规律和本质特征，如智力资本的概念、特性、开发和转移。采用规范分析和实证分析相结合、以定性分析为主的研究方法，对智力、知识、资本、智力资本进行了深入细致的研究，揭示了智力资本的内在本质，力争构建一个比较系统的智力资本理论框架。通过这些研究，本书的主要结论如下：

（1）全书以时代为背景，以实践为依据，以理论作基础，运用翔实丰富的理论资料，通过严谨的论证，开创性地探讨了智力资本的内涵，揭示了智力资本的内在本质，构建了智力资本理论研究的基本框架，为智力资本的理论研究提供了一种新思路，开辟了一条新途径。

（2）本书在回顾国内外智力资本研究的基础上，从研究数据、信息、知识、资本和智力入手，比较全面地阐述了智力资本形成的理论基础。并运用经济学、管理学、法学等理论对智力资本的开发进行论证，提出了自己的观点。

在总结归纳国内外有关智力资本概念的基础上，指出，智力资本不是人力资本、结构资本和顾客资本的简单相加，而是一个通过协调效应的有机整体。这种融合越紧密，智力资本的效益就越高，价值就越大。智力作为获取知识的基础，是先天素质和后天教育的结果，同时知识又是智力发展的源泉，两者相互促进，在学习中发展智力，智力的增长又创造新的知识。智力资本是智力和知识相互融合后的可以创造财富的资本。

（3）比较详细地论证了智力资本的特征，指出智力资本是无形资产，具有无形性、无限性和能动性、收益递增性、可变性、重复使用性、累积性、不确定性等特征。资本的目的是通过劳动增值，从而产生新的资本，同样智力资本的终极目的是通过智力劳动增值，从而创造出更多的物质和精神财富。

（4）企业智力资本的开发也是知识转移、知识创造和知识共享三者之间相互作用共同推进微观层次的智力资本开发的过程。

（5）从自组织理论的视角来看智力资本的开发。

（6）智力资本的转移主要是从社会资本理论、知识产权的角度研究智力资本在公司间的转移。

（7）作为智力资本理论的应用，本书简要论述和分析了一些智力资本管理的组织形式和实施方法，对知识和智力资本的测度分别进行了探索性研究，并用案例来说明智力资本在企业中的广泛应用。

现实经济和管理问题关注的侧重点和理论倾向日益集中于知识经济的视角方面，而且智力资本的研究是笔者在反复思索知识管理的过程中感到是很有必要研究的一个课题。由于智力资本管理所涉及的实践和理论研究的视角极为丰富，加之本人学习研究不够，理论水平有限，因此也不奢望能提供一个关于智力资本研究的"全面理论"，只能从人力资源管理的有限视野建立一个智力资本的理论研究框架。尽管我投入了大量的时间和精力进行思考，但到定稿时又感到还有许多问题没有阐述清楚，并且不断涌现出新的研究成果又使我目不暇接，时常感到有力不从心之感，才深知学海无涯苦作舟的艰辛。书中一定存在疏漏和错谬，尚祈各位专家、学者给予批评指正。

第二节 展望

在知识经济中，人力资源的地位日益重要。实际上，知识经济是智力资源消耗型经济，它主要依赖于知识、智力的投入。可以说，知识经济是以智力资本的投入为主的经济，智力资本是知识经济的基础。

智力资本管理是战略人力资源管理研究的一个重要方面，其理论体系的建立才刚刚开始，随着智力资本在经济增长和社会发展中的作用日益显现以及人们对智力资本的认识逐步深化，智力资本研究将成为人力资源管理研究的新趋向，智力资本理论会更趋充实和完善。

一、本书的不足之处

笔者认为，本书存在以下不足之处：

（1）本书很多的理论研究的着眼点是国外的研究。由于国内的研究还处于萌芽阶段，理论研究与中国的实践存在脱节的现象，如案例研究不是着眼于国内的研究，而是采取对世界最为知名的微软公司的智力资本管理实践进行分析。

（2）对我国的上市公司的实证研究也存在比较粗浅的分析，而且对我国的一些非上市公司的智力资本的现状也有待更深一步的探讨。而且实证研究属于横断面研究，收集到的数据仅为某一时点的资料，研究主要考察了某一时点上企业的智力资本与绩效间的关系。应该注意的是，企业的智力资本随着时间的推移而不断发生着动态变化，其动态性及其与企业绩效的关系的变化在本书没有得到考察，还有待进一步研究。

（3）在智力资本的个人层次的研究没有从神经学角度来探讨如何培养我们的能力和锻炼我们脑的潜力。

（4）智力资本的经济视角缺乏深入的分析，对一些高深的经济分析方法如博弈论的理论运用没有进行研究，这方面的理论分析水平还有待提高。

二、需要进一步研究的问题

笔者认为，今后需要进一步研究的一些问题有：

（1）今后的研究要从企业微观层面有针对性地对某一家企业的智力资本进行计量，扩展到研究国家的智力资本的构成，以及如何才能增加国家的竞争力。

（2）尽管本书在研究智力资本的转移方面提到知识产权管理，但对智力资本风险管理、智力资本的保护探讨得不多，如何正确处理智力资本中人力资本的流失，以及如何防止智力资本的过时等问题没有进行深入探讨。

（3）对智力资本的计量研究在我国还没有进行实践研究活动，国内还没有一家上市公司做出的公司年报附上有关智力资本报告，如果有机会将争取加入到智力资本在企业的实践计量研究，为我国公司打造第一份公司智力资本报告。

（4）智力资本三者构成之间的关系的深入研究，构建企业智力资本构成的三维立方图，通过建立一些指标来确定公司的智力资本指数情况，为公司的未来发展指出一个战略发展方向。

（5）在智力资本管理与知识管理的实践中如何把两者的研究相结合起来，改变当前知识管理注重于网络信息技术的建设而缺乏隐性知识转移的状况，智力资本管理将更为关注隐性知识的转移，两者的有效结合也是未来研究的重点。

（6）企业的智力资本开发对于企业的自主创新将发挥如何的作用，以及这两者之间的关系研究也是今后研究的一个新目标。

（7）智力资本的开发在新时代的主要工具运用方面还有待进一步研究。

（8）以访谈或个案研究方式与问卷调查相结合的方式探索企业智力资本的度量方法，提出更为准确有效的智力资本构成要素的测量指标或工具方法。

以上问题由于笔者在本书中探讨不够深入，尚待继续进行研究。事实上，智力资本理论研究还处于不断拓展和深化的阶段，在这个领域还有许多未知问题等待广大有志之士去探索和回答。

参 考 文 献

1. Mike Coeey. Knowledge Economy Fact or Fad? ［J］. *NewZealand Management*, 2000, 47, (4): 54.

2. Pfeffer, Jeffrey. Competitive advantage through people ［J］. *California Management Review*, 1994, 36, 2.

3. 彼得·德鲁克:《后资本主义社会》,上海译文出版社 1998 年版。

4. 邹明红、张培丽:《知识经济问题讨论的新进展》,《经济理论与经济管理》2005 年第 3 期。

5. 罗伯特·福格尔:《经济增长性质的变革》,《21 世纪经济报道》2004 年 8 月 26 日。

6. 大卫·约里克:《用我的未来而不是我的过去评价我》,戴大卫·约里克等:《未来人力资源管理:48 位世界思想领袖谈人力资源管理变革》,机械工业出版社 2003 年版。

7. 迈克尔·阿姆斯特朗:《战略人力资源基础》,华夏出版社 2004 年版。

8. 胡鞍纲、王亚华:《中国国情分析框架:五大资本及动态变化 (1980—2003)》,《管理世界》2005 年第 11 期。

9. 廖泉文:《人力资源管理》,高等教育出版社 2003 年版。

10. Organization for Economic Cooperation and Development. Measuring and Reporting Intellectual Capital: Experience, Issues and Prospects, an International Symposium, Programme Notes and Background to Technical Meeting and Policy and Strategy Forum, 1999.

11. 巴鲁·列弗著,王志台、唐春霞、杨明译:《无形资产——管理、计量和呈报》,中国劳动社会保障出版社 2003 年版。

12. 李平、刘希宋:《知识经济时代的企业智力资本开发》,《中国人力资源开发》2005 年第 6 期。

13. Edvinsson L. , Sullivan P. Developing a Model for Managing Intellectual. *Capital European Management Journal*, 1996, Vol. 14.

14. Gregorio Martín de Castro；Pedro López Sáez；José Emilio Navas López. The role of corporate reputation in developing relational capital ［J］. *Journal of Intellectual Capital*, 2004, 5, (4)：578.

15. Daniel Andriessen. Weightless wealth：Four modifications to standard IC theory ［J］. *Journal of Intellectual Capital*, 2001, Vol. 2, (3)：204 – 205.

16. Per Nikolaj, Bukh, Ulf Johanson. Research and knowledge interaction：Guidelines for intellectual capital reporting ［J］. *Journal of Intellectual Capital*, 2003, 4, (4)：576.

17. 《本刊与〈文汇读书周报〉联合评出 2003 年度中国十大学术热点》，《学术月刊》2004 年第 1 期。

18. 金帆：《智力资本出资的理论分析与制度设计》，《中国工业经济》2005 年第 1 期。

19. 范徵：《知识资本与核心能力整合的观点》，上海外语教育出版社 2004 年版。

20. 《企业组织资本理论——组织激励与协调的博弈分析》，经济科学出版社 1999 年版。

21. Prescott, E. C. and Visscher, M.. Organization Capital ［J］. *Journal of Political Economy*, 1980, 88, (3)：446 – 461.

22. 傅元略：《企业智力资本与企业资本结构优化》，《中国工业经济》2002 年第 3 期。

23. 徐笑君：《智力资本管理——创造组织新财富》，华夏出版社 2004 年版。

24. 安妮·布鲁金：《第三资源：智力资本及其管理》，东北财经大学出版社 1998 年版。

25. Bukh, P. N., Larsen, H. T. and Mouritsen, J.. Developing intellectual capital statements：Lessons from 23 Danish Firms ［R］. Paper for Workshop on Accounting for Intangibles and the Virtual Organization, Brussels, 1999, February 12 – 13.

26. Brennan, N. and Connell, B.. Intellectual capital：current issues and policy implications ［J］. *Journal of Intellectual Capital*, 2000, Vol. 1, (3).

27. Daniel Andriessen. Intellectual capital literature review Measurement, reporting and management ［J］. *Journal of Intellectual Capital*. 2004. Vol. 5, (2)：230 – 243.

28. David O' Donnell. Theory and method on intellectual capital creation: Addressing communicative action through relative methodics [J]. *Journal of Intellectual Capital*, 2004, Vol. 5, (2): 294 – 312.

29. Edvinsson, L. and Malone, M.. Intellectual capital: realising your company's true value by finding its hidden brainpower [M]. Harper Collins, New York, NY, 1997.

30. Edvinsson, L.. Developing intellectual capital at Skandia [J]. *Long Range Planning*, 1997, Vol. 30, (3): 266 – 273.

31. Guthrie, J. and Petty, R.. Intellectual capital literature review Measurement, reporting and management [J]. *Journal of Intellectual Capital*, 2000, Vol. 1, (2): 155 – 168.

32. Kaplan, R. and Norton, D.. Using the balanced scorecard as a strategic management system [J]. *Harvard Business Review*, 1996, January – February.

33. Pike. S., Roos. G.. Mathematics and modern business management [J], *Journal of Intellectual Capital*, 2004, Vol. 5, (2): 243 – 257.

34. Rastogi, P. N.. The nature and role of IC: Rethinking the process of value creation and sustained enterprise growth [J]. *Journal of Intellectual Capital*, 2003, Vol. 4, (2): 227 – 248.

35. Roos, J., Roos, G.. Dragonetti, N. and Edvinsson, L.. *Intellectual Capital: Navigating in the New Business Landscape* [M]. Macmillan Business, London, 1997.

36. Stewart, T.. *Intellectual Capital: The New Wealth of Nations* [M]. DoubledayDell Publishing Group, New York, NY, 1997.

37. Sullivan, P.. *Value – Driven Intellectual Capital – How to Convert Intangible Corporate Assets into Market Value* [M]. John Wiley and Sons, New York, NY, 2000.

38. Sveiby, K. E.. *The New Organizational Wealth: Managing and Measuring Knowledge Based Assets* [M]. Berrett Koehler, San Francisco, CA. 1997.

39. 达文波特、普鲁萨克著,周长才译:《把握 e 时代:商务、信息、技术》,海天出版社 2000 年版。

40. Amrit Tiwana 著,董小英等译:《知识管理十步走——整合信息技术、策略与知识平台》,电子工业出版社 2004 年版。

41. 达文波特、普鲁萨克:《有效知识:组织如何管理所知》,哈佛商学院出版社 1998 年版。

42. 詹姆士·奎恩、乔丹·巴洛奇、卡伦·兹恩著，惠永正、靳晓明等译：《创新爆炸：通过智力和软件实现增长战略》，吉林人民出版社 1999 年版。

43. 燕国材：《智力因素与学习》，教育科学出版社 2002 年版。

44. 阎建平、王美兰：《广义智力论》，《教育理论与实践》2004 年第 5 期。

45. Bontis, N., Dragonetti, N. C., Jacobsen, K. and Roos, G.. The knowledge toolbox: a review of the tools available to measure and manage intangible resources [J]. *European Management Journal*, 1999, Vol. 17, (4).

46. 惠宁、白永秀：《人才资源是第一资源：资本理论演变的新趋势》，《学术月刊》2005 年第 3 期。

47. 杨文进：《关于资本本质与内涵的一种解说》，《经济评论》2003 年第 2 期。

48. 亚当·斯密著，杨敬年译：《国富论》，陕西人民出版社 2002 年版。

49. 马歇尔著，朱志泰译：《经济学原理》，商务印书馆 1981 年版。

50. 赵旭亮、王明华：《资本一般论》，经济科学出版社 2000 年版。

51. 刘国男：《马克思资本本质理论的重新认识及对我国企业改革和发展的重大意义》，《社会主义研究》1998 年第 4 期。

52. 别传武：《人力资本产权新论》，《中国人力资源开发》2002 年第 4 期。

53. 彼得·蒙德尔等：《经济学解说》，经济科学出版社 2000 年版。

54. 连任、万希：《商业方法专利与智力资本管理》，《理论与改革》2005 年第 2 期。

55. C. K. Prahadand, Gary Hamel, The Core Competence of the Corporation, *Harvard Business Review* [J]. Vol. 68, No. 3.

56. David J. Teece, Gary Pisanoan and Amy Shuen, Dynamic Capabilities and Strategic management, *Strategic Management Journal* [J]. Vol. 18, (7), 1997.

57. 杨浩、戴月明：《企业核心专长论》，上海财经大学出版社 2000 年版。

58. 余光胜：《企业发展的知识分析》，上海财经大学出版社 2000 年版。

59. 迈克尔·波特：《竞争战略》，华夏出版社 1997 年版。

60. 纳尔逊、温特：《经济变迁的演化理论》，商务印书馆 1997 年版。

61. 野中郁次郎：《知识创新型企业》，载彼得·F. 德鲁克等《知识管理》，中国人民大学出版社 1999 年版。

62. Alchian, A. A.. Uncertainty, Evolution and Economic Theory. *Journal of Politial Economy* 1950, 58: 211 - 221.

63. Barney, J. B.. Firm Resources and Sustained Competitive Advantage [J]. *Journal of Management*, 1991, 17, (1): 99 - 120.

64. ［丹麦］尼古·J. 福斯、克里斯第安·克努森：《企业万能：面向企业能力理论》，东北财经大学出版社 1998 年版。

65. 芮明杰、郭玉林：《智力资本激励的制度安排》，《中国工业经济》2002 年第 9 期。

66. 冯子标：《人力资本运营论》，经济科学出版社 2000 年版。

67. 程承坪：《对人力资本概念的新认识》，《江西财经大学学报》2001 年第 5 期。

68. Blaug, M. The empirical status of human capital theory: a slightly jaundiced survey [J]. *Journal of Economic Literature*, 1976, (14): 827 - 855.

69. Bowman, MJ. On Theodore W. Schultz' contributions to economics [J]. *Scandinavian Journal of Economics*, 1980, (82): 80 - 107.

70. Castrogiovanni, GJ. Environmental munificence: a theoretical assessment [J]. Academy of Management Review. 1991, Vol. 16: 542 - 565.

71. Grant, R. M.. A resource - based theory of competitive advantage: implications for strategy formulation [J]. *California Management Review*, 1991, Spring: 114 - 135.

72. Griliches, Z. Capital - skill complementarity [J]. *Review of Economics and Statistics*, 1969, Vol. 51: 465 - 468.

73. Kaplan, R. S. and Norton, D. P. The balanced scorecard - measures that drives performance [J]. *Harvard Business Review*, 1992, Vol. 70: 71 - 79.

74. Nerdrum, L. *The Economics of Human Capital: A Theoretical Analysis Illustrated Empirically by Norwegian Data* [M]. Scandinavian University Press, Oslo, 1999.

75. Organization for Economic Cooperation and Development (OECD) (1999), Measuring and reporting intellectual capital: experience, issues and prospects, an international symposium [J]. programme notes and background to technical meeting and policy and strategy forum.

76. Pfeffer, J. and Salancik, G. R. The External Control of Organizations, Harper & Row, New York, NY, 1978.

77. Tsai, W. and Ghoshal, S. Social capital and value creation: the role of intrafirm networks [J]. *Academy of Management Journal*, 1998, (43): 464 – 476.

78. Ulrich, D. Intellectual capital = competence x commitment [J]. *Sloan Management Review*. 1998, Vol. 39: 15 – 30.

79. James Brian Quinn, Philip Anderson, and Sydney Finkelstein. Managing professional intellect: Making the Most of the Best [J]. *Harvard Business Review*, 1996, March – Apri, : 73 – 74.

80. Nick Bontis. Intellectual Capital: An Exploratory Study that Develops Measures and Models [J]. *Management Decision*, 1999, Vol. 36, (2): 63 – 76.

81. [英] 迈克尔·阿姆斯特朗:《战略化人力资源管理》, 华夏出版社2004 年版。

82. Thomas Stewart. The Human Capital is't in the Knowledge Economy [J]. Directorship, 2002, 28, (4): 4.

83. Judy McGregor, David Tweed, Richard Pech. Human Capital in the New Economy: Devilps Bargain? [J]. *Journal of Intellectual Capital*, 2004, 5, (1): 153.

84. 廖泉文、樊建芳:《组织中的隐性知识管理》,《经济与管理》2002 年第 12 期。

85. Griliches, Z. Issues in assessing the contribution of research and development to productivity growth [J]. *Bel Journal of Economics*, 1979, Vol. (10): 92 – 116.

86. Mahoney, J. T. The management of resource and the resource of management [J]. *Journal of Business Research*, 1995, Vol. 33: 91 – 101.

87. 马歇尔:《经济学原理》, 商务印书馆 1981 年版。

88. 西奥多·W. 舒尔茨:《论人力资本投资》, 北京经济学院出版社 1990年版。

89. Mincer, J.. *Schooling, Experience, and Earnings* [M]. NBER, Colombia University Press, 1974.

90. Nerdrum, L. *The Economics of Human Capital: A Theoretical Analysis Illustrated Empirically by Norwegian Data*, Scandinavian University Press, Oslo, 1999.

91. Smith, A. (1776) in Campbell, Skinner, and Todd (eds), *An Inquiry into the Nature and Causes of the Wealth of Nations*, Clarendon Press, Oxford, 1976.

92. 爱德华·德·波诺:《六顶思考帽》, 北京科学技术出版社 2004 年版。

93. 刘伟、向刚:《组织持续创新过程:从知识累积到持续学习的新视角》,《经济问题探索》2003 年第 8 期。

94. 王润良、郭秀敏、郑晓齐:《知识管理的维度与策略》,《中国软科学》2001 年第 6 期。

95. 多萝西·伦纳德·巴顿:《知识与创新》,新华出版社 2001 年版。

96. Boisot, M. H.. *Information space: A framework for learning in organizations, institutions and cultures* [M]. London: Routledge, 1995.

97. 马克斯·H. 博伊索特:《知识资产——在信息经济中赢得竞争优势》,上海世纪出版集团 2005 年版。

98. Mcgaughey, Sara L., Strategic Interventions in Intellectual Asset Flows [J]. Academy of Management Review, Apr2002, Vol. 27, (2).

99. Allen, T. J.. *Managing the flow of technology: Technology transfer and the dissemination of technological information within the R&D organization* [M]. Cambridge, MA: MIT Press, 1977.

100. Almeida, P. and Kogut, B. Localization of knowledge and the mobility of engineers in regional networks [J]. *Management Science*, 1999, 45: 905 – 917.

101. Ancona, D. and Caldwell, D.. Bridging the boundary: External activity and performance [J]. *Administrative Science Quarterly*, 1992, 37, (4): 634 – 656.

102. Anderson, E. and Gatignon. H. Modes of foreign entry: A transaction cost analysis and propositions [J]. *Journal of International Business Studies*, 1986, 17, (3): 1 – 26.

103. Appleyard. How does knowledge flow? Interfirm patterns in the semiconductor industry [J]. *Strategic Management Journal*, 1996, (17): 137 – 154.

104. Argote, L. and Ingram, P.. Knowledge transfer: A basis for competitive advantage in firms [J]. Organizational Behavior and Human Decision Processes, 2000, 82, (1): 150 – 169.

105. Argyris, C. Teaching smart people how to learn [J]. *Harvard Business Review*, 1991, May – June: 99 – 109.

106. Arrow, K. The economic implications of learning by doing [J]. Review of Economic Studies, 1962, (29): 155 – 173.

107. Brooke, M. Z. and Remmers, H. L. *The strategy of multinational enterprise* [M]. London: Longman, 1970.

108. Cohen, W. M. and Levinthal, D. A.. Absorptive capacity: A new perspective on learning and innovation [J]. *Administrative Science Quarterly*, 1990,

(35): 128 - 152.

109. Dixon, N. M. *Common knowledge: How companies thrive by sharing what they know* [M]. Boston, Mass: Harvard Business School Press, 2000.

110. Hamel, G.. Competition for competence and inter - partner learning within international strategic alliances [J]. *Strategic Management Journal*, 1991, (12): 83 - 103.

111. Kogut, B. and Zander, U. Knowledge of the firm, combinative capabilities, and the replication of technology [J]. *Organization Science*, 1992, 3, (3): 383 - 397.

112. Polanyi, M.. Personal knowledge: Towards a post - critical philosophy [M]. New York: Harper Torchbooks, 1962.

113. Polanyi, M.. *The tacit dimension* [M]. London: Routledge & Kegan Paul, 1966.

114. Quinn, B., Anderson, P. and Finkelstein, S. Leveraging intellect [J]. *Academy of Management Executive*, 1996, 10, (3): 7 - 28.

115. Simonin, B. L.. Transfer of marketing know - how in international strategic alliances: An empirical investigation of the role and antecedents of knowledge ambiguity [J]. *Journal of International Business Studies*, 1999, 30, (3): 463 - 490.

116. Spencer, J. W. Knowledge flows in the global innovation system: Do U. S. firms share more scientific knowledge than their Japanese rivals? [J]. *Journal of International Business Studies*, 2000, 31, (3): 521 - 530.

117. Spender, J. C. and Grant, R. M.. Knowledge of the firm: Overview [J]. *Strategic Management Journal*, 1996, (17): 5 - 9.

118. Starbuck, W. H.. Learning by knowledge - intensive firms [J]. *Journal of Management Studies*, 1992, (29): 713 - 738.

119. Teece, D.. Strategies for managing knowledge assets: the role of firm structure and industrial context [J]. *Long Rang Planning*, 2000, (33): 35 - 54.

120. Teece, D., Pisano, G. and Shuen, A. Dynamic capabilities and strategic management [J]. *Strategic Management Journal*, 1997, (18): 509 - 533.

121. Yeung, A. K., Ulrich, D. O., Nason, S. W. and von Glinow, M. A.. *Organizational learning capability* [M]. New York: Oxford University Press, 1999.

122. Young, A.. The tyranny of numbers: Confronting the statistical realities of the East Asian growth experience [J]. *Quarterly Journal of Economics*, 1993,

（110）：641－680.

123. Zander, U. and Kogut, B. Knowledge and the speed of the transfer and imitation of organizational capabilities：An empirical test［J］. *Organization Science*, 1995, 6, （1）：76－92.

124. 野中郁次郎、竹内弘高：《创新求胜——智价企业论》，（台北）远流出版公司 2000 年版。

125. 托马斯·达文波特、劳伦斯·普鲁萨克：《营运知识：工商企业的知识管理》，江西教育出版社 1999 年版。

126. 施琴芬、崔志明、梁凯：《隐性知识转移的特征与模式分析》，《自然辩证法研究》2004 年第 2 期。

127. 张方华、林仁方、陈劲：《企业的社会资本与隐性知识》，《研究与发展管理》2003 年第 6 期。

128. ［英］乔治·旺·科鲁夫、Ikujiro Nonaka、Toshihiro Nishiguchi：《知识创新——价值的源泉》，经济管理出版社 2003 年版。

129. Ikujiro Nonaka, Byoko Toyama, Noborm Konna. SECI, Ba and Leadership a Unified Model of Dynamic Knowledge Creation ［J］. *Long Ranger Planning*, 2000, （33）：5－34.

130. Ruth L. Williams, Wendi R. Bukowitz. The yin and yang of intellectual capital management ［J］. *Journal of Intellectual Capital*, 2001, 2, （2）.

131. 朱莉·L. 戴维斯、苏珊娜·S. 哈里森：《董事会里的爱迪生：智力资产获利管理方法》，机械工业出版社 2003 年版。

132. 帕特里克·沙利文：《价值驱动的智力资本》，华夏出版社 2002 年版。

133. 彭特·赛德马兰卡：《智慧型组织：绩效、能力和知识管理的整合》，经济管理出版社 2004 年版。

134. 普利高津：《从混沌到有序——人与自然的新对话》，上海译文出版社 1987 年版。

135. 沈华嵩：《经济系统的自组织理论》，中国社会科学出版社 1991 年版。

136. 张彦、林德宏：《系统自组织概论》，南京大学出版社 1990 年版。

137. 陈士俊：《从耗散结构理论看创新人才的培养与高教改革——兼论创造性思维的耗散结构模型》，《自然辩证法研究》2003 年第 5 期。

138. 企业员工培训方法研究组：《企业员工培训方法》，中国经济出版社 2002 年版。

139. 杨杰：《组织培训》，中国纺织出版社 2003 年版。

140. 马克·J. 罗森柏格：《在线学习：强化企业优势的知识策略》，机械工业出版社 2002 年版。

141. 郭松青：《企业管理的新角色》，《南开管理评论》1999 年第 6 期。

142. 王德禄等：《知识管理：竞争力之源》，江苏人民出版社 1999 年版。

143. 王广宇：《知识管理——冲击与改进战略研究》，清华大学出版社 2004 年版。

144. Karl – Erik Sveiby. A knowledge – based theory of the firm to guide in strategy formulation ［J］. *Journal of Intellectual Capital*，2001，2，(4)：344 – 358.

145. 巴特·维克托、安德鲁·C. 博因顿：《创新的价值》，新华出版社 2000 年版。

146. 王德禄：《知识管理的实现——朴素的知识管理》，电子工业出版社 2003 年版。

147. 加里·贝克尔：《人力资本》，商务印书馆 1984 年版。

148. 杨治华、钱军：《知识管理》，东南大学出版社 2002 年版。

149. Palk G.. Convention，cognition and learning ［M］. London：Elserier，1975.

150. Petre M.，Carsuell L.，Price B.，eds. Innovation in large – scale supported distance teaching transformation for the Internet，not just translation. In：M E isenstadt，T Vincent，eds. *The knowledge web*. London：Kogan Page，2000.

151. Sumner T g，Taylor J.. Media integration through meta – learning environments. In：M Eisenstadt，T Vincent，eds. *The knowledge web：learning and collaborating on the net.* London：Kogan Page，2000.

152. 韦恩·贝克：《社会资本制胜：如何挖掘个人与企业网络中的隐性资源》，上海交通大学出版社 2002 年版。

153. Penrose，E. T. *The Theory of the Growth of the Firm* ［M］. Oxford University Press，1995.

154. 李惠斌、杨雪冬：《社会资本与社会发展》，社会科学文献出版社 2000 年版。

155. 皮埃尔·布尔迪厄：《文化资本与社会炼金术》，上海人民出版社 1997 年版。

156. 詹姆斯·科尔曼：《社会理论的基础》（上），社会科学文献出版社 1999 年版。

157. Burt，R. S. *Structural holes：The social structure of competition* ［M］. Cambridge，MA：Harvard University Press，1992.

158. Putnam, R. D. The prosperous community: Social capital and public life [J]. *American Prospect*, 1993. (13): 35 – 42.

159. 边燕杰、丘海雄:《企业的社会资本及其功效》,中国社会科学出版社 2000 年版。

160. Coleman, J. S. Social capital in the creation of human capital [J]. *American Journal of Sociology*, 1988, (94).

161. Janine Nahapiet, Sumantra Ghoshal. Social capital, intellectual capital, nd the organizational advantage [J]. *The Academy of Management Review*. 1998, Vol. 23, Iss. 2: 242 – 262.

162. Granovetter, M. S. *Problems of explanation in economic sociology* [M]. Boston: Harvard Business School Press, 1992: 25 – 56.

163. Blaize Horner Reich, Michelle Lynn Kaarst – Brown. Creating social and intellectual capital through IT career transitions [J]. *Journal of Strategic Information Systems*, 2003, (12): 91 – 109.

164. 林南:《社会资本——关于社会结构与行动的理论》,上海人民出版社 2005 年版。

165. Bateson, G. *Steps to an ecology of mind* [M]. New York: Ballantine Books, 1972.

166. Brown, J. S., and Duguid, P. Organizational learning and communities – of – practice: Toward a unified view of working, learning and innovation [J]. *Organization Science*, 1991, (2): 40 – 57.

167. Bourdieu, P. *Outline of a theory of practice* [M]. Cambridge, 1977.

168. Conner, K. R., Prahalad, C. K. A resource – based theory of the firm: Knowledge versus opportunism [J]. Organization Science, 1996, (7): 477 – 501.

169. Granovetter, M. S. Economic action and social structure: The problem of embeddedness [J]. *American Journal of Sociology*, 1985, (91): 481 – 510.

170. Spender, J. C. Knowing, managing and learning: A dynamic managerial epistemology [J]. *Management Learning*. 1994, (25): 387 – 412.

171. Spender, J. C. Making knowledge the basis of a dynamic theory of the firm [J]. *Strategic Management Journal*, 1996, (17): 45 – 62.

172. Weick, K. E., St Roberts, K. H., Collective mind in organizations: Heedful interrelating on flight decks [J]. *Administrative Science Quarterly*, 1993, 38, (3): 357 – 381.

173. C. 格鲁特尔特、T. 范·贝斯特纳尔：《社会资本在发展中的作用》，西南财经大学出版社 2004 年版。

174. Etienne Wenger, Richard McDermott, William M. Snyder. *Cultivating Communities of Practice：A Guide to Managing Knowledge* ［M］. Harvard Business School Press，2002.

175. Etienne C. Wenger, William M. Snyder. Communities of practice：The organizational frontier ［J］. *Harvard Business Review*. Boston：Jan/Feb 2000. Vol. 78，Iss1.

176. Etienne Wenger. Knowledge management as a doughnut：Shaping your knowledge through communities of practice. *Ivey Business Journal Online*. London：Jan/Feb 2004.

177. 吉姆·博特金著，赵孝盛译：《智能型企业：知识群体如何使公司发生革命性变化》，上海译文出版社 2004 年版。

178. 陈建华：《知识管理的新趋势：确认和支持实践社团》，《外国经济与管理》2001 年第 6 期。

179. 冯晓青：《我国企业知识产权管理存在的问题与对策》，《科技管理研究》2005 年第 5 期。

180. Drucker，P.. Beyond the information revolution ［J］. *The Atlantic Monthly*，1999，Vol. 284，No. 4：47 – 57.

181. Ruth L. Williams，Wendi R. Bukowitz. The yin and yang of intellectual capital management ［J］. *Journal of Intellectual Capital*，2001，2，（2）.

182. 程宗璋：《论商业方法在美国可专利性的历史变迁——兼及商业方法专利的本土实施问题》，《岳阳职工高等专科学校学报》2003 年第 1 期。

183. 张平：《计算机软件专利保护观念在电子商务环境下的变革》，《知识产权》2000 年第 5 期。

184. 钱立亚、江亚平：《对商业方法实行专利保护的观察与思考》，《中国信息导报》2004 年第 3 期。

185. 戴志敏、陈立毅：《美国金融类商业方法专利及其启示》，《外国经济与管理》2003 年第 11 期。

186. 黄毅、尹龙：《商业方法专利》，中国金融出版社 2004 年版。

187. 袁庆宏：《企业智力资本管理》，经济管理出版社 2001 年版。

188. 布瑞德福特·康纳尔：《公司价值评估》，华夏出版社 2001 年版。

189. 谭劲松：《智力资本会计》，中山大学出版社 2001 年版。

190. Dr. Junaid M. Shaikh. Measuring and Reporting of Intellectual Capital Performance Analysis ［J］. *The Journal of American of Business*, 2004, （3）: 439 – 443.

191. Bukh P. N., Larsen H. T., Mouritsen J. Constructing intellectual capital statements ［J］. *Scandinavian Journal of Management*, 2001, （17）: 87 – 108.

192. Edvinsson, L. Developing intellectual capital at Skandia ［J］. *Long Range Planning*, 1997, Vol. 30, （3）: 320 – 331.

193. Sveiby, K. E. Methods for measuring intangible assets ［EB/01］. www. sveiby. com/ articles/IntangibleMethods. htm （accessed September）, 2002.

194. Philip K. M. Pherson, Stephen Pike. Accounting, empirical measurement and intellectual capital ［J］. *Journal of Intellectual Capital*, 2001, （2）: 246 – 249.

195. Hudson W. Intellectual Capital: How to Build it, Enhance It, Use it ［M］. New York: John Wiley & Sons, 1993.

196. Jan Mouritsen, Per Nikolai, Bernard Marr. Reporting on intellectual capital: Why, What and How? *Measuring Business*. 2004. Vol. 8, （1）: 46 – 55.

197. Jeltje van der Meer – Kooistra, Seibren M. Zijlstra. Reporting on intellectual capital. *Accounting, Auditing & Accountability Journal* ［J］. 2001, Vol. 14, （4）: 456 – 476.

198. Jay Leibowitz, Ching Y. Suen. Developing Knowledge management for measuring intellectual capital. *Journal of Intellectual Capital*, 2000, Vol. 1, （1）: 54 – 64.

199. Feiwal G. R. *The intellectual capital of Michal Kalecki: a study in economic theory and policy* ［M］. Tennessee: The University of Tennessee Press, 1995.

200. Horibe Francis. *Managing Knowledge Workers: New Skills and Attitudes To Unlock the Intellectual Capital in Your Organization* ［M］. NY: Wiley, 2000.

201. Robert M. Grant. Toward a knowledge – based theory of the firm ［J］. *Strategic Management Journal*, 1996, （17）: 109 – 122.

202. Roos, G. and Jacobsen, K. Management in a complex stakeholder organization: a case study of the application of the IC – process to a branch of the commonwealth Public Service ［J］. *Monash Mt Eliza Business Review*, 1999, Vol. 2, （1）.

203. 王勇、许庆瑞：《智力资本及其测量研究》，《研究与发展管理》2002 年第 2 期。

204. Grant, R. M.. *Contemporary Strategy Analysis* ［M］. 3rd ed., Blackwell Business, Maiden, MA, 1998.

205. Petty, R. and Guthrie, J. Intellectual capital literature review: measurement, reporting and management ［J］. *Journal of Intellectual Capital*, 2000, Vol. 1, No. 2/3.

206. 迈克尔·波特著，陈小悦译：《竞争优势》，华夏出版社 1997 年版。

207. 维纳·艾莉著，刘民慧译：《知识的进化》，珠海出版社 1998 年版。

208. 罗伯特·S. 卡普兰、戴维·P. 诺顿著，王丙飞等译：《综合计分卡——一种革命性的评估和管理系统》，新华出版社 1998 年版。

209. 罗伯特·卡普兰、戴维·诺顿：《平衡计分卡——化战略为行动》，广东经济出版社 2004 年版。

210. Irena Rodov, Philippe Leliaert. FiMIAM: Financial method of intangible assets measurement ［J］. *Journal of Intellectual Capital*, 2002, Vol. 3, (3): 323.

211. 巴特·维克托等：《创新的价值——实现增长和盈利的最大化》，新华出版社 1999 年版。

212. 野中郁次郎：《论知识创造的动态过程》，载 ［美］ 鲁迪·拉各斯等《知识优势》，机械工业出版社 2002 年版。

213. 钱军、周海炜：《知识管理案例》，东南大学出版社 2002 年版。

214. 辜岚：《微软的七种武器》，《IT 时代周刊新编》2004 年第 4 期。

215. Microsoft. Microsoft 2002 Annual Report and Form 10 nK ［EB/01］. http://www. microsoft. com.

216. Microsoft. Microsoft 2002 Proxy Statement ［EB/01］. http://www. microsoft. com.

217. Microsoft. Microsoft Financial History ［EB/01］. http://www. microsoft. com.

218. Bontis, N., Keow, W. C. and Richardson, S. Intellectual capital and business performance in Malaysian industries. *Journal of Intellectual Capital*, 2000, (1): 223 – 247.

219. 徐虹：《智力资本：21 世纪旅游饭店战略竞争力的源泉》，《南开管理评论》2005 年第 5 期。

220. Ahmed Riahi – Belkaoui. Intellectual Capital and Firm Performance of US Multinational Firms ［J］. *Journal of Intellectual Capital*, 2003, 4, (2): 215.

221. Steven Firer, S. Mitchell Williams. Intellectual Capital and Traditional Measures of Corporate Performance ［J］. *Journal of Intellectual Capital*, 2003, 4, (3): 348 – 360.

222. 朱杏珍:《人力资本与企业绩效》,《广西社会科学》2003 年第 1 期。

223. 陈劲、谢洪源、朱朝晖:《企业智力资本评价模型和实证研究》,《中国地质大学学报》(社会科学版) 2004 年第 6 期。

224. 李嘉明、黎富兵:《企业智力资本与企业绩效的实证分析》,《重庆大学学报》(自然科学版) 2004 年第 12 期。

225. 原毅军、孙晓华、柏丹:《我国软件企业智力资本价值创造潜力的评估》,《中国工业经济》2005 年第 3 期。

226. 杨俊杰、王薇:《向最佳运营绩效者学什么?——解度卓越的基因》,《经济观察报》2004 年 6 月 14 日。

227. 廖泉文、万希:《中国人力资源管理的发展趋势》,《中国人力资源开发》2004 年第 12 期。

228. 杰克·菲茨－恩兹、芭芭拉·戴维森:《如何衡量人力资源管理》(第三版), 北京大学出版社 2006 年版。

后　记

　　企业智力资本的开发与管理研究是人力资本研究的拓展和深化。智力资本管理是战略人力资源管理研究的一个重要方面，其理论体系的建立才刚刚开始，随着智力资本在经济增长和社会发展中的作用日益显现其重要性以及人们对智力资本的认识逐步深化，智力资本研究将成为人力资源管理研究的新趋向，智力资本理论也会更趋充实和完善。

　　本书是在我的博士论文基础上修改而成的。感谢厦门大学对我的培养。特别是感谢我尊敬的导师廖泉文教授。记得三年前慕名报考廖老师的博士时，只对老师的学术研究深厚广博了解外，其他则一无所知。面试也是老师通过她的学生才联系到我，才使我有幸进入师门，在面试时，廖老师平易近人、和蔼可亲的风范消除了我的紧张不安，令远方来鹭岛的我倍感温馨。记得刚入师门，廖老师对我们说："你们读博三年就要时时想到你们的屁股下面安了一个发动机"，老师的激励使我不敢有一丝懈怠，时时都在提醒自己时不我待。老师不仅把我引进人力资源管理理论研究的学术殿堂，还提供了理论联系实践的良好研究平台。老师高尚正直的品德，一丝不苟的治学态度每时每刻都在感染着我，他将是我今后的学习和工作永远的学习楷模。

　　感谢厦门大学管理学院的老师们和我的硕士生导师陈忠卫教授给予我知识的启迪和教诲；感谢厦门大学人力资源研究所的全体成员为我提供的帮助和支持；感谢那些给予我思想启迪的国内外许多学者专家的智慧；感谢在资料收集和论文修改过程中给予我极大帮助的章之旺、蔡忠义、徐金华、连任、林聪、蔡凡、谢元荣、薛玉品、龚瑞维、李鸿波、黄炳艺、夏凡、叶安宁、卢二坡、公翠玲、孙武、陈建武等朋友，是他们不遗余力的支持使论文研究得以完成；感谢年迈的双亲和爱人熊海燕不辞辛劳地照顾儿子万梓雄的生活和学习，并一如既往地对我学习的支持，使我能够静下心来在学校连续苦读六年。

　　本书出版承广东商学院资助，谨此表示感谢。还要感谢中国社会科学出版社卢小生编审，他为本书的出版付出了辛勤的劳动。

　　由于作者水平有限，书中谬误在所难免，希望得到广大同行和读者朋友的批评指正。

万　希

2008 年 3 月